被遗忘的大流行

西班牙流感在美国

America's
Forgotten
Pandemic

The Influenza of
1918

（Alfred W. Crosby）

[美] 艾尔弗雷德·W. 克罗斯比 著

李玮璐 译

GUANGXI NORMAL UNIVERSITY PRESS
广西师范大学出版社
·桂林·

图书在版编目(CIP)数据

被遗忘的大流行：西班牙流感在美国 /（美）艾尔弗雷德·W.克罗斯比著；
李玮璐译. -- 桂林：广西师范大学出版社，2023.9

书名原文: America's Forgotten Pandemic: The Influenza of 1918

ISBN 978-7-5598-5906-8

Ⅰ.①被… Ⅱ.①艾… ②李… Ⅲ.①美国－现代史－研究
Ⅳ.①K712.507

中国国家版本馆CIP数据核字(2023)第106358号

BEI YIWANG DE DALIUXING:XIBANYA LIUGAN ZAI MEIGUO
被遗忘的大流行：西班牙流感在美国

作　　者：[美]艾尔弗雷德·W.克罗斯比

译　　者：李玮璐

责任编辑：谭宇墨凡

内文制作：燕　红

广西师范大学出版社出版发行

广西桂林市五里店路9号　邮政编码：541004

网址：www.bbtpress.com

出 版 人：黄轩庄

全国新华书店经销

发行热线：010-64284815

北京华联印刷有限公司

开本：860mm×1092mm　1/32

印张：13.5　字数：239千

2023年9月第1版　2023年9月第1次印刷

定价：98.00元

如发现印装质量问题，影响阅读，请与出版社发行部门联系调换。

IC ZA

cable.

nonia.

es where crowds

ing.

room by himself.

om of those ill cf

献给活下来的凯瑟琳·安·波特

目 录

前言

1976年首版时，本书看起来就像一份医学考古研究，信息翔实、饶有趣味，我也希望如此，但书的内容与我们当时所处的境况并不直接相关。那时在发达国家，主要死因已不再是传染病，甚至也不再是结核病这类臭名昭著的恶疾，更不会是流感了。公共卫生措施、青霉素，以及其他新抗生素使所有的主要病原体不再是致命威胁。主要死因变成了中老年退行性疾病，如癌症及动脉硬化。我们自然不希望得这些病，但我们确信自己能足够长寿，在上了年纪后会死于这些疾病。

1969年，美国军医署署长威廉·H. 斯图尔特向我们保证，传染病已成为历史的尘埃。三年后，在经典著作《传染病的自然史》的最新版中，诺贝尔奖获得者麦克法兰·伯内特总结道："对传染病最可能的预言是，未来它将不足为惧。"[1]

1976年的"猪流感"恐慌一度击退了这种乐观看法。当时的流感专家认为，我们正濒临另一场像1918年那样的大流行，那一年使美国的人均预期寿命缩短了12年[*]。不过，引起猪流感恐慌的病毒株并未引发大流行，用于生产和派发新型流感疫苗的数百万美元都打了水漂。在很多局外人看来，整桩事件就是场闹剧，流感专家及沮丧的疫苗供应商在这次事件中声誉扫地。

此外，我这本有关1918年流感大流行的书本来一度还与当下有所关联，现在这个特色也消失了，当然这是个微不足道的影响。我并非哀叹这个损失：只因能促进图书销量就为一场医疗灾难叫好，这可是会下但丁笔下的深层地狱的。

1989年，本书在剑桥大学出版社首次出版，那个时候，许多事件复兴了传染病的研究。获得性免疫缺陷综合征（AIDS，又称"艾滋病"）就像晴天霹雳，感染了许多人，夺走数千人的生命——既无药可医，也看不到治愈的可能。对一些人来说，这种疾病使人想起美国陆军军医署长维克多·沃恩对1918年大流行高峰期的评论："在那一刻，我决定日后不再空谈科学取得了如何伟大的成就……"[2]

但艾滋病是性传播疾病，对自我保护意识强烈的人

---

[*] 此处为作者笔误，应为12年而非20年。——编者注

来说几乎没有危险。对大多数人而言，艾滋病只不过是惬意日常生活的例外。穿着白大褂、挂着听诊器的专家们还能掌控局面，我们能一直活到患上退行性疾病的时候。可以肯定地说，1918 年的流感好比英格兰都铎王朝时的汗热病，已经成为久远的历史，与我们的生活无关了。

2003 年，这种信心从根本上动摇了。艾滋病折磨着数百万人，尽管医生能够使感染者的生命延长数年，但依旧无法将其治愈。结核病在上一代人那里得到了控制，如今随着耐抗生素菌株的出现也卷土重来了。一些前所未闻的恶性疾病，例如莱姆病和西尼罗热，偷偷潜至我们野餐的后院与公园；还有诸如埃博拉这样的丛林恶霸，在电视屏幕上震慑住了我们。

最近（2003 年）的恐慌是 SARS（严重急性呼吸综合征，亦称"非典"），起初被怀疑是一种新型流感。[3]它不是流感，但会像流感一样通过呼吸的飞沫传播，隐秘而迅速。当我写下这些文字时，SARS 已经从中国南方扩散，传播至东亚其他国家、北美和欧洲。它将在几周内环游地球。

SARS 同流感症状相似：流鼻涕、咽喉痛、疼痛、发热。跟 1918 年的流感一样，似乎没有比卧床休息更有效的治疗方法了。保守估计，第一次世界大战期间死于流感的人数至少有三千万，是这场大战中阵亡人数的三倍。[4]

今天，我们有了抗生素，可以治疗 1918 年流感中常见的致命继发感染，应该能降低任何类似流行病的死亡率。我们现在对 1918 年流感病毒的了解比当年或我刚写本书时要多得多。杰弗里·陶本伯格博士、安·里德以及他们的同事，研究了自 1918 年和 1919 年以来，保存在马里兰州美国陆军病理学博物馆和阿拉斯加永久冻土中的组织样本，他们重建了这个大流行病毒的大部分基因组。⁵我们在世界各地都有时刻戒备的监测系统，如日本国家传染病研究所、美国疾病控制中心、世界卫生组织，这些机构会监测新的流感疫情及新的病毒类型。我们有生产疫苗的机构，这些疫苗可以对抗新型病毒株。我们甚至还取得了一些进展，至少减轻了流感等病毒性疾病的影响。

但我们还是不知道，是什么让 1918 年的病毒如此凶险，所以我们也不知该怎么做才能阻止它或任何类似的危险流感病毒卷土重来。此外，与 1918 年相比，在某种程度上，我们生活的世界对讨厌的病毒来说更美好，对我们来说更糟糕。对于生物恐怖主义来说，流感病毒似乎是一个糟糕的选择，但"全球化"的交通系统增加了流感自然大流行的可能性。1918 年，最快的越洋交通工具是轮船，到了 2003 年，每天有成千上万人、每年有数千万人乘坐飞机，以接近音速的速度横越各大洋，而我们的肺部、肠道、手掌和头发上，都携带着各种微生物，也包括病原体。可以说，所有人都坐在一个巨大诊所的候诊室里，与全世界的病人肩并肩地坐在一起。

现在（2003年）的世界人口是"一战"最后一年的三倍，这增加了各种病原体传播的可能。与我们交换流感病毒的动物数量也比1918年多得多，而这些动物正是各类流行病的来源。

大都市的卫生问题尤其使人气馁。想想墨西哥城，它的官方人口数字为1 900万，实际人口还要比这个数字多几百万，也就是说，它的人口规模大大超过了挪威、瑞典和丹麦的总和。这种人口稠密的特大都市在世界各地如雨后春笋般涌现，尤其是在那些基础设施和财政收入不足以采取最有效措施控制疾病的地区。

传染病专家中流传着一个苦涩的小笑话，它很简短：19世纪之后是20世纪，20世纪之后是……19世纪。

1976年前后的医学乐观主义正在消退。本书终于有了当代意义。

第一部分

西班牙流感速览

第一章

巨大阴影

威廉·亨利·韦尔奇是 20 世纪初美国最杰出的医生、病理学家和科学家。他曾是美国医学会和美国医师协会的主席，不仅在医学家中负有盛名，在所有科学家中也大名鼎鼎，这使他当选为美国科学促进会、美国国家科学院和洛克菲勒研究所董事会的主席。韦尔奇作为美国科学界的元老，其地位在本杰明·富兰克林之后还无人能及。[1]

尽管有要务在身，韦尔奇博士还是响应了威尔逊总统"以战止战"的呼召，暂离约翰斯·霍普金斯大学的岗位，与数百万年龄仅有他一半或三分之一的人一起穿上了美国陆军的橄榄色制服。1918 年，他的职责是为陆军军医署长排忧解难，在全国各地巡视军营的卫生状况，这些军营是在美国的空地上突然开辟出来的，好让入伍的农家子弟和小巴司机有地方学习堑壕战技能。这项工作并不耀眼，但非常重要，因为在以往所有战争中，死于疾病的美国士兵都比死于战斗的多，为了避免历史重演，必须经常仔细地视察营地。于是，这位美国医学界最著名的病理学家做了事无巨细的检查，他确保妓女被彻底赶出营地附近的街区，还会盯着厕所的坑位，以及测量食堂洗碗水的温度——在相当程度上帮助医疗队守住了对抗传染病的防线。

任何医生都不会否认，军队的卫生状况良好，也有一套保持卫生状况的程序，堪称典范，乃至这位头发花白的医生在 1918 年夏天最后一个月都准备脱下制服回归平民社会了。然而，某种威胁士兵健康的新情况出现了，它先是侵袭了马萨诸塞州的德文斯军营，随后蔓延到纽约州的厄普顿军营和弗吉尼亚州的利镇军营。军医署派遣韦尔奇上校前往德文斯，以查明为何那里会发来那些令人头皮发麻的电报。当韦尔奇在 9 月 23 日到达德文斯时，这种被称作"西班牙流感"的疾病已经在缅因州至弗吉尼亚州的平民中传播，全美各地也纷纷传来相关的消息。聚集在德文斯的医学专家的人数和身份表明了政府的担忧：这支队伍里有韦尔奇、维克多·C. 沃恩上校（另一位美国医学会前主席）、洛克菲勒研究所的鲁弗斯·科尔和哈佛医学院的西米恩·沃尔巴赫。[2]

德文斯军营坐落在波士顿以西约 30 英里的高原上，那里排水良好，有草地和林地，会引发军队常见流行病

的原因只有一个——人太多了。这个营地原本仅能容纳
3.5 万人，但现在军营里有 4.5 万人，其中 5 000 人住在
帐篷里。[3] 营地之所以超载，是因为美国当时卷入的战争
所需的战斗人员要数倍于历史上的战争。格兰特将军曾
经征召了几十万美国士兵，而潘兴将军和他的法国上司
福煦将军要求的则是几百万。德文斯军营成立的第一年，
就有 3.5 万名官兵在此接受训练，而那些人几乎都已经去
往法国了。如今，全新的第 12 步兵师正在这里训练，美
国在这场战争中的第一次大规模进攻，即圣米耶勒战役，
也在远方轰然打响。

　　8 月 20 日上午 10 点，第 12 步兵师师长亨利·P. 麦
凯恩少将抵达德文斯军营，宣布他决心让该师在十四周
内做好前往法国的准备。"从早到晚，只要天还够亮，能
看清靶心"，都要在靶场射击。[4] 三周后，少将才发现自
己指挥的不再是他梦想中的精锐部队，而是支病恹恹的
队伍，官兵病倒的速度可能比世界上任何类似的部队都
要快。

　　西班牙流感的消息早在 9 月初就从波士顿传来了，
但当德文斯军营的第一位感染者，即第 42 步兵团 B 连
的一名士兵在 7 日去看病时，他却被诊断为脑脊髓膜炎。
这种疾病会突然发作，使病人不堪重负——专业术语是
"暴发性"（fulminating）——其严重程度不像是任何一
种流感引起的。[5] 毕竟，无论如何，流感都只是家常便饭

般的疾病：有那么两三天卧床不起，感觉很难受，有大约一周时间虚弱无力，再之后就恢复了。说它是重感冒也好，说它是流感也罢，大多数家庭每年都会经历那么一次，并不像天花、伤寒或黄热病那样恐怖。类似后面列举的这几种流行病很危险，可不止是小病小灾，医生在法律上也有义务向当地卫生局上报。但不论在美国还是在世界范围内，很少有卫生部门认为流感是一种需要强制申报的疾病。

第二天，B连又有十几人去了医院，和他们那位战友的病状明显一样，而医务人员也开始怀疑原先的诊断。脑膜炎的发热、头痛、虚脱和突然发作等症状都存在，但最明显的外部症状却是上呼吸道疾病的症状：咳嗽、流鼻涕、喉咙痛。病人还抱怨背部和腿部疼痛。9月12日，该疾病被确诊为流感。到9月16日，B连有36名成员因患流感被送进医院，这种疾病已蔓延到其他连和团。每日入院人数剧增，当月第二天还只有31人，第十天就飙升至142人，第十八天达到顶峰的1 176人。至此，德文斯累计报告了6 674个流感病例。

流感通常会爆炸性地传播，这是区分流感与一般重感冒最明显的标志，但1918年的流感至少在某个方面有些特殊。此前或此后，没有哪种流感会如此容易引发肺炎并发症，而肺炎可是致命的。

9月23日，韦尔奇抵达德文斯后得知，自本月7日以来，正式报告的西班牙流感病例已经达到了 12 604 例。没人知道军营里还有多少轻症患者在传播疾病，但至少报告的新增流感病例数量在下降。病例数比前一天减少了 250 人，并且自 20 日以来一直在下降。

但肺炎的传播还在加速。疫情使文书工作大量增加，医院的行政系统几近瘫痪，不过，韦尔奇上校还是凭此得知医院至少有 727 个肺炎病例。四天后，行政人员终于统计出了肺炎病例数，总共有 1 902 名肺炎患者入院，而且人数还在增加。《波士顿环球报》报道，在 9 月 23 日上午 7 点之前的 24 小时内有 66 名患者死亡，很可能都是年轻力壮之人。[6]

这些数据让韦尔奇目瞪口呆：看到一排排病人在寒冷刺骨的雨中拖着沉重的脚步前往医院，他对前景乐观不起来。韦尔奇不需要听诊器就能断定，其中很多人的问题是肺衰竭，隔着十几步远就能看出来：那些病人步履蹒跚，肩上的毯子被细雨浸透，脸色发青甚至发紫。[7]

此外，当病人到达医院时，又有什么地方可以安置他们，又有多少医生和护士来照顾他们呢？这所医院一看就是由军队东拼西凑出来的：几十座木制建筑如迷宫般相连，走廊似乎长达几英里。战后一位医生苦涩地回忆道："要是有农民像第一次世界大战中的陆军医院那样规划自己的挤奶棚，不出一个月他就会破产。"[8]

德文斯军营医院通常可容纳 2 000 人，但现在需要收容和诊治的病人有 8 000 名。病房都建到了走廊上，走廊也塞满之后，简陋的木制通风营房被征用为后备医院——但那顶多算是病人在有人有空照料他们之前躺下睡觉的地方。[9]

护士比医生更重要，因为当时还没有能治愈流感和肺炎的抗生素或医疗技术。温热的食物、暖和的毯子、新鲜的空气，以及护士们用讽刺的语气所说的"TLC"（亲切关怀护理，即 Tender Loving Care），这些在 1918 年就是疾病消失前让病人活下来的"特效药"。德文斯军营医院有 300 名正规护士，但根本不足以照顾源源不断的病人。何况护士本身也特别容易被感染，因为她们疲惫不堪，且经常与病人接触。韦尔奇发觉，有许多护士都患上了流感；在这 300 名护士中，一度有 90 人无法工作。[10]

韦尔奇和同事们做了调查，记录下令人震惊的统计数据（第 13 营有 29.6% 的士兵患病，第 42 步兵团有17.3%，后勤和宪兵队有 24.6%）。这些专家待在医院的实验室，试图从一片混乱中理出头绪。他们扫视病房里一排排行军床和瘫倒的士兵，床单往往沾满了血痰和突然流出的鼻血，这都是西班牙流感的症状。浑身发青的士兵几乎必死无疑。这次巡视令人震惊；经历过美西战争的沃恩上校承认，尽管他目睹了无数伤寒病例，也从未见过如此惨状。[11]人们只清楚这些士兵生了病、奄奄一息，其他一概不知。如果有什么启示的话，也只能在解剖室里找了。老天啊，这些士兵的肺到底怎么了？要知道，就在几天前他们还是人类有史以来最健壮一代的典范啊。

停尸房的情况相当混乱。在军营中，大部分新兵都是二十多岁的年轻人，每周有十几人死亡是相当严重的问题，而韦尔奇来到德文斯的那天就有 63 人死亡。不久后，一天内就有 90 人死亡。[12] 灰青色的尸体"像木材堆在一起"，或是横七竖八地横陈在停尸房的地板上，那些杰出的医生不得不绕道或跨过尸体才能走进解剖室。韦尔奇，这个主持美国最著名的病理学教学实验室的时间比大多数病理学家行医的时间还长的人，在解剖室里努力寻找死因。

给尸体开胸后，韦尔奇第一次看到西班牙流感患者青紫色的、肿胀的肺部。死因？这至少是清楚的：健康人体内最轻的部分——双肺，在这具尸体中则成了两个装满了稀薄、血淋淋、泡沫状液体的囊状物。[13]

人体是各种奇观的组合，而其中最神奇的莫过于肺。在肺部，不夸张地说，分隔身体与环境的界线是最薄弱的。血液在肺部将废气排出，并吸收维持生命必需的氧气。这个人体器官会充分舒展开来，让吸入的空气尽可能与薄而宽的区域充分接触。成年男性的肺部含有 7.5 亿个小气囊，即肺泡，气体交换就在此处发生，而所有肺泡的表面积总和是皮肤表面积的 25 倍以上。肺泡壁上的毛细血管仅比单个红细胞的直径略宽，而这些毛细血管膜的厚度只有 0.1 微米。为了在每次呼吸中自我更新，肺部几乎变得跟肥皂泡一样精巧而脆弱。[14]

肺泡组织或包含肺泡的结构中，但凡有些微变粗糙的趋势，或者存在任何空气以外的物质，都会危及气体交换过程。韦尔奇上校熟悉的普通型肺炎中，肺组织会变得粗糙、长满结节，经常退化成类似于肝脏的质地，失去了健康肺部的那种柔软、轻盈和弹性。在德文斯，许多死者的肺至少与他以前多次在尸检中看到的粗糙、污浊的肺相似，但后者那些人都是在流感发病十天甚至更久后，在通常与肺炎有关的微生物大规模入侵之后死亡的。眼下这些病人却是迅速死亡的，有些在最初开始疼痛或咳嗽后仅仅 48 小时就去世了，他们肺部的情况是韦尔奇前所未见的。肺组织几乎没有实变，但尤为反常的是，肺组织切片放进水里就会下沉，要知道它本应像孩子玩的气球一样浮起来的。最明显的特征是肺部含有大量稀薄的血性液体。这些液体会从留待检查的肺部组织切片中渗出，在通往喉咙的气管中与空气混合形成血沫。尸僵出现后，这些液体经常从鼻子里涌出，弄得裹尸布血迹斑斑。[15]

韦尔奇几乎很少有不冷静的时候；他是最有威严的人，这位维多利亚时代的医生不仅成就斐然，而且广受尊重。用与他同时代一位作家的话说，韦尔奇是那种能够在周围人都失去理智时依旧保持清醒的人。此外，他是病理学家，这份职业让他习惯了每天面对各种恐怖的事情。如果说在德文斯还有能够指望的主心骨，那便是这位约翰斯·霍普金斯大学的智者了。但在1918年秋天，当韦尔奇看到流感性肺炎的湿肺时，这位主心骨也被吓到了。他说"这一定是某种新型传染病，或是瘟疫"——后者是医学用语中少数仍带有迷信色彩的词。

二十年后，科尔医生回忆道，他和其他年轻人对此惊慌不安并不奇怪，"但我震惊地发现，在这种情况下，至少有一瞬间，连韦尔奇医生都受不了了。"[16]

许多初次接触西班牙流感的医务人员认为，这种疾病比任何流感都凶险得多。最常见的猜测是肺鼠疫，即中世纪的"黑死病"，它同流感一样，经由呼吸传播。1910年至1917年，肺鼠疫在中国造成了大量死亡，而在1917年，约有20万来自华北的劳工横渡大洋前往法国工作，其中许多人途经北美。也许是他们带来了这次疫病，经过新环境的改造，如今以所谓西班牙流感的形式出现。[17]

其他医务人员则直接将西班牙流感与战争联系起来。无论军队在欧洲何处交战，他们都会制造化学的和生物的化粪池，任何种类的疾病都可能在其中滋生。以前从未使用如此大量的炸药，从未有这么多人在如此肮脏的环境中生活这么久，从未有这么多具尸体暴露在地面上腐烂，也从未有像芥子气这样可怕的物质被大量释放到大气中。

上述种种都是理论上的推测而已，当务之急并非西班牙流感的起源，而是如何治愈并防止其蔓延。如果以19世纪的医学史作为衡量标准，那么德文斯营地的医生和他们在世界各地的同行应对流行病问题的准备比以往任何一群医护人员都更充分。这一百年间，人们对疾病的了解比之前几千年还要多。针对天花、伤寒、疟疾、黄热病、霍乱和白喉的治疗方法和疫苗，或者至少是限制其传播的方法已经问世并被证明是有效的。韦尔奇和他的同事是詹纳、巴斯德、科赫以及伟大的卫生学家查德威克和沙特克的直接继承人，也是沃尔特·里德和保罗·埃尔利希的同代人。韦尔奇的上级，陆军军医署长威廉·克劳福德·戈加斯曾带领医疗队控制并几乎根除了古巴和巴拿马运河区加勒比人的祸害——黄热病。然而，这些医生面对西班牙大流感几乎束手无策，与希波克拉底和盖伦在他们那个时代遭遇流行病时的情形一样。韦尔奇、沃恩、科尔以及1918年所有的医生都是20世纪医学最大的失败的参与者，或者说，如果用死亡的绝对人数来衡量，是所有时代医学最大的失败。

医生们没有闲情逸致感怀自己没能力保护人类免受自然的侵害。尽管发生了流行病，军队机器仍在运转。可能被感染的人离开了德文斯前往其他营地，9月25日，

新一批入伍者抵达军营，其中许多人成为这场疾病的受
害者和传播者。[18]

　　在同一天，韦尔奇、沃恩和科尔向麦凯恩将军提出
了专业建议。不应再征兵进入德文斯，也不应再从德文
斯派兵前往其他营地；应尽快将德文斯的部队人数减少
一万人；扩大士兵和军官的宿舍，每个人要有 50 平方英
尺的活动面积；应有更多的医护人员和更大的医院空间。
但如果麦凯恩将军期待有什么灵丹妙药，这些巴斯德和
科赫的继承人就拿不出来了。况且当时物资匮乏、缺医
少药，还有一个师要训练，还有军令要执行，还有战役
要打响，麦凯恩将军不得不推迟实施甚至回避他们提出
的那些哪怕是微不足道的建议。[19]

　　9 月 27 日，韦尔奇回到了华盛顿特区，有消息称，
美军正挺进阿尔贡森林的德军防线。到 10 月底，德文斯
有超过 1.7 万名士兵感染了流感或肺炎，占整个司令部的
三分之一。其中 787 人死亡，他们死在了距离阿尔贡的
泥泞与荣耀还相当远的地方。[20]韦尔奇上校当时还不知道，
阿尔贡也有死于流感的美国人。美国本土的流行病只是
自然界中最可怕的现象——大流行——的一个切面。

　　华盛顿那些忧心忡忡的将军也得不到什么新信息。
这种流行病已在包括华盛顿在内的美国东海岸各城市肆
虐。代理军医署长查尔斯·理查兹准将在离开马萨诸塞
州的前一天告知参谋长，流感在全国最大的十个军营中

横行，预计死亡人数可达 8 000 到 1 0000。[21]

韦尔奇在战后的一次演讲中说：

> 我们医学界对我国医疗队取得的成就非常自豪。我们可以举出在控制疾病方面取得的巨大胜利。以前从未有过如此大规模的机会来证明接种伤寒疫苗的价值……我们也相信，我们在抗破伤风血清中找到了预防破伤风的方法，但需要通过世界大战的经验来证明这种疾病得到了全面控制。对营地周围疟疾的控制是另一场胜利。

他甚至可以自豪地指出，对任何军队都是灾祸的性病已经减少到"前所未有"。他只简短谈及了流感，那个"投在医学界上方的巨大阴影"。[22] 在这个问题上，医护人员举不出什么令人自豪的地方。死于流感的美军人数几乎与战死的美国军人一样多，是美国平民死亡人数的十倍以上，是整个四年战争期间全世界各条战线上死亡人数的两倍。

第二部分

西班牙流感

第一波浪潮，1918年春夏

第二章

流感病毒的发展

在西班牙流感于 1918 年秋季成为全美国的灾难之前，美国人几乎没怎么放在心上。事实上，几乎没人注意到在 1918 年春天席卷了全美的流感大流行。这次疾病很温和，况且在 1918 年的头几个月里，有太多其他吸引人的事物。

1 月，美国总统发表了"十四点原则"演说，向世界公布了威尔逊式和平解决的原则。3 月，布尔什维克顺从了迦太基式和平，苏俄退出了战争。德国把一个又一个师从东线调往西线，最终在面对英法两国作战部队时取得了数量上的优势。截至 3 月 6 日，美国军队在法国的战线上仅占据 4.5 英里。法国总理乔治·克列孟梭对一位美国记者说："恶战迫近，叫你们美国人快来。"[1]

西线战场是英国诗人兼军人罗伯特·格雷夫斯笔下著名的"绞肉机，因为它需用活人喂养，批量生产尸体，还依旧牢牢地被拧在原地"。3 月 21 日，西线被拧开了。[2]
德军进攻的前三周就攻下了法国 1 250 平方英里的土地。
3 月 23 日，德国佬开始用他们的"大贝莎"榴弹炮向 75
英里外的巴黎发射炮弹。在长达 140 天的时间里，法国
军队都无法迫使"大贝莎"撤离，也无法阻止对法国首
都的炮击。

德军的攻势持续了四个多月，只在重新集结和改变
方向时稍有停顿。德军的策略再明显不过：分化英法联
军，将英军赶入英吉利海峡，然后赢下战争。协约国联
军的策略也显而易见：坚持等到美国派来足够数量的兵
力，使协约国联军能够采取攻势。

就在德军向巴黎及海上猛攻时，美国人的努力初见
成效。3 月，8.4 万名美国人登船前往欧洲；4 月，这个数
字达到了 11.8 万。[3]一场史无前例的竞赛开始了，没人知
道谁是赢家。因此，并不奇怪，几乎没人留意 1918 年春
天美国有多少人在擤鼻子。

3 月，底特律的福特汽车公司的一千多名工人因流感
而不得不被送回家。大约同一时间，堪萨斯州哈斯克尔
出现了 18 个流感重症病例，让人吃惊的是，其中就有 3
人死亡。同月，美国公共卫生署试图在南卡罗来纳州的
一个工业城收集糙皮病发病率的确切数据，但被突然出
现的大量重感冒和流感的数据淹没了。4 月和 5 月，加利
福尼亚州圣昆延监狱的 1 900 名囚犯中有 500 人感染了

流感，其中 3 人死亡。[4]

1918 年的《美国医学会杂志》在索引中甚至没有提到春季的流行病。流感不是一种需要上报的疾病：在各公共卫生部门，该疾病唯一登记的证据就是死亡人数，而大多数医生在死亡证明上将其归因于无并发症的肺炎。与患病人数相比，死亡人数非常少，在磺胺类药物和青霉素出现之前，肺炎是相当一般的死因，尤其在冬春季节。[5]

此外，诊断也是个难题。秋天，当第二波致命的流感来袭时，《丹佛邮报》还在教读者区分感冒和流感，以使疲于奔命的医生免于不必要的出诊：《邮报》说，感冒发病不那么突然，引发的疼痛不那么严重，发烧时体温也没那么高，感冒的特点是"畏寒而非明确感受到寒意"。[6]不幸的是，就算是执业医生也没法区分得更清楚。

细菌检测也没什么帮助。人们普遍认为流感的病原是法伊弗氏杆菌（Pfeiffer's bacillus），但是，尽管它的学名是流感杆菌和流感嗜血杆菌（*Haemophilus influenzae*，后者现在仍是它的官方名称），它未曾引起、也不会引起流感（见本书第十三章）。

最后，美国尚未建立有效、资金充足的联邦、州和地方各级公共卫生部门组成的信息网络，无法汇总 1918 年春季的流感和肺炎数据，哪怕是给出这场流行病的概况都做不到。美国许多公共卫生部门与华盛顿州的类似，该州的卫生局局长为他们的低效率开脱时说，他的下属工资很低，"他们的策略就是给多少钱干多少活儿"。[7]

关于春季这波西班牙流感浪潮，唯一清楚的是诸如圣昆延监狱和军队这类机构和组织的情况，因为它们对其成员有完全管辖权，当成员生病时也必须照顾他们。从 1918 年 3 月 4 日起，堪萨斯州芬斯顿军营的大批士兵涌入营地医院，他们都伴有发烧、头痛、背痛，总之，出现了流行性感冒的所有症状。不管这病到底是什么，它都很符合流感的古老英语叫法——"击倒我的热病"（knock-me-down-fever）。大多数士兵会难受两三天，然后开始好转，很快就能回到岗位上。不幸的是，继流感暴发后又出现了肺炎流行——当月就有 233 个肺炎病例，其中 48 人死亡——但在 1918 年，这样的肺炎死亡率并不引人注目；不管怎么说，流感叠加肺炎的流行在两周后迅速消退，只在有新兵入营时才偶尔发生。[8]

奥格尔索普、戈登、格兰特、刘易斯、谢尔曼、多尼芬、弗里蒙特、汉考克、卡尼、洛根、麦克莱兰、塞维尔、谢尔比等多处军营，在那年 3 月和 4 月都暴发了流感样疾病。[9] 如今，这样的消息会引起医疗队的注意，但在 1918 年几乎无人关注。民间很少有像军队那样的报告，几乎无法描绘出一幅全美范围内的流行概貌，况且，在任何军营里暴发轻微疾病都不意外。

尽管医疗队的规模迅速扩大（战争结束时，医疗队的规模比 1917 年初整个常备部队的规模还要大），尽管其照料的士兵人数也同样迅速增长，它的表现比在以往战争中要好。在疫苗、药品和卫生措施能够发挥作用的情况下，第一次世界大战中的美国军人都受到了保护。当然，保持清洁并没在前线得到严格执行，虱子在第一次世界大战中就像"滴滴涕"杀虫剂在第二次世界大战中一样普遍，但斑疹伤寒只在东线肆虐，困扰法国战场士兵的"战壕热"则温和许多。战争中另一种古老的灾祸——腹泻，有时也会流行，但很少致命。1917 年和 1918 年，美国陆军医疗队创造了会被内战和美西战争中的医务人员称为奇迹的成就，特别是在控制虫媒、水源性和食源性疾病方面。[10]

经空气传播的疾病又是另一回事了。如果没有像预防天花那样的疫苗来防止士兵感染空气传播的疾病，那也就无能为力了（我们今天也没什么别的应对方法）。在 1918 年 9 月前，军队中最棘手的流行病问题是经由呼吸传染的麻疹；这种病与流感的命运相似，很容易引发肺炎，而且大部分病例最终都会死亡。[11] 那些使得流感变得相当危险的因素也在一定程度上解释了这种情况：有太多人挤在通风不良的营房里，尤其是很多乡村地区的人，他们几乎不具备在城市长大的人通常会获得的那种免疫力。

有了麻疹的先例，假如医疗队知道 1918 年春季的流感传播得有多广，可能就会对这一波流感给予更多关注。

如果全美前50个大城市的死亡证明文件提供的数据是准确的，那么流感其实在3月和4月就已无处不在了。这50个城市中，大多数城市死于流感或肺炎的人数都超出预期。当大都会人寿保险公司统计1918年的死亡索赔时，同样的情况出现了：在春季，某种被诊断为流感或肺炎的疾病导致的死亡人数虽然不算多，但比流行病学家或精算师的预测要高。当时保险公司把一位新手医生说的老话转告给股东们，说流感是种令人愉快的疾病，即"真是幸运啊！人人都会得这病，但没人会死"，但这句话其实并不符合现实。[12]

这次春季流感在其他方面有什么特别之处吗？几次针对1918年春季流感和肺炎死者的尸检发现了肺部的一些新情况。芝加哥的病理学家埃德温·R. 勒考特注意到了这点，但直到他在当年那个可怕的秋季看到了更多病例，才意识到其重要性。军队的病理学家在春季也注意到了同样的情况：患者肺部有大面积的出血和水肿。[13]

对于在过去的死亡证明文件中探寻的历史学家来说，这波春季流感的独特之处也显而易见。流感和肺炎在致人死亡时，通常威胁的是生命的一头一尾：婴幼儿和老年人。[14] 1917年，流感和肺炎的年龄—死亡率曲线跟死亡率被纳入此类分析以来的几乎所有时期一样，都是两端高、中间低的近乎U形的曲线，这也符合一般的经验认知。当流感暴发或大流行时，流感和肺炎的死亡率都会上升，但曲线形状大致相同。相比壮年之人，流感及其并发症仍然更容易夺走老人和小孩的生命。但是，对于 1918 年春天流感和肺炎死亡人数高于正常水平的美国城市（例如，4 月份肯塔基州的路易斯维尔），绘制出的年龄—死亡率曲线并不是 U 形，而近乎 W 形，其最高点位于中间，无论是科学还是常识都无法解释。分析那年春天美国其他城市——东北地区的纽约市和马萨诸塞州洛厄尔、东南地区亚拉巴马州的伯明翰、太平洋沿岸的旧金山和西雅图，以及中北部的明尼阿波利斯——的死亡证明文件，结果也是一样，峰值出现在中部，通常是在 21—29 岁的数据柱上。许多城市的高峰期是在 4 月，但纽约的高峰期在 3 月，这一点或许意义重大，因为纽约是美国军队驶往欧洲的主要登船港。[15]

　　虽然几乎无人注意，但在那个春天，一些新出现的东西正在美国人的喉咙和肺里生根发芽，比起那场世界大战，它葬送了更多性命；而且和战争一样，青壮年更容易成为它的受害者。

　　它来自哪里？中国、印度、法国——这些地方在春天就有了关于流感或类似流感流行病的模糊的事后报告。但是，如果我们坚持使用有资质的医生提供的同时代的文件证据，那么我们必须说，这种新流感在 3 月首先出现在美国。也许很重要的一点是，春季美国远征军中出现的首批流行性感冒病例——整个欧洲最早的病例——

流感死亡：以十岁为一个年龄跨度的百分比，
美国登记区域，1917 年

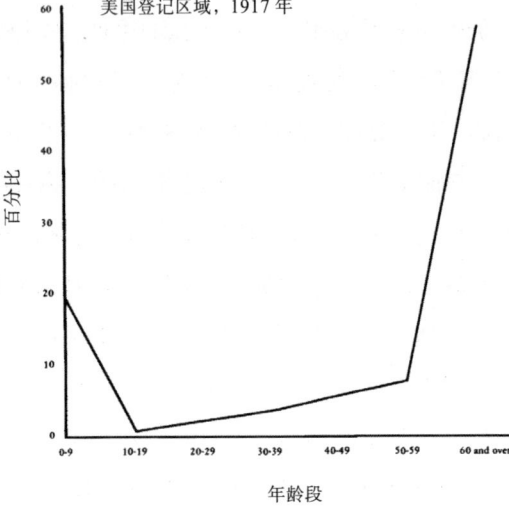

年龄段

(Adapted from Figure 18, Jordan, Epidemic Influenza, *p. 47.)*

肺炎死亡：以十岁为一个年龄跨度的百分比，
美国登记区域，1917 年

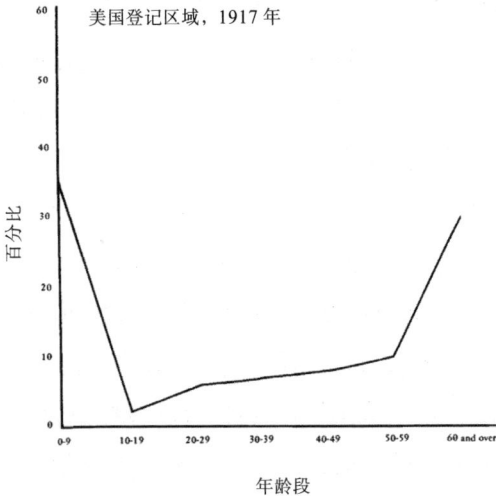

年龄段

(Adapted from Figure 19, Jordan, Epidemic Influenza, *p. 48.)*

流感和肺炎死亡：以十岁为一个年龄跨度的百分比，
美国登记区域，肯塔基，路易斯维尔，1918 年

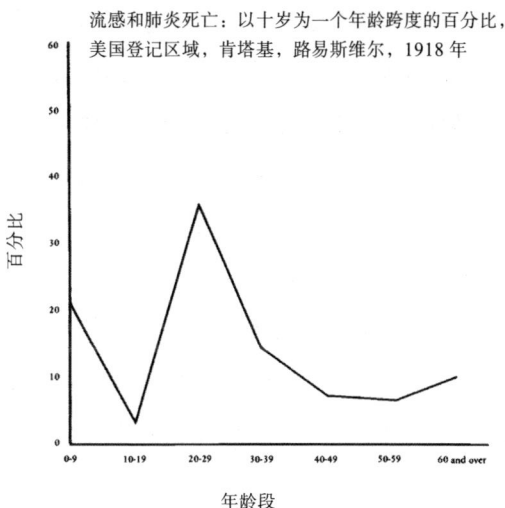

年龄段

*(Derived from the Death Certificate files of
the Board of Health of Louisville, Ky.)*

出现在波尔多附近的一个营地，而波尔多是美军的主要
登岸港口。日期大约是 4 月 15 日。[16] 也许，这些士兵穿
越大西洋，带来了更多人们意想不到的东西。

　　1918 年 3 月，在前往欧洲的航程中，一场肺炎流行
突袭了美国第 15 骑兵团：36 人确诊，其中 6 人死亡。另
一支部队的二等兵哈里·T. 普雷斯利在新泽西州迪克斯
营的春季流行病中染上了流感或类似疾病，但医务人员
没当回事，也没有让他休假。这场病对他来说没什么，
因为他做的是优雅的文职工作，可他的朋友奇德·艾伦
虽然也得了流感，却被命令继续训练，且在 4 月出航时
还病着。艾伦在出发两天后就死了，普雷斯利始终不知

道他的这位朋友是葬身大海，还是被运到了法国。[17]

截至 5 月，流感已经至少在两个大陆蔓延。5 月 9 日，美军第 26 师在"三日热"（这是美国远征军对流感的称呼）流行期间不幸遭受了一次猛烈的瓦斯弹攻击。在 5 月中旬，第 42 师也暴发了"三日热"，医院人满为患。对大多数人来说，这场流感相对温和，但也有人患上了"最恶劣且致命的"继发性肺炎。这种新型流感具有惊人的传染性：无论是在第 168 步兵团，还是在美国海军位于敦刻尔克的水上飞机站，都有 90% 的人受到了不同程度的影响。[18]

该病在军队间畅行无阻，早在 4 月份就出现在了英国远征军中。到了 5 月，其在法国军队中肆虐，法国军事卫生署甚至开始警戒并发布了一项指令，要求通过电报报告所有的流感暴发情况。奇怪的是，就在第一波流感看起来像是在美国逐渐消失的时候，它却开始在欧洲和旧世界的其他地区横行。

法国军事卫生署发布指令时，该流行病已经越过阿尔卑斯山脉和比利牛斯山脉，进入了意大利和西班牙。一两个月后，西班牙以外的所有人都叫它"西班牙流感"，倒不是因为它起源于那里，而或许是因为当时的西班牙仍然是非交战国，没有战时审查制度，其国内卫生问题没有对外界保密。据估计，有 800 万西班牙人在 5 月和 6 月感染了流感。西班牙人称，这场流感来自法国的战场，被冬季的强风吹过来，要不是有积雪的比利牛斯山脉阻挡，情况会更糟糕。[19]

这种新型流感直到6月才引起英国人的注意，当时它出现在朴茨茅斯和其他南部沿海城镇。流感照例首先在军队中传播，传播速度也最快。在英国，军队中的流感病例在5月就已经在增多，而6月跃升至3.1万例，数量是5月的6倍。英格兰和威尔士的流感死亡人数在6月下旬急剧上升。[20]

第一批患病的德国人位于德国控制区域最西边的延伸部分，即西线战场。1918年，流感轻松越过了无人区，也毫不费力地越过了每一道防线，在4月感染了德皇的第一批士兵。像铁丝网另一边的士兵一样，这场流感迅速放倒了他们，证明流感在德国的旧称"闪击感冒"（Blitzkatarrh）名副其实。[21]

自然，这场流感也影响了战争。到5月10日，英国大舰队中10%的船员都被它击倒了。在从直布罗陀到比塞大的航程中，美国"纳什维尔"号军舰的192名船员中有91人患病，而一些美国潜艇在巡航中也有三分之一到一半的人员被感染。英军第29师原定于6月20日对拉贝克发动的攻击被迫因流感推迟。5月30日至6月5日，在德军进攻苏瓦松和兰斯地区期间，法国第五军和第六军每天不仅要撤离数千名伤员，还要转移1 500至2 000名流感患者。之后，美军中出现了腹泻流行，而德军中出现了腹泻和流感流行，但二者还是在贝洛森林交战。[22]

德军给这种新型流感起了个名字，叫"弗兰德斯热"，在负责粉碎协约国联军针对英吉利海峡海岸攻击的部队中，这种流感尤其流行。德军主将埃里希·冯·鲁登道夫写道："这是一件痛苦的事，每天早上都要听参谋长们报告流感病例的数量，听他们抱怨部队虚弱无力。"不久之后，他就把7月进攻——差点儿为德国赢下战争——的失利归咎于低落的士气和日益减弱的战斗力，而这又要部分归咎于流感。[23]

西线的军队中，第一波流感于7月减弱，但与此同时流感正在许多欧洲国家的平民中肆虐。流感在伦敦不是必须上报的疾病，但我们知道，在7月的三周里，那里有700人死于流感，475人死于肺炎。7月，汉堡有214名市民死于流感和肺炎。在德国，有数千人患了西班牙流感。人们将疾病归咎于英国海军封锁造成的饥荒：德国人作为主食的土豆，其配给量下降到每人每周1.25公斤。在流感必须上报的瑞士，7月报告了超过5.3万个病例。截至7月27日前一周，哥本哈根报告的流感病例超过8 000人，而在海峡对岸的挪威首都，截至7月13日之前的一周内有6 000多个病例。[24]

《伦敦时报》对西班牙流感是德国阴谋的谣言嗤之以鼻，认为原因是营养不良和"被称为'战争疲劳'的神经力量的普遍衰弱"。只注意到其广泛分布和低死亡率的医生倾向于认为，这无非是 19 世纪 90 年代所谓"俄罗斯流感"的又一轮流行。有统计天赋的医生分析了伦敦的死亡记录，发现这是一种前所未有的、有点可怕的疾病。虽说只有少数感染者死亡，但死者中青壮年的比例特别高。尽管有特别多年轻人都外出打仗了，但还是有近一半死者的年龄在 20—45 岁之间。来自巴黎的报告也显示了同样令人不安的年龄发病率。[25]

那年夏天，西班牙流感在欧洲引发了广泛关注——当然，比起美国人或欧洲人在春季对它的关注要多——但如果这场席卷整个大陆的流感是在和平时期暴发的，那肯定会更加臭名昭著。主要是因为有战时审查制度。此外，对于医务人员和普通民众来说，战争比流感更引人关切。

7 月，身在英格兰的二等兵普雷斯利可能因为在迪克斯营与流感擦肩而过而暂时获得了免疫。7 月 10 日，他写信给家乡的女友："伦敦与其他地方一样，出现了西班牙流感流行。它似乎会引起高烧和强烈的疲倦感，但患者一般只需要卧床几天。"[26]

英国诗人、陆军军官罗伯特·格雷夫斯当时也在伦敦，他在一年前被德军火力击中胸部和大腿，如今还是颤巍巍的。他的岳母不幸染上流感，但她为了陪从法国休假回来的儿子托尼去看伦敦最新上演的戏剧，就欺骗了医生。岳母于 7 月 13 日去世："她心中感到莫大安慰，由于她的病情，托尼的假期延长了。"在她去世当天，格雷夫斯的朋友、同为诗人的西格弗里德·沙逊，这位曾在1917年被枪击中喉咙的人，在无人区巡逻时头部中枪。沙逊后来康复了。两个月后，托尼战死。[27]没错，战争比西班牙流感更吸引眼球。

西班牙流感当然不仅仅发生在北美和西欧。6月中旬，英国军队登船前往摩尔曼斯克，途中暴发了流感，毫无疑问，当他们抵达俄国时也把流感带了过去。其他船只向南、向东、向西把流感带到了各处。流感早在5月就出现在北非，6月在孟买和加尔各答如雨后春笋般涌现，并在之后的两个月里传遍整个印度。在同一时期，它在中国突然大量出现；据说在7月底，重庆有一半人都染上了流感。那时，它已经到达新西兰和菲律宾，四分之三的码头工人都被放倒了，马尼拉的码头设施陷入瘫痪。[28]

西班牙流感在美国出现后的四个月时间里席卷全球，彻底从流行病升级为大流行。无论它多么温和，感染的人数实在太多了，无疑也夺走了数万人的生命。下一波浪潮中，它还会杀死数百万人。

到了仲夏，这一流行病最异乎寻常的地方在于，美国本土没有关于它的任何报告。北美似乎成了孤岛，从东到西，该流行病在各大洋的人群中广泛传播，甚至在与美国几乎每天都有船只往来的岛屿和陆地上肆虐。

夏初，西班牙流感出现在古巴和波多黎各，圣胡安估计有一万人患病。7月，流感在驻巴拿马运河区的部队中迅速蔓延。同月，来自日本和中国港口的船只把它带到了夏威夷，该流行病在那里从 7 月一直持续到 8 月。然而，它并没有到达，至少没有深入北美（或南美，如果那里少得可怜的流感报告可以被认定为结论性证据的话）。[29]

那年夏天伊始，载着患有流感和肺炎船员的船只陆续抵达北美港口。6 月 22 日，之前在利物浦港口停靠过的"埃克塞特城"号抵达费城，船上的 27 名印度水手和 1 名英国舵手得了肺炎、病入膏肓，必须立即送往医院。来自印度的"索马里"号驶入圣劳伦斯湾，将其 89 名患有流感的船员送上了格罗斯岛。8 月，一艘几乎所有船员都得了流感的船只艰难地驶入纽波特纽斯港。大约在同一时间，一艘从欧洲开往美国的运兵舰在公海行驶时出现了 42 例流感病例。在返回欧洲的航程中，该船搭载了第 64 步兵团的士兵，其中有 100 人在途中患了流感。

挪威的"卑尔根峡湾"号于 8 月 12 日抵达纽约港，到达前船上已经有 200 人患流感、3 人死亡。11 名乘客被转移到布鲁克林的一家医院。他们没有被安置在隔离病房。纽约市卫生局局长罗亚尔·S. 科普兰为了缓解民众的恐惧，宣称所有被送上岸的病人现在患的都是肺炎，而非流感。他还说，西班牙流感很少袭击营养状况良好的人："没听说我们的士兵得过这个病，对吧？你肯定没听过，你也不会得……我们没必要担心这个。"[30]

几十艘满载流感患者的船只抵达美国港口，但除了在亚拉巴马州摩根堡孤立地暴发了一次疫情，且被诊断为普通的温和流感，此外没有发生别的什么。[31] 是因为春季的流行病在美国已经传播得足够广了，市民甚至有了群体免疫力吗？换言之，情况是不是这样的：这个病可能感染了一部分人，但有太多人已经对此免疫，以至于它无法传播？我们能确定的是，在1918年夏天，北美被一种传染力极强的疾病流行包围，但这种疾病却无法渗透进沿海地区。

这种流感病毒之所以如此危险，并引发一场又一场流行，是因为它有极强的突变性。它始终在改变外表面的性质，而抗体——人体最重要的防御系统——必须瞄准才有效。身体对流感的防御系统总是会变得陈旧，并且会周期性地过时，这就意味着会发生世界范围的大流行。[32]

1918年夏天，尽管北美奇怪地没有受到流感影响，西班牙流感病毒却在其他大陆的数百万个宿主中穿行，而且病毒一直在变异，为了在基因上适应各种不同的环境。例如，随着8月伦敦的疫情有所减弱，其更容易导致青壮年死亡的特性也在减弱。（然而，这可能是因为它已经夺走了那个年龄段所有易感者的生命。）但同年夏天，在法国的医生，无论是美国远征军中的医生，还是民间的医生，都有这样的印象，即随着病例数量的减少，那些病程较长、病情较重的病例占比上升了。[33] 我们在其他地方甚至没有什么印象听到有人说西班牙流感的特性在如何变化。这种情况很危险，因为这会最大限度地让免疫层面完全不同的人交换和传播不同种类的流感病毒。由于战争，数以千计的船只在欧洲和世界各地来回穿梭，载着数量空前的各类人员。

7 月，在法国的美国海军第 2 后方医院发生了一场流行病，说明战时不同人群和流感毒株的混合有多危险。医院收治了同一艘船的 19 名"印度人"，他们都得了流感，在两周半的时间里，这一"印度流感"使医院 41% 的工作人员苦不堪言，在此之前，这些医护人员只受到过本土流感病毒的轻微影响。[34]

尤其不妙的是，有数十万美国人被转移到欧洲。6 月，有 27.9 万名美国士兵跨越大西洋；7 月，这个数字超过 30 万；8 月，有 28.6 万。在战争的最后六个月，有 150 万美国人横渡大西洋到欧洲去打仗。此前从未在如此短的时间内有过如此规模的人口迁移，而且无论以前还是之后，都没有在大流行期间发生过。有 150 万人从没有大流感的地方前往有大流感的大陆。第一次世界大战中的美国陆军医疗队的官方文件是这么说的："很难想象还有什么比通过引起流感和继发感染的微生物在人与人之间的快速传播更好的机会来增强毒力了。"[35]

尽管纽约市卫生局局长科普兰做出声明，但卫生官员们还是担心。8月9日，华盛顿特区的美国海军军医局发布了一份预防公告，警告说流感在欧洲、夏威夷和其他地方广泛流行，并描述了其症状、潜伏期和建议的治疗方法。8月16日，美国公共卫生署军医署长命令负责各港口检疫站的医务人员，要特别警惕来自欧洲各港口船舶上的流感，在通知当地卫生机关之前，不能让载有流感病人的船只靠岸。[36]

除此之外，美国公共卫生署就无能为力了。联邦机关没有法律权力像对麻疹、百日咳或其他常见的、通常是轻微的疾病那样针对流感进行检疫隔离。即便能实施检疫隔离且可能对抗击流感有效，但是对美国各港口实施严格的海事检疫在政治上是不可能的，因为这将大大减少输送到西线的部队和物资。在"卑尔根峡湾"号停靠后不久，纽约装载港的主任医生 S. M. 肯尼迪上校说，有流感病例的船只已经抵达六周或两个月了，但"我们不能因为西班牙流感或其他类型的流感而停止这场战争"。[37]

美国不只是没有做好控制流感传播的准备。即使是无心的，但美国也为加速培育和传播1918年秋季的流感病毒做了准备。在成年男性中，最容易感染西班牙流感的是那些达到服役年龄的。他们也最容易患上肺炎等继发性并发症。[38]

因此，在第一次世界大战的最后一个夏末，大约有

150万美国成年人挤在全国各地为数不多的军营里，他们可谓最适合培育史上最危险的流感病毒毒株及其"帮凶"细菌的人，而且其中大部分人还在这些营地之间不断往来穿梭。所需的就是那个合适的微生物。

但是美国的卫生状况从未像1918年夏天那样晴朗。陆军军医署长戈加斯自豪地宣布，美国士兵7月和8月的疾病死亡率几乎比美国适龄服役男性平民的年死亡率低三分之二。[39] 9月1日，航运委员会官员宣布，7个月里，在大西洋中队为海上贸易接受训练的8 500人中只有一人病故。他们认为，这样的记录"在战时的训练营中从未出现过"。[40] 到目前为止，恒信人寿在美国的公司遇到了有史以来的丰年，尽管春季的大流行使它多支付了很多钱。8月的死亡索赔比1月以来的任何月份都要少。[41]

这幅晴朗画面上唯一的一朵阴云，就是有报告称，8月，在国内和欧洲的美国军队，其呼吸道疾病的入院率和死亡率都有所上升。虽然上升幅度不大，但还是有些奇怪，因为大西洋两岸的这些比率都上升了，还是在8月份，要知道这个月的数据通常是一年中最低的。[42]

第三章

三处暴发——非洲、欧洲、美洲

1918 年 8 月下旬，西班牙流感病毒发生了变异，在同一周里，致病力空前的流行病在三个彼此相隔数千英里的港口城市暴发了：塞拉利昂的弗里敦、法国的布雷斯特和美国的波士顿。我们永远不会知道的是，这些疫情是起源于其中一个港口且几乎同时传播到另外两个港口的同一个病毒变异引发的三种不同表现，还是三种不同的但同时出现的病毒变异。只能说，前一种假设不太可能成立，后一种更是绝无可能。也许真相与这两种情况全然不同。

作为英国殖民地和保护国的塞拉利昂，其首府弗里敦是西非最好的港口，也是欧洲、南非和远东之间航程的重要的供煤站。8 月 15 日，从英国向南航行的英国皇家海军"曼图亚"号驶入弗里敦港，船上载有 200 名罹患流感或刚刚康复的海员。这显然是该病相对温和的变种，因为当时在英国接触不到其他变种，而且这 200 人里也没有死亡记录。

黑人煤工给这艘船的煤仓装满煤，而在截至 8 月 24 日周六之前的一周里，港口的医生注意到许多人出现了鼻黏膜炎的症状。两名弗里敦人死于肺炎。8 月 27 日，塞拉利昂供煤公司的 600 名工人中有 500 人没来上班，他们可能是病了，或是留在家里照顾病人。港口内其他船只的水手不得不与余下的黑人煤工一起装船，以赶上战时的进度。

该流感病毒又回到了白人宿主身上，但毒性可能因为在抵抗力相对较弱的黑人身上走了一遭而增强了。在英国皇家海军"非洲"号随后发生的疫情中，779 名船员中有 75% 感到不适，51 人死亡。运输新西兰军队的"切普斯托堡"号和从东非运载海军士兵的"塔希提"号在撤离弗里敦后的两天内也暴发了类似的流行病。这两艘船带着士兵、海员和新近暴发的致命疾病抵达英国港口时，"切普斯托堡"号上有 38 人死亡，"塔希提"号上有 68 人死亡。

与此同时，该流行病在塞拉利昂飙升至顶峰，据估计有三分之二的本地人都感染了。在弗里敦，该病在 9 月 6 日达到顶峰，有 74 人死亡，此后，每天的死亡人数逐渐下降。在弗里敦及其近郊，有 1 072 人死于流感及其并发症。当地官员判断，截至 9 月底，整个塞拉利昂的本地居民中会有 3% 的人死亡。[1]

布雷斯特是美国远征军的主要登陆港口，也是世界上最好的深水港，可停泊 500 艘战舰。在第一次世界大战中来到法国的 200 万美国士兵中，有 79.1 万人在布雷斯特登陆，那里的美军常驻机构非常庞大。布雷斯特本身就有 1.7 万美国人常住；附近的美国远征军营地有 1.5 万名工作人员，暂住人口平均有 4.5 万。在布雷斯特的美国人，加上不断抵达的其他十几个国家的战斗人员，与欧洲其他地方相比，这里有更多源源不断的新的流感受害者。[2]

在 8 月的最后几天，正当成千上万的美国青年涌入布雷斯特时，大量法国青年也聚集在这座城市，其中一些人已经患上了流感，他们开始在海军基地接受训练。致命的第二波流感出现在 8 月 22 日左右。没有关于病例数量的记录，但是从这一天到 9 月 15 日，有 1 350 名大流行患者被医院收治，其中有 370 人死亡。[3]

第二波西班牙流感在新世界瞄准的第一个地方是马萨诸塞州的波士顿，这里不是美国人前往欧洲的主要登船港——纽约才是——但它在为"绞肉机"持续提供人员和战争补给方面发挥了重要作用。8 月 27 日，西班牙流感在波士顿现身了：在联邦码头，受补船的两或三名水手向船上的医务室报告出现了流感的常见症状。（受补船其实不是真正的船，而是在大型码头上为周转人员

提供食宿的区域。1918 年，进入受补船的平均人数约为
3 700 人，但在某些夜晚会有 7 000 人住在那里。根据海
军自己的说法，当新一轮流感开始时，联邦码头"异常
拥挤"。）这种新疾病传播力惊人。第二天，也就是 8 月
28 日，新增 8 个病例，而隔天就有 58 个新病例了。当局
高层正式获悉，可能已经暴发了一场流行病。[4]

流感病例使得联邦码头的医疗设施不堪重负，其中
50 人被转移到海湾对面的切尔西海军医院。那里的医务
人员采集了血液样本和咽喉培养物，做了标准的身体检
查。这些医务人员中有 2 人在 48 小时内患上了同样的疾
病。联邦码头的患病人数继续增加；该流行病发生的第
四天有 81 例，第五天有 106 例，第六天下降到 59 例，
第七天有 119 例。此后人数下降。该病以惊人的速度在
受补船的工作人员中蔓延，在一周内达到了高峰。[5]

在流感首次出现的两周内，第一海军区就有 2 000
名官兵感染。每个患者的发病都非常突然，看上去健康
的人只要一两个小时就会接近虚脱状态。发烧度数介于
38.3℃到 40.6℃，患者抱怨全身无力，肌肉、关节、背
部和头部严重疼痛。患者通常形容自己的感觉就像"浑
身遭到棍击"。[6]

就大多数人的情况看，这些症状会持续几天，然后
就康复了。但另外 5% 到 10% 的人则发展为严重的大灶
性肺炎。截至 9 月 11 日，切尔西海军医院累计收治了

95 例流感性肺炎患者。其中 35 人已经死亡，另有 15 到
20 人病入膏肓。流感性肺炎的死亡率可能达到 60% 至
70%。尸检结果显示，死亡病例的肺部几乎没有肺炎死
亡患者常见的组织实变，而是被液体浸透。到目前为止，
肺部最常见的微生物是法伊弗氏杆菌，但也不是在所有
病例中都有。美国海军中尉 J. J. 基根医生预测，这种疾
病"有可能迅速蔓延到整个国家，感染 30% 到 40% 的人
口，而且各个社区会有四到六周的急性期"。[7]

这场流行病发展太快，以致相关部门都没法从容应
对。9 月 3 日，波士顿市立医院收治了第一位患流感的平
民，无疑是西班牙流感患者。同日，有 4 000 人在波士顿
的主干道上举行了"打赢自由之战"的游行，其中包括
1 000 名联邦码头的水手和 2 000 名海军民兵和造船厂工
人。[8]游行对打胜仗没什么帮助，但肯定传播了流感。

9 月 4 日，在剑桥的查尔斯河对岸，哈佛大学的海军
无线电学校出现了首批流感病例，有 5 000 名年轻人正在
那里接受培训，学习无线电这种最新奇的通信方式。9 月
5 日，州卫生部向报纸发布了流行病的消息。卫生部的约
翰·S. 希契科克医生警告说，"除非采取预防措施，否则
这种疾病很可能会蔓延到城市的平民中"。在他的声明发
表在《波士顿环球报》之后的晚上，海军无线电学校的
一栋新建筑正式落成。数千名海员和平民挤在演习厅里
听伍德上将讲话，观看演习队和健身操表演，随后跳舞

至午夜。

波士顿头三个死因被官方归咎于大流行而非肺炎的病例出现在 9 月 8 日：一名海员、一名商船船员，以及夏初以来确诊的首例平民死亡。第一例西班牙流感病例 9 月 8 日出现在德文斯军营，就在 1 400 名马萨诸塞州新兵抵达营地的四天后。[9]

第三部分

第二波和第三波浪潮

第四章

美国开始注意

波士顿和马萨诸塞州过了数周才采取措施，保护公民抵御这场大流行。在夏季，从欧洲逐渐传来了关于西班牙流感的消息。二等兵托马斯·L. 罗伯茨在写往费尔黑文的家信里说，他正从肺炎中恢复："我要是个威士忌酒鬼，那我早就完蛋了。"但是这样的消息很少能被收到。波士顿人非常健康：尽管该市人口在一年内激增了 1.2 万，但 1918 年前 8 个月的死亡人数却低于 1917 年同期。[1] 无论如何，与该市 8 月和 9 月的报纸头版新闻相比，流感似乎无关紧要。随着参议院对妇女选举权议题的投票日期日益临近，妇女参政论者风头日劲。尤金·V. 德布斯即将被定罪，并根据《反间谍法》而被监禁。8 月底，米德尔塞克斯和波士顿的有轨电车公司的驾驶员举行罢工，导致数千人不得不步行出门。党内初选中，国会议员詹姆斯·A. 加利文指控他的对手，前市长詹姆斯·迈克尔·柯利，称其收受前德国大使的数千美元。[2] 被《波士顿晚报》称作"布尔什维克"的俄国，每天都出现在新闻上。9月4日，报纸刊登了威廉·A.格雷夫斯少将抵达符拉迪沃斯托克并指挥俄国东部美军的消息。[3]

8月最后一天，联邦码头的106名海员报告罹患流感，而与此同时，贝比·鲁斯为波士顿红袜队赢下了美国棒球联赛，他在对阵费城运动家队的比赛中投出了三振，并打出了二垒打。这场世界职业棒球大赛的高潮出现在第五场比赛之前，当时红袜队和芝加哥小熊队都拒绝走出他们的球员休息区，直到承诺给他们更多钱。在场人群不断喊出"布尔什维克"和其他咒骂，一小时后，他们屈服了。9月11日，红袜队赢得了大赛冠军，同一天，海军宣布大流行在波士顿及周边地区造成26名海员死亡，罗得岛、康涅狄格、宾夕法尼亚、弗吉尼亚、南卡罗来纳、佛罗里达和伊利诺伊州的海员中也出现了第一批流感病例。[4]

1918年夏天，美国人的爱国情绪陷入狂热。利奥波德·斯托科夫斯基写信给威尔逊总统，询问战争期间是否应该从音乐会节目单中拿掉巴赫和贝多芬的作品。美国酿酒商受到了谴责，因为他们生产的啤酒和麦芽酒带有日耳曼名字以及德国色彩。他们在《波士顿晚报》和全国各地的其他报纸上刊登了半页广告，解释说：

　　无论在战前还是战时，在司法部发现的众多叛国行为中，没有一桩表明哪个酿酒商直接或间接地做过任何可被视为不忠的行为。[5]

过了半个世纪后再回头看，战争和大流行的交织似乎组成了十足疯狂的模式。9月11日，华盛顿官员向记者透露，他们担心西班牙流感已经到来，而在第二天，就有1 300万人在全美各地排队涌入市政厅、邮局和学校登记入伍，他们正值最容易死于西班牙流感及其并发症的年龄。各地都有狂热的爱国主义盛会，波士顿也不例外，那里有9.6万人登记，还互相冲着彼此打喷嚏和咳嗽。[6]

9月13日，美国公共卫生署军医署长鲁珀特·布卢向媒体发布了如何识别流感的建议，并建议病人卧床休息，吃高营养食物，服用奎宁盐和阿司匹林。14日，马萨诸塞州公共卫生部门发电报给美国红十字会总部，要求赶快派15名护士到波士顿。几天内，新英格兰其他地区也发出了类似的请求。[7]

9月16日，美国远征军发起了第一次大规模进攻，即缩小德军在凡尔登附近的圣米耶勒防御工事的突出部。这次进攻反而使德军加快完成了整顿该地区防线的计划，但美国的报纸对此一无所知，他们只晓得美国人在四天里完成了法国人几个月都没能完成的事，对此做了连篇累牍而又热烈的报道。

在挺进圣米耶勒的第二天，战争狂热和流感一度在华盛顿特区同时出现，当时，紧急舰队公司健康和卫生部门负责人菲利普·S.多恩中校表达了怀疑，认为这种流行病可能是德军从U型潜艇登岸后带来的：

> 这些德国特工很容易在剧院或其他人群聚集的地方散播西班牙流感病毒。德国人已经在欧洲引发了流行病，他们没有理由对美国手下留情。

多数报纸都刊登了这一说法；《费城问询报》将其放在头版顶部，还加了框。[8]

截至9月20日中午，自从美国发现新一波流感以来，军队已经累计出现了9 313例病例，而且统计数据显示，该疾病正加速传播。陆军军医署长办公室下令采取一切可能的预防措施，防止在营地之间转移那些患有流感或已经接触到流感的人，但除此之外的其他人应尽可能迅速转移。军队利用最后这项规定，继续转移部队，调动的人数几乎没有减少。到9月23日，美国本土军队中官方承认的病例数量超过了2万例，真实的数据肯定还要高得多。[9]

9月26日，美国远征军在默兹—阿尔贡地区向德军防线发起猛攻，这场自格兰特将军进入莽原以来美国最大规模的进攻开始了。接下来几天里，大多数美国人都忘记了所有其他的新闻。同一天，波士顿有123人死于流感，33人死于肺炎，马萨诸塞州估计有5万流感病例。该州的卫生官员发电报给美国公共卫生署，要求提供医生和护士，代理州长卡尔文·库利奇向威尔逊总统、多伦多市长以及佛蒙特州、缅因州和罗得岛州的州长发出了同样的请求："我们的医生和护士正在全面动员起来，而且已经工作到极限……许多病例根本得不到任何照顾。"他没有向新罕布什尔州或康涅狄格州寻求帮助，因为他知道这些地方的情况几乎和马萨诸塞州一样糟糕。[10]

到9月26日，人们不再奢望这种疾病能停留在新英格兰甚至密西西比河以东。它已经出现在距离波士顿很远的路易斯安那州、皮吉特湾和旧金山湾的海军基地，以及从马萨诸塞州到佐治亚州的二十个军营，西至华盛顿州的刘易斯营。

9月的第四周，西班牙流感在美国暴发，无论西线的头条新闻多么引人注目，即使是战事缠身的华盛顿特区也不敢再将流感视为次要问题。截至9月28日，自从这场疾病卷土重来后，美国本土的海军部队有超过3.1万人感染流感，1 100多人死于流感和肺炎。（海军的死亡人数占患病人数比例过大，后者的数字可能被大大低估了——这在1918年很常见。）在美国本土的陆军分别有5万人患病，1 100人死亡。从9月21日至27日的七天里，在大西洋较为安全的一侧，就有1 018名陆军士兵死于流感、肺炎和其他疾病。如果按 1917 年同期的死亡率计算，死亡人数应该只有 37 人才对。[11]

美国公共卫生署没有平民感染的统计数据，但它知道从新罕布什尔州到弗吉尼亚海角都有流感肆虐，全国各地都有零星病例，数百人濒临死亡。日后汇编的死亡率统计数据显示，8 月只有 2 800 名美国人死于流感和肺炎，但 9 月则有 1.2 万人。（占全国估计人口 22% 的地区在 1918 年没有向人口普查局提交死亡率统计数据，因此这两个月的实际数字可能更高。）[12]

不可思议的情况发生了：似乎出现了比战争更重要的事。潘兴正在呼吁增援，美国远征军正向阿尔贡推进，所有协约国领导人坚定地认为 1919 年将有以美国为主的进攻计划，而就在 9 月 26 日，美国陆军宪兵司令取消了 10 月征召 14.2 万人的计划。实际上，美国士兵原本被命令要前往的所有营地都处在隔离中。10 月新征 7.8 万人的计划也只得推迟，而在他们中的大多数人穿上军装前，战争就结束了。[13]

主要负责守好传染病防线的政府机构是美国公共卫生署，但它尚未准备好应对如此重大的威胁。它遭遇的问题与战争爆发时军队面临的问题大致相同：它突然被要求承担起理论上是要它来负责的工作，但实际上它从未真正做好准备。

当务之急是缺乏可靠信息。首先，美国公共卫生署必须掌握大流行进展的最新消息，以便更有效地分配其力量。各州已经被安排要每天向华府发送电报。其次，必须在全国范围内播报关于流感和大流行最全面的信息，因为无论是医生还是普通人都只知道一些关于西班牙流感的可怕谣言，而这样的环境无疑会滋生混乱、恐慌和大量的江湖骗子。印制的相关海报经由红十字会、联邦铁路管理局和邮政部门分发到全国各地。600万份标题如"'西班牙流感''三日热''流感'"并泛泛地面向医学界和官方机构的全面解释该疾病的小册子以军医署长的名义印制并分发。其他组织——联邦的、州的、地方的和私人的——都效仿美国公共卫生署的做法。如果流感能够被这些官方文件扑灭，那在1918年就能有很多人得救了。[14]

最困难的问题是组织，而非宣传。美国各地几乎都有某种形式的公共卫生部门和机构，但从未被组织起来统一行动。美国公共卫生署在每个州都任命了一名防治流感的主管人员，必要时由公共卫生署的官员担任，但考虑到效率，尽可能由该州的首席卫生官员负责。该主管人员负责管理美国公共卫生署的人员在该州的行动，所有的援助请求都必须直接提交给他并通过他来向上提出。美国公共卫生署现有48位主管负责48个州，但他们要指挥的人员呢？仅波士顿一地就需要500名医生，比整个美国公共卫生署能召集的还要多，而且其他地方不久之后肯定也会有类似的恐慌性求援。[15]

在 1918 年的美国，最能表达蔑视的词是"逃避兵役的人"，无论年龄和身体状况如何，美国男性都努力穿上某种制服，或者至少获得某种徽章，以保护自己远离这个可怕的词。这一年年初，美国各地超龄的、身体有缺陷的或因已担任重要工作而延期入伍的平民医生每人交了 1 美元，加入了志愿医疗服务队（Volunteer Medical Service Corps），他们还收到了带有象征医学的蛇杖和首字母缩写"VMSC"的小型氧化银盾形纹章。这个组织相当于美国公共卫生署的后备。就在新一波大流行抵达联邦码头仅两周前，威尔逊总统批准成立了该组织。

9 月 27 日，军医署长布卢要求志愿医疗服务队派出 50 个小队、每队 10 名医生，那时人们还怀疑志愿医疗服务队可能只是一串名字而不会有什么实际作用。一天之内，志愿医疗服务队就给了他一份有 700 名医生的名单，两天之内这个名单就超过了 1 200 人，他们都已准备好立即投入工作。美国医学会通过旗下期刊呼吁其他志愿者加入，又召集了更多人。最终，超过 7.2 万名医生自愿加入志愿医疗服务队。[16]

美国公共卫生署在名单上选出了战时服役人员，并向他们发送电报，给他们提供了诸如代理外科助理医师这样的职位。于是，这些超龄的又有身体缺陷的医生上岗了，他们每天工作 20 小时，月薪 200 美元，每个工作日还补助 4 美元，最先是在新英格兰，随后就遍布全美。
到 10 月 22 日，美国公共卫生署共有 600 多名医生在实
地抗击流感。[17]

护士的短缺更令人绝望。由于当时只有缓解症状的
手段，所以医生在对抗流感和肺炎时并非那么关键。在
凯瑟琳·安·波特关于 1918 年大流行的短篇小说《灰色马，
灰色的骑手》中，一位护士说："护理工作占了差不多全部，
没什么变化。"她说得没错。[18]

红十字会同时在军民两界参与抗击西班牙流感。9
月 27 日，其位于华盛顿特区的总部向所有护理部主管发
出电报，要求动员所有力量。为了遏制可怕的供求规律，
红十字会总部确立了一项原则，即未经全国总部批准，
任何分会都不得从其他分会招募护士。红十字会、军队
和美国公共卫生署署长还制定并批准了一份标准护理费
用表。这对避免混乱至关重要：出现大流行的各个地区
已经开始竞价招募护士。[19]

甚至在红十字会拨款之前，就有 1 500 名护士自告奋
勇参加了抗击流感的战斗。即便如此，受过正式训练的
护士也明显不够用，因此红十字会甚至鼓励那些没有护
理经验的学生去当志愿者。为了充分利用和分配数以千
计的护士、志愿者，以及医疗用品，红十字会成立了全
国流感委员会，由管理部门和所有主要部门的代表组成。
每个州都任命了一位红十字会的官员，以便与美国公共

卫生署的官员和州卫生部门的负责人合作。当军医署长布卢在 10 月 1 日正式请求提供护士和紧急物资时，红十字会已经做好了满足其要求的准备。[20]

但是，世界上所有的组织机构都无法应付一个严峻的现实，即没有足够多的护士来照顾未来几周内急需护理的男女老少。10 月 5 日，波士顿卫生署署长向遭受流感侵袭的缅因州巴斯市发去电报，称有两名医生正在路上了，但仅此而已："医生随便派，但要护士没有。"[21]这样的报文在 1918 年秋季很常见。

此外还有资金问题。红十字会自己拨款 57.5 万美元，以为其各地方分会抗击当地流感而提供补充资金。[22]然而，美国公共卫生署还得看政客的眼色行事。

9 月 26 日，马萨诸塞州的参议员约翰·威克斯提出一项决议，请求拨款 100 万美元给美国公共卫生署，"以抗击和遏制'西班牙流感'"。100 万美元在那个时代是笔不小的数目；美国公共卫生署全年预算总额还不到 300 万美元。威克斯在参议院拨款委员会作证说，他自己最近才从轻度流感中恢复过来，他在马萨诸塞州西牛顿有五个家人都得了流感，家里的女佣患上了急性肺炎，但既找不到医院床位，也找不到护士。他说："我的家庭医生告诉我，他在过去的 24 小时内有 21 小时都在外奔走，哪怕有两倍的时间，他也干不完。"

美国公共卫生署的官员告诉委员会，这种疾病"指向工业中心，可以肯定的是，当它袭击工业中心时，所有的战争计划得有一半都不起作用"。他们绘制了一张巨大的全美地图，将流感流行的州标为红色，有流感病例但还未流行的标为黄色，有疑似病例的标为蓝色。大西洋沿岸，包括哥伦比亚特区在内，赫然一片红色。众议院议长钱普·克拉克因流感卧病在床，而一周前华盛顿出现了首个死亡病例。[23]

在参议院发言的亨利·卡伯特·洛奇，表达了首都所有人的担忧："这种疾病若得不到遏制，就可能会蔓延到全国各地。它已经影响到了我们的军工厂。除非我们现在就解决它，否则它造成的破坏可能会更加严重，而没钱我们就没法行动。"威克斯的决议不到两个小时就在参议院和众议院通过了，无人投反对票。[24]

一方面，联邦政府采取行动应对当前对美国人生命最大的威胁。但另一方面，联邦政府还采取了相反的行动，来应对当时美国人眼中对他们意识形态的最大威胁。战争的燃料——钱——越来越少，因此，在10月4日，第四次自由公债运动的60亿美元债券摆在了美国人面前。债券动员必然要举行无数的会议和集会，还要挨家挨户上门募资，这一切都有利于空气传播疾病的扩散。即使没有这种推波助澜，流感病毒也很容易传播，但它还是搭了便车。

芝加哥卫生部在爱国主义和良好公共卫生实践的需求之间做了折中：它允许举行大规模的自由公债游行，

也预见到这将传播流感，但它指示所有游行者在游行结束后立即回家，脱掉所有衣服，擦干身体，服用催泻药，"这样你就能将感染疾病的概率降到最低"。[25] 威尔逊总统本人于 9 月 27 日晚在纽约大都会歌剧院发表演讲，启动了自由公债项目，并进一步阐述了他建立国际联盟的计划。《纽约时报》对这次演讲大加赞赏，称他代表了所有美国人的心声："他们的愿望，他们的决心，他们内心深处的想法都在他的讲话中得到了表达。"《纽约时报》当天还报道说，在演讲当天，纽约市的新发流感病例数量是前一天的两倍。[26]

9 月，马萨诸塞州估计有 8.5 万市民染上了流感。最后一周有 700 人死于流感和肺炎。学校里的女孩们在课间跳绳时会吟唱这么一首新歌：

> 我有一只小小鸟，
> 它的名字叫恩萨。
> 我打开窗户，
> 飞进了恩萨。[27]*

接下来的一个月里，在费城，一天之内就将有 700 人死亡。

---

*　原文为 in-flew-Enza，发音与 influenza（流感）类似。——编者注

第五章

西班牙流感席卷全美

美国的这场大流行可用三组数字简要描述：海员、陆军士兵和平民这三大类美国人在 1918 年每周的流感及肺炎死亡人数统计。使用病例统计数据而不是死亡人数作为我们的衡量标准可能会更好，但是在大流行全面暴发之前，美国绝大部分地区都未将流感列为强制上报疾病，甚至在流感蔓延之后，收集并向人口普查局报告病例数据的区域也只覆盖了估计平民人口的 77.8%。我们拥有的最好的每周死亡率统计数据来自全美最大的 45 个城市。后面这些统计数字的上升和下降可能比整个人口的上升和下降早了几天甚至更多，因为这场大流行在农村地区扩散和结束的时间晚于城市；但只要记住其局限性，这些数字对我们的描述目的来说已经足够好了。

这场大流行对海陆两军的打击比对平民的打击要来得更早也更严重；而且，在相当程度上，军队也是平民的疫源地。保卫国家的人现在成了最大的危险，这种想法已经非常普遍，足以让大多数平民惧怕军队。密歇根州底特律市卫生局局长 J. W. 英奇斯向美国中西部所有陆军和海军营地的指挥官发出电报，通知他们从 10 月 19 日起，底特律将禁止所有军事人员进入，除非是那些身体健康、从事必要军事任务并携带上级官员证明信的人。但大流行很快在底特律蔓延开来，这对军民关系颇为幸运，英奇斯的政策简直形同虚设。[1]

在 9 月的最后一周，西班牙流感首先在美国岸上执勤的海军人员中达到高峰，当时联邦政府正忙着对这场大流行采取行动。当然，海军之所以最先达到传染高峰，是因为新一轮流感是在海军中开始的，而且海军岸上人员集中在离战争最近的沿海地区，那里正是这一轮传染在美国的疫源地。（在海上和境外的海员另当别论。）相较之下，陆军士兵和平民则分散在整个大陆，在联邦码头疫情暴发几周后，许多地方的人仍然没有受到感染。

事实上，这场大流行在最初几周主要与海军有关。海军将各驻地之间的运输降低到"符合战争要求的最低限度"；但海员在将西班牙流感带到全美各地这方面发挥了很大作用。9 月 7 日，一支来自波士顿的海员分遣队抵达费城造船厂，11 日那里出现了 6 个流感病例。9 月 10 日，一支由数百人组成的海军分遣队离开该造船厂，第二天他们到达魁北克时出现了 6 个病例。9 月 17 日，另一批来自费城海军造船厂的数百名士兵抵达华盛顿州的皮吉特湾海军造船厂。有 11 人在到达时患上了流感。9 月 25 日前后，西雅图出现了流感流行。[2]

海军不仅会在港口传播疾病。全美各地的大学都有专设的海军训练分队，在距离大西洋 1000 英里的地方有一个非常大的海军基地，也就是芝加哥以北 30 多英里处的五大湖训练站。9 月 11 日，流感首次出现在这个基地，一个星期内，容量不超过 1 800 人的医院就收治了 2 600 人。9 月 19 日，五大湖训练站所有人员的登岸假都被取消了，但已经太晚了。大约三天后，大流行出现在美国最大的铁路中心芝加哥，从距离海军基地最近的北部郊

美国本土陆上海军流感和肺炎死亡人数 *

每周统计截止日期	
1918 年 8 月 31 日	2
1918 年 9 月 7 日	11
1918 年 9 月 14 日	43
1918 年 9 月 21 日	236
1918 年 9 月 28 日	880
1918 年 10 月 5 日	651
1918 年 10 月 12 日	515
1918 年 10 月 19 日	332
1918 年 10 月 26 日	150
1918 年 11 月 2 日	99
1918 年 11 月 9 日	71
1918 年 11 月 16 日	57
1918 年 11 月 23 日	57
1918 年 11 月 30 日	33

注：1918 年 11 月之后，海军迅速复员，因此死亡率数据意义不大。

* *Annual Reports of the Navy Department, 1919*, p. 2448.

美国本土陆军流感和肺炎死亡人数 *

每周统计截止日期：

1918 年 9 月 6 日	40
1918 年 9 月 13 日	36
1918 年 9 月 20 日	98
1918 年 9 月 27 日	972
1918 年 10 月 4 日	2,444
1918 年 10 月 11 日	6,170
1918 年 10 月 18 日	5,559
1918 年 10 月 25 日	2,624
1918 年 11 月 1 日	1,183
1918 年 11 月 8 日	908
1918 年 11 月 15 日	519
1918 年 11 月 22 日	321
1918 年 11 月 29 日	319

注：1918 年 11 月之后，陆军迅速复员，因此死亡率数据意义不大。

* Howard, Deane C. , and Love, Albert C. , "Influenza-U.S. Army," *Military Surgeon*, vol. 46 (May 1920), p. 525.

区向南移动。[3]

　　美国陆军士兵的大流行直到 10 月 11 日结束的那周才到达顶峰，比海员的高峰晚了两周。陆军士兵比海员多得多，且他们大多在内陆而非沿海地区。这些因素意味着，虽然陆军士兵通常不是最先传来流感的，但比起海员来说，他们给更多的平民地区带来了流感。市镇报纸上关于当地流感的头条新闻屡次提及军营和军队人员。第一波流感大约在 9 月 27 日出现在肯塔基州，沿路易斯维尔和纳什维尔铁路从得克萨斯州过来的部队在鲍灵格林停留，感染了一些市民。他们回到火车上，继续赶路。流感被带到了伊利诺伊州南部，一个从佐治亚州福里斯特营休假回家的士兵"得了感冒"，并将流感传到了只有236人的埃尔科村。他传染了自己的未婚妻、表妹和邮局局长的女儿，接下来几天里，镇上几乎每家每户都至少有一个病例。然后他就回去承担起守卫民主的工作了。[4]

所有呼吸道疾病都能在军旅中快速传播，因为军队政策规定要充分利用运输部队的空间。在硬座车厢里，每个双人座都要挤三个人；卧铺车厢则是一人睡上铺，两人睡下铺。第328劳工营中那239人的悲惨命运就是一个极端例子，说明了在这种条件下会发生什么。第328营于9月26日下午4点在路易斯安那州登上火车，其中12人当时已经生病，他们于29日下午2点抵达弗吉尼亚州纽波特纽斯，准备前往海外。途中有120人患上流感，在到达弗吉尼亚州后的一两天内又有61人患上流感。旅程开始时，第328营还是军队的资产；旅程结束时，这支营队成了负担。[5]

大流行期间，减缓整个战争机器的速度要比试图保持全速前进稍微安全些。运往法国的部队被削减了10%甚至更多，军用列车上每个座位和铺位的士兵人数减少至1人。10月11日，战争部下令降低所有军营的训练强度。10月底，华盛顿的参谋长给潘兴将军发电报说，流感几乎让所有的征兵活动停止了，10月的训练也几乎全部停止。[6]

在军队中达到顶峰的两周或更长时间之后，大流行

美国部分城市每周流感和肺炎（所有类型）登记死亡人数，1918 年 9 月 8 日至 1919 年 3 月 15 日

城市	至 1918 年 7 月 1 日估计人口数	9月			10月				11月				
		14	21	28	5	12	19	26	2	9	16	23	30
奥尔巴尼，纽约	112,565	–	–	–	–	45	110	186	155	52	20	4	14
亚特兰大，佐治亚	201,752	–	–	–	–	30	81	101	–	–	–	–	–
巴尔的摩，马里兰	599,653	–	–	–	117	563	1,357	1,073	397	147	51	–	40
伯明翰，亚拉巴马	197,670	2	2	5	16	61	110	133	85	46	46	44	72
波士顿，马萨诸塞	785,245	46	265	775	1,214	1,027	589	226	137	76	47	54	54
水牛城，纽约	473,229	–	–	–	48	180	531	725	455	168	80	34	36
剑桥，马萨诸塞	111,432	–	–	105	140	115	63	21	19	5	9	9	7
芝加哥，伊利诺斯	2,596,681	16	24	91	417	1,047	2,105	2,367	1,470	738	390	251	217
辛辛那提，俄亥俄	418,022	–	–	–	18	67	192	281	248	163	97	105	94
克利夫兰，俄亥俄	810,306	–	–	–	18	40	158	453	682	524	351	240	197
哥伦布，俄亥俄	225,296	–	–	–	–	28	73	117	94	50	36	43	64
代顿，俄亥俄	130,655	–	–	–	–	31	134	137	115	67	21	–	13
丹佛，科罗拉多	268,439	–	–	–	–	59	139	147	108	101	77	108	132
福尔里弗，马萨诸塞	128,392	–	9	20	97	201	192	97	40	24	14	10	7
大急流城，密歇根	135,450	–	–	–	–	–	11	22	18	13	29	22	18
印第安纳波利斯，印第安纳	289,577	–	–	–	–	46	128	115	84	58	48	62	100
泽西城，新泽西	318,770	–	–	66	231	–	425	–	–	–	–	–	–
堪萨斯，密苏里	313,785	–	–	37	96	168	193	197	138	80	64	–	97
洛杉矶，加利福尼亚	568,495	–	–	–	–	69	131	293	382	309	300	196	167
路易斯维尔，肯塔基	242,707	–	–	–	–	92	180	181	69	58	39	35	62
洛尔，马萨诸塞	109,081	–	–	32	93	141	116	84	30	8	8	11	2
孟菲斯，田纳西	154,759	–	–	–	–	80	182	166	71	–	17	18	–
密尔沃基，威斯康辛	453,481	–	–	–	–	69	113	175	125	95	70	49	88
明尼阿波里斯，明尼苏达	383,442	–	–	–	–	48	99	150	120	95	93	51	45
纳什维尔，田纳西	119,215	–	–	–	–	129	193	127	54	53	15	16	23
纽瓦克，新泽西	428,684	–	6	8	53	189	396	431	376	177	111	70	56
纽黑文，康涅狄格	154,865	–	–	15	36	77	152	183	168	82	48	20	24
新奥尔良，路易斯安那	382,273	–	–	–	29	144	624	682	333	158	76	37	43
纽约，纽约	3,215,879	–	106	191	733	2,121	4,227	5,222	4,402	2,277	1,053	657	424
奥克兰，加利福尼亚	214,206	–	–	–	–	18	42	138	237	157	70	38	12
奥马哈，内布拉斯加	180,264	–	–	–	–	68	160	147	94	–	48	38	34
费城，宾夕法尼亚	1,761,371	–	–	–	706	2,635	4,597	3,021	1,203	375	164	103	93
匹兹堡，宾夕法尼亚	593,303	–	17	34	69	141	389	576	630	798	532	385	297
波特兰，俄亥俄	308,399	–	–	–	–	–	41	94	157	156	87	85	38
普罗维登斯，罗得岛	263,613	–	–	–	99	186	255	218	135	65	36	33	23
里士满，弗吉尼亚	160,719	4	3	4	41	131	197	128	71	28	23	13	24
罗切斯特，纽约	264,856	–	–	–	–	36	102	213	209	104	52	40	37
圣路易斯，密苏里	779,951	–	–	–	–	86	186	233	257	229	228	190	235
圣保罗，明尼苏达	257,699	–	–	–	–	61	75	57	102	109	135	88	69
旧金山，加利福尼亚	478,530	–	–	–	–	–	130	552	738	414	198	90	56
西雅图，华盛顿	366,445	–	–	–	–	75	108	160	109	85	69	34	47
斯波坎，华盛顿	157,656	–	–	–	–	4	19	–	19	71	46	30	34
雪城，纽约	161,404	–	–	38	139	219	253	140	68	28	23	7	7
托莱多，俄亥俄	262,234	–	–	–	–	9	49	138	115	86	46	42	28
华盛顿特区	401,681	–	–	34	173	488	622	389	181	55	42	37	42
伍斯特，马萨诸塞	173,650	–	17	101	199	230	160	89	59	–	13	29	20
总计		68	449	1,453	4,558	11,386	19,939	20,806	14,818	8,442	5,038	3,492	3,192

Great Britain, Ministry of Health, *Reports on Public Health and Medical Subjects Number 4, Report on the Pandemic of Influenza, 1918-19* (London: His Majesty's Stationery Office, 1920), pp. 319-20.

1919年每周截止日期

| 2月 | | | | 1月 | | | | 2月 | | | | 3月 | | | 27周总计 |
7	14	21	28	4	11	18	25	1	8	15	22	1	8	15	
7	11	11	13	12	12	8	11	18	15	16	10	12	11	12	765
–	–	–	–	–	–	–	–	–	–	–	–	–	–	–	212
58	68	74	57	48	75	83	150	138	126	117	90	66	51	61	5,007
90	–	129	53	36	44	52	41	29	21	28	–	–	–	–	1,145
63	83	132	201	244	227	158	153	110	89	71	?	70	69	45	6,225
30	64	62	68	48	–	90	123	90	75	35	34	44	20	23	3,063
6	14	17	26	39	22	20	16	13	10	3	6	2	4	4	695
262	418	496	439	321	269	328	734	277	194	235	233	230	213	232	14,014
149	208	163	83	51	18	18	26	23	39	37	78	90	107	101	2,456
192	226	241	186	132	94	92	92	108	100	80	?	94	131	132	4,563
98	83	59	21	15	14	10	20	19	11	15	20	27	27	60	1,004
16	33	41	17	12	12	14	9	11.	8	–	11	16	13	–	735
184	201	163	86	65	47	35	–	–	–	–	–	–	–	–	1,652
17	5	14	18	10	18	16	14	17	17	15	–	13	12	14	911
30	51	38	23	18	8	8	–	–	–	–	–	–	–	–	309
72	66	43	48	34	40	25	–	–	–	–	–	–	–	–	969
–	–	–	–	–	–	–	–	–	–	–	–	–	–	–	722
178	248	171	83	49	50	68	45	58	40	51	46	55	47	43	2,302
125	134	141	117	99	151	178	177	104	47	21	8	14	8	13	3,184
55	91	55	37	22	20	21	30	20	19	19	37	34	88	112	1,376
10	10	8	–	13	–	20	26	11	–	18	4	13	9	5	672
–	27	29	..	–	–	–	47	30	60	19	20	15	9	14	824
–	182	166	105	65	–	–	–	–	–	–	–	–	–	–	1,302
69	71	96	68	37	45	24	..	–	–	–	–	–	–	–	1.111
26	28	29	22	20	17	21	21	17	15	16	23	19	18	11	913
57	79	74	70	72	66	57	?	50	45	32	46	54	38	45	2,658
32	30	52	36	40	38	27	26	–	12	11	–		12		1,121
42	68	69	56	94	141	202	201	125	58	49	44	30	27	30	3,362
446	477	534	678	753	870	998	1,193	1,212	893	786	788	904	747	695	33,387
16	19	33	40	66	92	111	–	–	–	–	–	–	–	–	1,089
92	155	101	57	25	25	17	–	–	–	–	–	–	–	–	1,061
102	105	143	127	142	194	229	259	308	262	232	231	207	183	164	15,785
200	202	144	127	99	103	111	145	174	145	163	137	134	116	118	5,959
72	67	69	46	55	101	123	122	50	15	10	12	7	8	9	1,424
34	39	45	64	47	59	62	61	35	30	28	14	21	36	22	1,647
28	56	51	–	50	26	34	30	23	11	9	–	–	19	10	1,014
49	65	87	73	59	26	17	21	12	16	16	–	10	19	15	1,278
375	469	293	129	67	83	75	71	75	53	64	?	81	93	119	3,691
68	65	64	41	39	25	14	–	–	–	–	–	–	–	–	1,012
50	71	137	178	194	290	310	149	59	41	20	18	21	22	17	3,755
77	117	103	78	55	70	57	57	27	40	21	12	12	20	8	1,441
54	76	24	24	10	–	17	–	–	–	–	–	–	–	–	428
–	9	11	8	8	13	4	14	18	10	10	–	–	16	9	1.052
36	49	84	53	19	15	19	20	16	6	11	21	14	23	28	927
41	86	120	154	139	109	107	73	60	42	40	28	35	38	34	3,169
11	9	34	32	40	36	44	22	23	21	23	–	8	20	–	1.240
3,619	4,635	4,650	3,846	3,483	3,565	3,924	4,199	3,360	2,586	2,321	1,971	2,352	2,274	2,205	142,631

在美国平民中也达到顶峰。大部分平民并不属于特别容易感染西班牙流感的年龄段，他们也没有挤在营地里——在那里打喷嚏永远是一桩公共事件；出现身体不适后也不会在全国到处转移。

不过，当然，从事长途运输的平民传播流感的效率几乎与军队等同。在第一批病例出现在联邦码头的五天后，"哈罗德·沃克"号汽船离开波士顿前往墨西哥坦皮科和新奥尔良，并在两周后抵达路易斯安那州的港口。船员中有 15 人在途中感染了流感，其中 3 人死亡。在坦皮科和新奥尔良出现的第一例最新最强的西班牙流感病毒株，几乎可以肯定是从"哈罗德·沃克"号上带下来的。[7] 在数以百计的城市和城镇的流感中，"哈罗德·沃克"号上的船员和铁路工人一定是这场大流行的先头部队。

第 65—69 页的三个表格很有用，因为它们定格了实际状况，把（疾病传播的）动态过程转化为静态实体，我们可以将其视作整体。但是，无论是美国海军、美国陆军，还是美利坚合众国，都没有作为一致的整体经历这场大流行。这场大流行持续数月，在旧金山的海员们染上第一批病毒之前，联邦码头的水手们就已经经历了最严重的感染。在疾病传到皮吉特海湾的圣胡安群岛之前几周，波士顿和西雅图就已经度过了流行病高峰。[8]

西班牙流感在美国的传播方式跟拓荒者一样，它沿着那些已经变成铁道的路线前行；在那些对拓荒者最具吸引力的地方，流感传播得最快，即河流和小路的交汇处、最易通过的山路、最短的水陆联运线路——拓荒者及其后代在这些地方建起城市。大流行沿着拓荒者启程的马萨诸塞州到弗吉尼亚州的轴线开始，绕过缅因州北部那样与世隔绝的地区，跨越阿巴拉契亚山脉，在一些地点驻扎下来。其中许多地点是印第安人、法国人和英国人在他们的时代就已经知道的，并因其在内陆水道的战略位置而受到重视：五大湖区的水牛城、克利夫兰、底特律和芝加哥，以及密西西比河区的明尼阿波利斯、路易斯维尔、小石城、格林维尔和新奥尔良。与此同时，像急于西进的"四九人"＊一样，西班牙流感畅通无碍地穿过平原和落基山脉，来到洛杉矶、旧金山和西雅图。然后，由于在两侧海岸都有了稳妥的基地、掌握了内陆主要的商业线路，西班牙流感又像拓荒者一样，慢慢渗入美国的各个角落。

　　但是，实际情况并不像这种描述暗示的那么一致。为什么大流行几乎同时到达费城和匹兹堡，但是费城在10月第三周达到了高峰，而匹兹堡则在三周后才达到？为什么纽约作为最早一波被感染的城市，其死亡率比东部其他大城市都低？为什么芝加哥的死亡率是密歇根州大急流城的三倍？后者距离芝加哥不到200英里，且有

＊　1849年淘金热时期前往加利福尼亚州的淘金者。——编者注

几个交通系统与芝加哥紧密相连。为什么在受到严重感染的康涅狄格州，两个小镇达里恩和米尔福德虽然被公路和铁路交错贯穿而过，却完全逃脱了西班牙流感带来的死亡？[9]

为什么有些地区和城市遭受了严重的流感再次暴发，如肯塔基州路易斯维尔，它在 1918 年 10 月、12 月和 1919 年 3 月分别经历了三次流感高峰，而其他地区，如费城和奥尔巴尼，只有一次回潮，此后就没有显著的涟漪了？老套的回答是，在秋季流感流行的城市里，人们感染后就有了免疫力，卷土重来的流行病失去了新鲜祭品。或许如此，但是像所有关于西班牙流感的解释一样，这种概括性的说法也难以解释种种例外。比如，旧金山在 10 月出现了严重的流感流行，然而在第二年 1 月又经历了一次。[10]

这场大流行中有太多影响因素交杂，此消彼长的方式也相当模糊，也就很难下概括性的结论。诚然，随着时间推移，疾病不再那么致命了，但减缓速度太慢，一到三周内根本看不出区别。西雅图的流感比旧金山早一周达到了流行水平，但西雅图因流感和肺炎导致的超额死亡率还不到旧金山的三分之二。为了利用病毒毒性下降的特点，社区必须在几周甚至几个月里对疾病严防死守，就像澳大利亚实施的严格的海上检疫那样。[11]

美国南部、中部和远西部经历了严重的西班牙流感

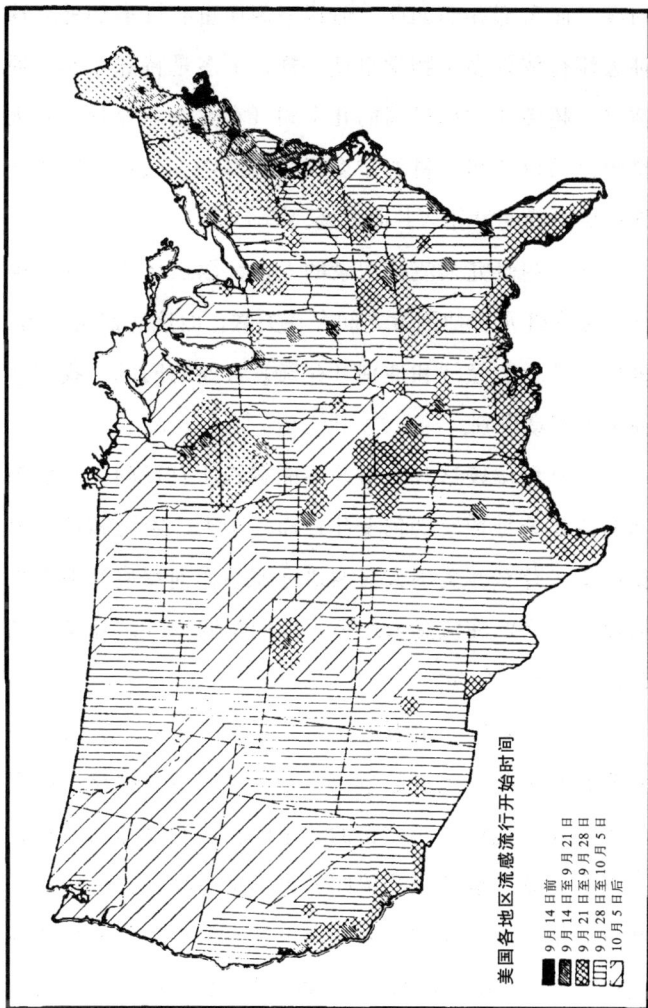

美国各地区流感流行开始时间

- ■ 9 月 14 日前
- ▨ 9 月 14 日至 9 月 21 日
- ▩ 9 月 21 日至 9 月 28 日
- ▥ 9 月 28 日至 10 月 5 日
- ▧ 10 月 5 日后

回潮，而东部并非如此，但这一规律也有许多例外。这种大流行像许多生物学事件一样，更多是特殊而非一般情况。超额死亡率最高的几个州（宾夕法尼亚州、蒙大拿州、马里兰州和科罗拉多州）在经济、人口、气候或地理层面确实没什么共通之处。[12]

据一些研究大流行记录的人说，西班牙流感的传染性、致命性及其他因素之间存在关联，而这些都是政治、种族、社会、经济和性别（存疑）方面的问题，我们会在第十四章讲到。

研究和比较这些表格并不能解答所有疑问。我们想问的并非统计数字如何变化，而是个人、家庭和社区究竟遭受了什么？美国人对西班牙流感作何反应？他们如何保护自己？在流感威胁下，他们是四分五裂还是团结起来共同面对危险？

这背后有成千上万的故事，很难一言蔽之。那我们就要调查十几个人的故事吗？这无异于盲人摸象。我们要研究农村地区和小城市的故事吗？这些地方的编年记录很不完整，也多是些传闻轶事。最终我们只得转向大城市，相比于小地方，大城市不仅有保存良好的公共卫生状况统计数据，还会发布公共卫生报告，也有新闻日报。我们可以用这些资料拼凑出美国城市大流行的故事。但是把城市当作研究样本显然有风险：比起在乡村，潜在的流感患者在城市中挨得更近，疾病传播的速度也更快，因此在同一时间患病的比例很可能大于人口规模相当的农村或郊区。城市中大流行的故事也可能比其他地方更具戏剧性。

19世纪下半叶，美国各大城市开始推广公共卫生原则，而这些城市到20世纪初成了大流行空前的温床。1911年，英国驻美大使、在世的美国评论家中最受尊敬的詹姆斯·布莱斯勋爵出版了经典著作《美利坚合众国》的修订版，他在书中对美国的许多方面表示钦佩，但断言"城市治理是美国显而易见的失败"。[13]到1918年，进步派人士大大改善了部分城市的环境，但布莱斯勋爵的判断仍然不失中肯。

道学家们将城市的问题归咎于个人的堕落，这种堕落确实很普遍，但主要原因还是大量人口涌入城市中心，既有美国农村人，也有南欧和东欧贫困地区的移民。许多移民都是青壮年，因此格外容易感染西班牙流感。

1918年，成千上万刚从欧洲来的年轻人被征召入伍，他们还不是公民，只好穿着军装入籍。在德文斯营流感流行的高峰期，美国地区法院的莫顿法官不得不进入营地，为2 300名士兵主持了入籍宣誓，这种情况在第一次世界大战中相当普遍。波士顿卫生部门印发了意第绪语、意大利语和英语的抗击流感指南，其他城市也纷纷效仿。宾夕法尼亚州的一家大型矿业公司甚至发布了六种语言的防流感传单。[14]

来自美国农村的移民对公共卫生原则知之甚少，但至少还能与警察、医生和护士沟通。许多外国移民既不懂公共卫生原则，又不通英语，对信奉新教的盎格鲁—撒克逊人，无论是政府官员还是医务人员，都缺乏信赖。这种不信任也多少反映了土生土长的美国人对移民的憎恶。那些自诩为"真正的美国人"的人甚至还未接纳已经在美国待了几十年的爱尔兰人。1918年《波士顿晚报》上刊登了一则常见的家政服务广告，上面写道："诚聘厨师一名，能干，新教徒。"[15]

战争使复杂的城市问题雪上加霜，数百万人被突然召集到已经拥挤不堪的城市制造军需用品。因为城市新移民中有许多黑人，这加剧了种族矛盾，还导致了一系列的种族骚乱，1917年在东圣路易斯爆发了美国历史上最严重的一次骚乱，到1919年达到了顶峰。

大流行期间，纽约市政府招待所发生了一桩惨剧，虽然不典型，但有助于说明语言和文化隔阂的致命后果。有25名患流感的中国水手被直接从船上带到招待所，那里已经变成了应急医院。他们发现自己身处一群穿着白袍、戴着白口罩、不会说中文的白人之中。在场唯一的一名翻译没法跟水手们沟通，而且怕自己被传染也逃走了。水手们因害怕被抢劫而拒绝脱衣服，也害怕中毒而拒绝进食。25人中有17人死亡。[16]

约翰尼·B.的例子可用来说明，即使没有语言障碍，城市居民间的疏远也可能造成影响。当时，14 岁的肺炎患者约翰尼准备从波士顿市立医院出院，一名社工到他家，查看他的家人是否准备好接管他。社工发现他的父亲和六个孩子中的两个都患了流感。另外有两个孩子在上周夭折了。最小的死者还是婴儿，在卫生委员会接到通知之前，已经在餐桌上躺了三天。父亲因为生病不能工作，也挣不了钱。我们可能会想，假如社工没有去他家，会不会在房租到期后才有人上门——而到那时，还有几个人活着呢？[17]

第六章

费城的流感

让我们来看看大流感是如何在这两个城市扩散的：东海岸的费城经历过一波流行病，而西海岸的旧金山经历了两波。在美国所有大城市中，费城的情况最严重，在西海岸所有城市中，旧金山经历了最严苛的试炼，但它们主要经受的磨难其实与很多城市大同小异，只是在程度上更为惨烈。

据联邦政府估计，1918 年费城的人口为 170 万，但该市的公共卫生和慈善部门坚称，军工业又带来了 30 万人口。除了富人区，几乎每家每户都有房客。贫民区日益扩大，费城的贵格会传统在此压力下逐步瓦解。与美国北部最古老也是规模最大的黑人贫民区一起壮大起来的，还有欧洲各个受压迫族裔和种族居住的街区。根据 1920 年的人口普查数据，费城有 36.1 万名成年人是在国外出生的，这还不包括 21 岁以下在非美国地区出生的人，这些人肯定有成千上万。费城卫生局公布的当年流感大流行的死亡率统计表，其中人口出生地一栏就包括美国、加拿大、英格兰及威尔士、苏格兰、爱尔兰、瑞典—挪威、法国、德国、奥匈帝国、意大利、波兰、俄国、罗马尼亚和中国。[1]

如果说有备则无患，那费城本可以安然无恙地度过1918 年大流行。在得知欧洲夏季流感的消息后，费城卫生局是为数不多采取行动的机构，它在 7 月发布了一份关于西班牙流感的公告，警告其可能会蔓延到美国。当然，该市在 9 月的第三周就知道流感肯定会来，这可是波士顿从未有过的优势。[2] 然而，费城的卫生官员等到流感明显暴发后才将其列为强制上报疾病。

费城 26% 的医生和大部分护士都在军队服役。位于第八街和斯普鲁斯街的宾夕法尼亚医院有 75% 的内科和外科人员都在海外，院长甚至在流感到来之前就抱怨几乎招不到护工、勤杂工、清洁工、帮厨、司炉工和女佣。[3]

不过，夏天结束时，费城的健康状况堪称典范。9月大流行逐渐逼近，每周的死亡人数却有所下降；9 月第二周，死亡人数比去年同期减少 74 人。唯一呈上升趋势的传染病是猩红热。[4] 这座城市平静地等待西班牙流感的到来。

费城市中心有一个海军造船厂，相隔几十英里还有两个大型军营，即新泽西州的迪克斯营和马里兰州的米德营。流感于 11 日出现在海军造船厂，15 日出现在迪克斯营，17 日出现在米德营。费城及周边地区的平民病例可能出现得更早，但除非最终导致死亡，否则不会被记录下来。报纸上的本地重大新闻则是一场停工斗争，宾夕法尼亚的沙莫金地区有一万名矿工要求调整薪资待遇。[5]

9 月 18 日，费城卫生局迅速行动起来，发布了流感预警，并发起了针对咳嗽、打喷嚏和吐痰的公共运动。次日，《费城问询报》宣布，该市有 600 名水手因流感入院，医院也在接收平民病例。9 月 21 日，卫生局终于将流感列为强制上报疾病。[6]

卫生和慈善部门的威尔默·克鲁森主管和卫生局的 A. A. 凯恩斯医生告诉公众，这种疾病不太可能在市民中广泛传播。当地海军军区司令员的医疗助理 R. W. 普卢默少校宣布，海军和市政府官员正在合作，"将这种疾病控制在目前的范围内，我们有信心成功"。[7]

在流感被列为强制上报的疾病的同一天，有消息称费城菲普斯研究所实验室主任保罗·A. 刘易斯博士已经分离出了西班牙流感的致病毒株，即法伊弗氏杆菌。《费城问询报》称，"医学界从此有了防治这种疾病的认知基础"。[8]

既然医务人员如此有信心，社会各界也就忙起了他们眼中的当务之急，即第四次自由公债运动。9 月 28 日，20 万人聚集在一起观看了横跨 23 个街区的开幕游行。歌唱指挥和演讲者分布在游行队伍中，每当游行队伍停下来时，他们就带领人群唱起爱国歌曲，慷慨激昂地鼓动人们购买债券。穿着丧服的妇女被从人群中推出来，用来宣传游行目的："这位女士付出了她的一切。你愿意付出什么？"飞机飞过，高射炮向它们开火，但引信经过仔细调整，炮弹在离飞机很远的地方就会爆炸。⁹

　　美国各地都在举行类似的游行，卫生官员面对逼近的大流行还在盲目乐观。纽约市卫生局局长科普兰承认有流感病例从港口的船只上岸，但他们都被隔离了，所以没有实际的危险。他在巴尔的摩的同僚说，"据我所知，没有特别的理由担心我们的城市会暴发流行病"。芝加哥卫生官向市民保证，"我们已经很好地控制了西班牙流感的情况"，这话说在了情况真正恶化之前。新奥尔良卫生委员会主席说，如果流感袭击该市，因为气候，死亡率会很低。密歇根州卫生委员会秘书兼执行官 R. M. 奥林医生宣布，事态已经得到控制：

　　　　很自然，在接下来的几天里，所有感冒患者都会以为自己得了西班牙流感，因此，我们预计未来报告的病例会有很多，但最终都会证明不是西班牙流感。¹⁰

　　《纽约时报》在 10 月 1 日刊载了这样的头条新闻："保

加利亚退出战争，土耳其或紧随其后""黑格的部队在康布雷，比利时人继续推进""我方人员在艰苦战斗中取得优势"。当天美国国内最大的新闻是，总统在参议院发表演讲支持妇女投票权。[11]

美国报纸的广告清晰地反映了公众最关心的事。有铺天盖地的广告在推销自由公债，以支持"我们的小伙子"：

> 你们要引导他们进入"为原则而战"的灵魂觉醒之旅。他们必须留在那里，为这一艰巨任务全副武装，直至战争结束。只有你们的支持才能让他们成功。

篇幅较小的广告则劝读者考虑更紧迫的问题："西班牙流感！你能承受突然的死亡吗？如果不能，购买人寿保险，为你的家庭和事业保驾护航。"[12]

卫生官员很谨慎并持怀疑态度，对这一大流行知之甚少。波士顿仍然只有零星的报告，但大流行在迅速蔓延，甚至在波士顿完全意识到危险的严重性之前，它就已经到了费城。而且，无论如何，西班牙流感在夏季的欧洲并没有那么严重。9月底，权威的《美国医学会杂志》的看法是，西班牙流感的名字虽然陌生，但"比起普通流感，我们没必要格外重视或恐惧"。此外，这种疾病"实际上已经从协约国联军中消失了"。[13]

就在自由公债游行后的几天，大流行在费城暴发了：仅 10 月 1 日一天就新增了 635 个平民流感病例。医生们忙得焦头烂额，根本没时间写报告，所以实际的新增病例不详，而且要高得多。10 月 3 日，凯恩斯医生做了粗略的估计，自 9 月 11 日以来，该市已有 7.5 万个病例。3 日，猪岛造船厂有 8% 的工人因生病缺勤，许多铆接加工小组都因缺员而无法正常运作，当天完成的铆接数量从通常的 11 万降为 8.6 万。那天晚上，费城宣布关闭所有学校、教堂、剧院和其他公共娱乐场所。[14] 流感在宾夕法尼亚州的其他几个城市爆炸性地蔓延，因此同一天晚上，州卫生局代理局长 B. F. 罗耶医生发布命令，关闭整个州所有的酒吧和公共娱乐场所。至于学校和教堂，则交由地方自行决定。[15]

美国公共卫生署军医署长布卢比起其他领导人都更有资格评估大流行。他坚定地向全国建议这一政策，转天就给所有州卫生官发出了相关电报：“我希望那些拥有适当权力的人在社区受到流行病威胁时关闭所有公共集会场所。这将大大有助于遏制疾病的扩散。”[16] 有数百甚至数千个社区执行了这项建议。

实际上，在费城、华盛顿、圣路易斯或其他大城市，这种禁闭令都对限制流感的传播没有什么作用。《费城问询报》的社论作者道出了个中缘由：

　　既然人们会聚集在拥挤的就餐场所，挤进电梯，在通风不良的有轨电车里紧紧抓住吊环，就有点难以理解关闭通风良好的教堂和剧院有什么好处。当局似乎在犯傻。他们是何用意，想把大家都吓死吗？[17]

　　执行了"严格"禁闭令的社区，其发病率和死亡率并没有降低，往往还比其他地方更糟。然而，公共卫生官员必须有所作为，而关闭剧院、学校、台球厅甚至教堂是1918年秋天大家都会做的。

　　到10月中旬，费城已陷入混乱。在截至10月5日的一周内，有700人死于流感和肺炎，接下来一周有2 600人，之后一周有4 500多人。医生们在向当局报告新病例时晚了好几天，据估计，患流感的人数上升到数十万。病人坐着豪华轿车、马车甚至手推车来寻求帮助。医院被塞满了，他们又涌入市内所有的州军工厂和教会房屋及其他地方开设的应急医院。

　　医疗机构的疯狂扩张加剧了医务人员短缺的情况。这些医务人员和必要的帮手，如护理员和厨师，正是最容易感染疾病的人群。许多人病倒了，成了被救者而非救人者。费城医院一度有40名护士因过度劳累而倒下。当局很快就发布广告，声称"只要有手且愿意工作"就可以来。[18]

　　西班牙流感对所有基本服务都造成了毁灭性的打击。10月7日这天，宾夕法尼亚州贝尔电话公司有850名员工生病居家，该公司在报纸上买了半版广告，告诉费城人，"除了因流行病或战争需要而绝对必要的通话"，它无法处理其他业务——那年秋天许多城市都发布了类似的公告。第二天，卫生和慈善部门的克鲁森医生准予贝尔公司拒绝服务任何拨打非必要电话的人，而在这之前，该公司早已拒绝了一千多通电话。[19]

在这场大流行中，有487名警察没能到岗。消防员、环卫工人和其他对城市日常运转至关重要的职业，他们的缺勤率肯定也很高。儿童卫生局忙着应付数百名需要照顾的儿童，这些孩子的父母病的病、死的死。他们担心这些孩子携带疾病，也不能将其送到正规的孤儿机构，所以在这场巨大的危机中，至多就是请邻居们收留这些孩子。[20]

即便是情况最好的时候，在费城和美国东部其他大城市的广大贫民区工作的医生、护士和社工都少得可怜。这些人完全招架不了眼前的困境，而且常常自己都会患病。他们服务的新移民往往是年轻人，也特别容易感染1918年流感。在费城慈善组织协会照顾的家庭中，有三分之一的家庭在该市流行病暴发前一周左右就有一名或多名成员患病。[21]

探访的护士经常会走进类似14世纪鼠疫时期的场景。他们会吸引成群的求助者——也有人因为害怕护士们通常穿着的白袍和纱布口罩而躲开。护士早上出门时可能

带着一份有 15 名病人的名单，而一天下来名单上就会有
50 个人了。一名护士看到一个男人死在房间里，而他的
妻子与刚出生的双胞胎也躺在那里。距离男人死亡和双
胞胎出生已过去 24 小时，除了一个恰好在手边的苹果，
这位妻子什么也没吃。[22]

    每个城市从事公共护理的护士都有类似的故事要讲。
在芝加哥，一名护士在人行道上发现一个身着睡衣、神
志不清的八岁孩子倒在雨中。这名护士把男孩送回家，
发现他的父亲生病了，筋疲力尽，忧心忡忡。四个孩子，
包括街上的那个男孩，以及他们的母亲的体温都超过了
40℃。父亲的体温是 38.7℃。他刚刚给妻子喂了一勺樟
脑油，而不是他以为的蓖麻油。[23]在波士顿，一名在流
感中服务的天主教修女被问到刚刚去了哪里，她回答说：
"唉，那边的母亲死了，两个房间里有四个生病的孩子，
那个男人正在和他的丈母娘吵架，还用水壶砸她的头。"[24]

    在费城，最接近崩溃的基础服务是入殓下葬，但这
是大流行中最重要的一环。如果殡葬人员无法完成职责，
就会发生两件事：第一是尸体堆积，可能造成食尸微生
物引发的继发流行病。第二，更直接的意义是，堆积的
尸体比任何事都容易打击人们的士气。当这种情况发生
时，公共礼节会让位于迷信与恐惧，所有公共服务都会
崩溃，朋友甚至家人都会相互远离，死亡率会急剧上升。

    费城的危机在 10 月第二周到来，第二周有 2 600 人、

第三周有 4 500 人死于流感和肺炎。有一次,慈善组织协会为了找到有能力并且愿意埋葬一个贫苦人的殡仪馆,连着呼叫了 25 家殡仪馆。在某些情况下,死者被放在家里好几天。私营殡仪馆不堪重负,一些殡仪馆趁机牟利,将价格抬高至 600%。有人抱怨说,公墓的工作人员收取 15 美元的安葬费,然后让死者的家属自己掘墓。[25]

费城唯一的停尸房位于第十三街和伍德街交叉口,里面是可怕的混乱场景。通常情况下,这里能存放 36 具尸体,现在则有几百具。几乎每个房间和走廊都堆了三四层尸体,只盖着脏兮兮的、通常沾满血迹的床单。大多数尸体没做防腐处理,也没用冰块降温,有些已经腐坏了,散发出令人作呕的臭味。或许为了通风换气,停尸房的后门敞开着,任何想看的人,包括小孩子,都能看到这个恐怖剧般的混乱场面。[26]

而且,社会惯性就是这样,战争及相关事务继续占据中心舞台。10 月 6 日和 7 日,德国和奥地利政府向威尔逊总统发出停战的请求,并请求在他的"十四点原则"基础上和平谈判。威尔逊的选民原本因来自美国远征军的消息陷入狂热——"我们的前线从阿尔贡到默兹都在燃烧,天空被成百上千的枪支不断扫射的光芒照亮,不停地轰鸣"——现在则被新的恐惧攫取:德国人可能通过狡猾的外交手段赢得在战场上失去的东西。犹太移民、美国劳工联合会创始人塞缪尔·贡珀斯公然反对停战。

马萨诸塞州的显贵、美国参议员亨利·卡伯特·洛奇对"政府突然投身和平谈判"感到焦虑不安。[27]

10月16日，费城卫生局收到了711人的死亡报告。第二天，该市一位富人阶层领袖，杰伊·库克先生向媒体抱怨道："似乎很少有人意识到我们正面临严重的危机。"他指的是费城已经在自由公债运动中落后了。《费城问询报》认为该市的健忘可能是因为"几乎所有家庭都忙着照顾病人"，这可不是在说反话。[28]

其他城市的流感传播没有费城那么快，它们继续举行大规模游行以刺激购买债券。10月12日，在纽约，威尔逊总统亲自率领2.5万人沿着"协约国大道"游行，有人认为威尔逊总统收到的欢呼声比以往任何总统都要大。纽约市的疫情直到本月底才达到高峰。事实上，在截至游行当天的一周内，流感和肺炎只导致了2 100名纽约人死亡。[29]

即使在流感最严重的时期，费城也一直有小型游行，但它的最佳募款运动可比游行更有创意，可能也更卫生。10月11日晚7点整，教堂的钟声和工厂的哨声把全城的人都叫到窗前。7点15分，一千个街区的一千个独立小队迅速出发了，每个小队都由一名身着殖民时期服装的街头公告员带领，包括一支拿着美国国旗的童子军和一些出售债券的募捐者。在每个街角，街头公告员都停下来喊道：

　　肃静！肃静！肃静！所有购买第四期自由公债的人，都在明晚之前将你的荣誉四条纹旗帜挂在窗户上！如果你的邻居没有，请问他为什么！现在就买，秀出你的本事！

　　骗子！骗子！骗子！德皇为什么提出假和平邀请？为了动摇你。你会听信他吗？不，要买更多债券！[30]

　　费城，第三联邦储备区，乃至整个美国都购买了债券，这个国家在 10 月 19 日，即动员的最后一天，超额卖完了它的债券。财政部部长说："这是有史以来规模最大的一次债券发行。"美国人在国家最严重的大流行期间买下了全部债券。[31]

　　在费城，应急医院、赈济所、志愿护士和救护车服务像野草一样蔓生，但没人协调或领导。在某些地方，卫生委员会可以做这项工作，但这种情况很少。在大多数社区，卫生委员会的人手不够，其负责人也缺乏行政经验以及政治经济影响力。需要的是手握权力的领导人。在任何一个城市，最显而易见的领导机构是市政府，但在费城，市政府只是承担协助的，而非领导的角色。[32]

　　幸运的是，当大流行来临时，费城有一个现存替代方案。1916 年，联邦政府和管理部门及劳工部门的领导人成立了国防委员会，以协调经济上的战争准备，各州和各城市都出现了该委员会的小型复制品。他们鼓励增加生产，帮助开展自由公债运动，并为移民的"美国化"努力。费城需要的是一个人员充足、训练有素的民防组织；它拥有的便是费城国防委员会。该委员会协调现有组织抗击流感，并在需要时创立新的组织。10月10日，它在斯特劳布里奇和克洛西尔百货（Strawbridge & Clothier）的邮购部开设了一个信息联络站，有20部电话，让需要帮助的人与能够提供帮助的人联系。就在这一天，它在报纸上刊登了大幅广告：

> 流感患者，如果您因疫情需要医生、护士、救护车、汽车或其他服务，请致电"菲尔伯特100"，当电话接通时，请说：流感。

"菲尔伯特100"全天24小时接听电话。[33]

为了尽可能推迟那个预想中的时刻，即城市中所有医护人员都因劳累而倒下，信息联络站启动了"预诊制"，由其工作人员或合作机构的工作人员快速访查每个求助电话。这通常只需要提供信息和鼓励，大约三分之一的病例不需要转介给医疗机构。[34]

为了避免某些医院出现医疗挤兑，费城被划分为七个区，医生们按地点被划分。每个区都被要求尽可能使用自己的资源，紧急救援队会向需求紧迫的地区派遣。每家医院在病人出院或死亡时，会将空床位报告给所在地区的警察总部，警察总部迅速从重症患者名单中找出病人填补这些床位。（10 月 13 日，警方估计费城有 1000 名危重患者没有得到治疗或适当护理。）[35]

紧急援助护理委员会和探访护士协会负责管理该市所有的护士。每天早上，这两个组织都会查看七个分区及其医疗机构的需求，并派出空闲的护士和志愿者。刚刚从马萨诸塞州的大流行岗位上返回的护士被赋予了特别的监督权。然而，无论护士的利用效率有多高，都没有办法解决人手不足的问题。10 月 13 日，费城综合医院有 52 名护士病倒，而位于第七街和哥伦比亚大道的黎巴嫩医院几乎要关门了：只有 3 名护士照顾 125 名流感和肺炎患者。[36]

许多家庭，特别是贫民区的家庭，已经没有健康的成年人能做饭了，在一些人家里，挣钱养家的人或病或死，什么吃的都没有。许多社区服务中心的厨房开伙做了大量简单但有营养的食物，最多的就是汤，而衣衫褴褛、饥肠辘辘的人拿着提桶和盘子在门口排队，等着免费领取食物。志愿者们则把食物送到那些因疾病而闭门不出的家庭。[37]

交通工具对每个抗击流感的组织的运转都至关重要，幸运的是，它比护士和医生更易获得。红十字会灾难委员会提供了它能提供的所有救护车，这些车要么是好心人的，要么是临时拼凑的，汽车公司、费城汽车俱乐部和国防委员会的公路运输部门也都这么操办。第四次自由公债运动的汽车委员会动员了近 2 000 辆私家车用于运送其工作人员，它调拨了 400 辆汽车来帮助抗击这场大流行。10 月 10 日之后，15 辆救护车持续待命，几十辆私家车被派去运送接连不断出诊的医生和护士。这些都指不上的时候，就使用出租车；尽管乘客往往病得很重，目的地还是医院，但司机从未拒载。[38]

　　但是，汽车、应急医院和赈济所，无论组织和协调多么高效，也必须有人运营才能派上用场。每个医生和执业或实习期的护士，如果在流感期间没有当值，都会收到大量的请求和命令，要他们重返岗位或是离开更赚钱的私人诊所，与大流行做斗争。这项工作很危险，每天工作 15 到 20 个小时是家常便饭（世界上其他地方抗击大流行的人也是如此）。完全持证的医生很少，只占抗击流感队伍的一小部分。费城医学院的高年级学生从课堂和实验室直接进入病房和监护室，一下子承担起成熟医生的职责。学护理的学生普遍承担了他们通常在未来几十年甚至永远都不需要承担的责任。[39]

　　似乎费城的每个组织——政治的、经济的、社会的、基督教的、犹太教的，等等——都在竭尽全力帮助病人。当该市因学校关闭而赋闲的教师们收到求助时，有数百人自愿参加。多尔蒂大主教指派 200 名圣若瑟修女会的修女到应急医院看护病人，天主教修女在科恩医生的指

导下在一家犹太医院工作。圣文生·德保修会向有需要
的人提供衣食和护理，其成员准备在必要时挖掘坟墓。
巡警慈善协会派出休班警察组成的小分队充当担架员。
在流感最严重的南区，数百家企业老板自愿停业，组织
起来分发物资。一名消防员驾驶一辆老式救护马车穿过
该区域肮脏的街道，运送医疗物资和食物。[40]

最令人钦佩的是那些不属于相关行业或组织、但
依旧行动起来的志愿者。形形色色的人涌入位于胡桃街
1428 号的紧急援助总部提供服务，他们知道这样做是把
自己推到了致命疾病的跟前。卫生和慈善部门的克鲁森
医生强调："本城所有健康的女性若能卸下其他职责，都
有义务为这次紧急事态服务"，无论是在费城还是美国各
地，女性都是业余志愿者的主力。[41]她们充当护士、在赈
济所煮食、接听电话、为无助的人烹饪和清洁、缝制裹
尸布、安抚焦虑发狂的人、安慰丧亲的人、驾驶救护车、
为死者合上眼睛。

到 10 月中旬，费城的当务之急不是缺少志愿者来维
持活人的生命，而是现有手段不足以入殓死者。9 月 10 日，
有 500 具尸体等待下葬，而殡葬馆、棺材制造商和掘墓
人的工作越来越落后。一个制造商说他可以在两小时内
分销 5 000 口棺材，如果他有的话。有时，城市停尸房中
的尸体数量是可用棺材的十倍。[42]

市政府接管了位于第二十街和剑桥街的一栋带有冷

库的大型建筑,作为补充停尸房使用。在大流行结束之前,
该市要确保有五个补充停尸房。储存尸体的地方解决后,
就要想办法收集死者了。当尸体大量集中在一起时,这
项工作很容易完成:例如,第六十一街和汤普森街警察
局的六名警察"休息了一天",将43具尸体从第一应急
医院运出,为下葬做了初步准备。然而,许多人是死在
家中或出租房里,这就需要更复杂的解决办法。六辆货
车和一辆卡车在市内巡视,拉走了221具死后一至四天
尚未下葬的尸体。[43]

　　10月14日,验尸官说,现在最紧缺的是防腐师。国
防委员会提供了50名防腐师,但后来发现这50人早就
被服务需求淹没,就不得不撤回了这个提议。紫十字会(一
个殡葬业协会)的总干事 H. S. 埃克尔斯先生充分动用他
所有的关系,但只找到几个入殓师,然后他有了一个聪
明的想法。他让市长托马斯·B. 史密斯与战争部部长联系,
尽管许多军营的情况仍然令人绝望,但战争部部长还是
向费城派遣了10名军用殓尸官。[44]

　　尸体无论是否经过防腐处理,都需要棺材,而现在
棺材短缺,尤其是那些价格适中的棺材。除了最昂贵的
和超级大的,其他的都已经用完了,至少殡仪馆的人是
这么说的。在华盛顿特区,卫生官福勒称,高价售卖棺
材"在这个严峻时期是不折不扣的恐怖勾当和叛国行为"。
华盛顿特区使用了一个可疑的手段,即扣押了两节运往

匹兹堡的棺材车厢，从而部分地解决了这个问题，而匹兹堡其实也需要这些棺材。在水牛城，市政府介入了棺材制造行业。那里的卫生局代理局长宣布，将制造大量廉价的棺材，如果有需要甚至免费提供。[45]

费城却依然坚守自由企业制度。该市的国防委员会向当地几家拥有木工设备的企业求助，到10月25日，他们已经生产了700口普通棺材和1 500个简易的松木箱。这些棺材在分发时有明确的指示，即它们只能用于埋葬费城人（前所未有的全国性需求使得这样的规定绝对必要），而且殡葬业在成本价格上的加价不得超过20%。[46]

掘墓人的日常编制实在太小，无法挖掘所需数量的坟墓。各个城市部门，包括拘留所在内，都派人到公墓和志愿者一起干活。公路局提供了一台蒸汽挖掘机,在"窑匠之田"[*]上挖壕沟来埋葬穷人和无亲无故之人。死者在混乱中被匆忙埋入地下，显然会有一些人（也许是很多人）的亲属将来会想要把尸体转移到家庭墓地或其他墓园，所以尸体被贴上了标签，以便日后再葬时辨认身份。[47]

这一时期，殡葬业者在全国范围内都极度不受欢迎，但他们所谓的残忍行为是有原因的。不论在费城还是其他地方，许多殡葬业者已经在赊账的情况下为许多家庭

---

[*]　窑匠之田（Potter's Field），语出《圣经·新约·马太福音》，指埋葬穷人或外乡人的义冢。——译者注

提供了全套服务，他们不敢在没有预付款的情况下再接收尸体。费城国防委员会说服了史密斯市长，保证在必要时动用公共资金支付殡仪馆的费用，消除了阻碍对死者进行快速、妥善处理的困难。[48]

到 10 月 17 日，费城已经解决了埋葬死者的问题。城市停尸房在许多天后第一次空了出来，坟墓数量也终于赶上需求。棺材仍然供不应求，但这个问题正在解决中。死者不再堆积在地上。[49]

事实上，流感的情况从未像现在这样好过。医学界现在有了流感疫苗，希望流感能像天花一样很快通过疫苗得到控制。在费城、波士顿、纽约、芝加哥和其他许多城镇，科学家们日夜不停地工作，生产预防西班牙流感的疫苗。费城综合医院的首席细菌学家 C. Y. 怀特医生为费城人创造了奇迹，10 月 19 日，卫生委员会足足可提供 1 万套完整的疫苗，每套三针，并承诺会有更多疫苗。疫苗被免费分发给数百名医生，他们立即为成千上万的费城人接种。报纸报道称，这种疫苗的原理与最近在该市的脊髓灰质炎疫情中使用的疫苗相同。[50]

其实，直到下一代人才制备出有效的脊髓灰质炎疫苗，而真正令人满意的流感疫苗仍有待生产，但怀特医生的疫苗另有他用——与波士顿的蒂莫西·利里医生和纽约的威廉·H. 帕克医生的目的一样，也与费城环卫局在抗流感运动中每晚冲刷街道的用意相同，都是为了安抚神经。[51]

疫苗看似起了作用，但这只是因为大流行终于减弱了，而且抗击流感的所有手段都获得了明显效果。克鲁森医生在 10 月 8 日宣布，他认为该市的流行病已经达到顶峰。两天后，通常比患病率滞后几天的死亡率达到了顶峰。1918 年 10 月 10 日，费城有 759 人死于流感和肺炎。随后，新增病例和死亡人数都像上升时那样急速下降。到了 10 月 18 日，克鲁森医生已经确信："流行病逐渐消退，情况鼓舞人心。"应急医院纷纷关闭，10 月 25 日午夜，市国防委员会关闭了"菲尔伯特 100"联络站。[52]

10 月 27 日，星期天，卫生当局取消了教堂礼拜的禁令。学校在次日开学；秋冬之交的假期结束了。剧院、酒馆和其他场所都在 30 日开业。漫长的渴望结束了，因醉酒和扰乱秩序被逮捕的人数又回归（甚至超过）往日水平。[53]

《费城问询报》虽然感谢禁令解除，但称该禁令是一种暴政："我们度过了一段极为凄凉沉闷的时期，而重新开放的娱乐场所会将阴霾一扫而空。但它们本不该被关闭。"[54]

但是，无论这场大流行曾引发怎样的怨言，都很快被来自欧洲的消息掩盖了。战争即将结束。11 月 7 日，一份关于停战的假新闻传遍美国，一百万人涌入费城的街道和广场，大声喧闹、手舞足蹈、相互亲吻，丝毫没有顾忌流感病毒。11 日，真正的停战协议签署，费城人又如此庆祝了一番，甚至更为疯狂。[55]

费城并没有像其他许多地区那样，在庆祝活动后立即出现流感复发；如果说有哪个城市对流行性疾病具有高度的群体免疫力，那么费城对 11 月的西班牙流感就是如此。公共卫生和慈善部门称 1918 年 10 月和 11 月的流感是费城史上最严重的流行病，只有 18 世纪的黄热病能与之相提并论。[56]

衡量费城在西班牙流感方面的经验，最好的办法是用病例数来表示，但有成千上万的病例从未上报。我们必须再次检视死亡率统计数据。1918 年 9 月至 1919 年春季，每周的流感和肺炎死亡人数仅有一次低于三位数，而且在 2 月明显出现了复发，但之后再也没有复发到秋季的十分之一。

在 9 月 29 日至 11 月 2 日的一个月里，费城有12 162 人死于流感和肺炎。这个数字还不包括数百名身体虚弱的人，如心脏病患者，流感攻击了身体最薄弱的部位，夺走了他们的生命。与美国和世界其他地方一样，费城在大流行期间因流感和肺炎以外的原因而死亡的人的数量高得很。[57]

大流行结束后，统计学家和流行病学家收集了费城在 1918 年 9 月 1 日至 12 月 31 日期间的所有死亡数据，并花了数周研究分析。他们发现，流感和肺炎的死者年

费城流感和肺炎死亡登记人数

每周统计截止日期	
1918 年 10 月 5 日	706
1918 年 10 月 12 日	2 635
1918 年 10 月 19 日	4 567
1918 年 10 月 26 日	3 021
1918 年 11 月 2 日	1 203
1918 年 11 月 9 日	375
1918 年 11 月 16 日	164
1918 年 11 月 23 日	103
1918 年 11 月 30 日	93

Great Britain, Ministry of Health, *Reports on Public Health and Medical Subjects Number 4, Report on the Pandemic of Influenza, 1918-19* (London: His Majesty's Stationery Office, 1920), pp. 319-20.

龄分布不同寻常。每个年龄段都有很多人死亡，但并不是通常的年轻人死亡率相对较低、最年长和年幼的人死亡率较高，而是出现了三个峰值：5 岁以下儿童，25 至 34 岁成人，以及 65 岁以上这个相对较低的高峰。正如未引起注意的春季浪潮那样，年龄分布图上的线条不是正常的"U"字，而是 1918 年的可怕的"W"字。[58]

他们发现，就像预期的那样，这场大流行在各地都造成了严重影响，但在移民贫民区的影响比城市其他地方更大。事实上，母亲在国外出生的人比母亲在美国出生的人多死了 1 500 人。那些母亲来自斯堪的纳维亚半岛、奥地利、俄罗斯、匈牙利和意大利的人尤其容易感染。[59]

如果你喜欢数字，那还有费城流感的其他统计数据。美国红十字会费城分会提供了 54 038 个流感口罩，20 444 条床单，8 919 条毛巾，605 套睡衣。公共场所禁闭令使得剧院、电影院和旅馆损失了 200 万美元，酒吧损失了 35 万美元。乘坐有轨电车的乘客人数大幅下降，这使交通公司损失了 25 万美元。此外还有计算死者代表的经济损失的问题。按照同时代的保险公司使用的标度来估计，西班牙流感在停战日前给该城市造成了 6 000 万美元的死亡相关损失，而那时离大流行最终结束还有好几个月。没有人能合理量化悲痛，因此这种衡量只能留给读者自行想象。[60]

第七章

旧金山的流感

费城的流行病只有一个高峰，因而符合戏剧中"三一律"悲剧的特质。旧金山的流行病有两个高峰，当然，第二个高峰是"三一律"的对照，是个反高潮。不得不说，旧金山的流行病是一场可怕的喜剧。

1918年，旧金山的人口为55万，不到费城的三分之一，但这两个城市的人口有重要的相似之处。旧金山和费城一样，既受益于近期的人口快速增长，又深受其苦。自1914年以来，旧金山的人口增长了五分之一，许多新移民为获得战争创造的就业机会，最近才来到这里。这里也挤满了外国出生的移民，大约有13万名成年人和不计其数的儿童。许多意大利人移民至此，纵然他们同祖国隔着一块大陆与一片大洋。还有许多移民是中国人，尽管旧金山的唐人街已经有几十年的历史，但他们与该市政府和社会领导人仍然有很深的语言和文化隔阂。[1]

　　旧金山面对大流行有一个巨大优势：对即将发生的情况有充分和明确的预警。早在旧金山出现第一宗死亡病例的几天前，该市领导人就已获悉波士顿和德文斯营的西班牙流感。议会在9月投票通过了100万美元的拨款，用于抗击流感，而当时流感在旧金山湾区还未形成规模。10月初，东海岸的公共卫生学家向美国其他地区的同行提供了忠告，其措辞明确指出了威胁的严重性：

　　　　找来木匠木工，安排他们制作棺材。然后召集街头劳工，安排他们挖坟墓。只有这样，你处理尸体的速度才能赶上尸体累积的速度。[2]

　　大约在9月21日，旧金山卫生局局长威廉·哈斯勒医生建议采取预防流感的措施。出于对海军的担忧，他还相当明智地说服了耶尔瓦布埃纳岛海军训练站的指挥官实施隔离检疫，该措施很快便扩展到湾区的其他海军基地。但不久之后，哈斯勒却自相矛盾地宣布，他怀疑流感根本不会传播到旧金山。在洛杉矶，首席卫生官仍然表示："只要遵守一般预防措施，就没道理惊慌失措。"——两天后，西班牙流感就导致所有学校、剧院和教堂关闭了。[3]

　　但是，加利福尼亚人至少不像华盛顿州皮吉特湾地区的居民那么鲁莽。9月20日，华盛顿州的刘易斯营有

173 个流感病例。三天后，1 万名平民涌入营地，观看本
州的国民警卫队步兵接受检阅。营地医务人员承认有小
型流行病，但坚称没什么可担心的："既然流感无法遮盖
西班牙早期的荣光，它必将继续如此默默无闻下去。"大
约在 9 月 25 日，大流行就在西雅图暴发了。4

　　西部各州的当权者，特别是在公共卫生领域的要员，
是否都不称职呢？和密西西比河以东各州的情况一样，
答案仍然是否定的。很少有卫生官或社区真正认识到大
流行能够造成的破坏，直到后来他们亲身经历才知道。
西班牙流感实在太新了，史无前例，而且比起人类消化
这些新闻的速度而言，它发展得更快。5

　　9 月 24 日，《旧金山纪事报》报道了该市第一个已
知的西班牙流感病例，患者名叫爱德华·瓦格纳，刚从
芝加哥抵达。瓦格纳很快被送进医院，他所住的房子也
被隔离。第二天，马雷岛海军造船厂确认了第一个病例，
这个人是从俄克拉荷马州休假回来的火车上发病的。9
月 27 日，加利福尼亚州卫生局将流感列为强制上报的
疾病，并赋予州卫生官员隔离病例的合法权力。在旧
金山以南 30 英里的费利蒙营地，第一个病例于 28 日
出现。一周后，那里的情况严重到让指挥官只得隔离
整个营地。6

　　在加利福尼亚州北部，位于沙斯塔山高处的邓斯缪
尔村很快表明，西海岸的流感历程不会比东部简单。10

月 10 日，该村总人口 1 000 人中有 300 人感染了流感；在过去 24 小时内有 5 人死亡，仅有的 2 名医生也濒临崩溃。而且根本就没有护士。[7] 这一切都刊在旧金山的报纸上，任何人只要花几分钱就能看到。

9 月 28 日晚，旧金山发起了第四次自由公债运动，1 万多人抬着钉在棺材里的德皇肖像游行。接下来的两周里，这座城市沉浸在集会、游行和演讲的狂欢中。有 2.5 万人在一场"爱国大合唱"中放声高歌。玛丽·皮克福德在伯利恒造船公司举行的 1.6 万人的集会上发表讲话。10 月 6 日星期日，约有 15 万人聚集在金门公园，每四人排成一列从电影摄像机前走过，持续了三个小时。拍摄的影片将在欧洲的美军基地放映："这将是有史以来最伟大的电影，因为它将把你的微笑和亲吻带给那里的士兵。"旧金山市消防员举着"别管培根，把莱茵河带回家"*的牌子，从摄像机前走过。从南边的弗雷斯诺县到北边的沙斯塔县都有人赶来参加这场盛会。

11 日，致力于自由公债运动的法国男高音歌唱家吕西安·穆拉托雷站在《旧金山纪事报》大楼的台阶上，向 5 万名观众演唱了《茶花女》咏叹调、《星条旗》和《马赛曲》。在《马赛曲》唱到一半时，人群不得不分开，以

---

* 原文为"Never mind the Bacon, but bring home the Rhine.", 化用了俗语"bring home the bacon", 指养家糊口。——编者注

便一辆紧急救护车驶入市场街。"歌手紧握着美国国旗和法国国旗，抬头仰望，没有注意到他的歌声被打断了。"[8]

就像费城和其他地方一样，很难说这种爱国主义狂欢是否大大加速了流感的传播。不管有没有游行和集会，旧金山人都挤在工厂、百货公司和有轨电车里，这会导致呼吸道疾病迅速传播，但这种聚集与公共卫生专家在大流行期间的建议背道而驰。卫生部尽其所能：它要求人们咳嗽和打喷嚏时捂住口鼻，交通公司应熏蒸车辆并保持车窗敞开。卫生部还要求护士免除私人服务、医院拒收小病小伤，以便为即将到来的流感病人高峰提供床位。哈斯勒顾不上爱国主义，建议大家避免参加公共集会。[9]

但是，流感蔓延的程度还不足以吓到旧金山人，哈斯勒和他的部门几乎无计可施。卫生部请求旧金山红十字会安排50名护士探访穷人，并将所有肺炎患者送往医院。护士和医疗检查员被派往学校，告诉学生，预防流感的唯一措施是"注意个人卫生"。哈斯勒和同事们仔细研究该市的地图，打算设计出一些分区方案，以尽量节省医务人员在抗击流感时浪费的精力和时间。[10]

旧金山红十字会成立了流感临时委员会，将其护士派给卫生局使用。10月14日，哈斯勒会见了全市所有医院的院长，他们决定把旧金山医院的全部病人转出，将其作为大流行患者的隔离机构。[11]该医院将成为该市疫情的中心。在大流行期间，它收治了 3 509 个流感和肺炎病例，其中 26% 的患者死亡。[12]

到 10 月 14 日，该市报告了 991 个流感病例，当天就有 378 例，但《旧金山纪事报》认为，"西班牙流感不比德国的和平宣传更危险"。[13] 在 10 月 19 日结束的那一周，该市有 4 000 多个新增流感病例，130 人死亡。

但爱国主义情绪依旧高涨：那周的星期四晚上，参议员海勒姆·约翰逊在市政礼堂鼓动广大观众，售出了价值超过 37.2 万美元的债券，而这是数周内最后一次允许举行类似的集会。旧金山人终于被吓到，接受了控制疫情的严厉措施。药店里的流感"预防剂"价格飞涨，剧院的观众人数急剧下降。[14]

如果以萨拉·多伊尔夫人诉威廉·多伊尔先生的情况为例，可以说旧金山从盲目自信直接转向了恐慌。10 月 18 日上午，多伊尔夫人出庭起诉离婚。多伊尔先生赶到后宣称自己得了流感，刚刚下床。法官先后指定了两名律师代表多伊尔先生，但他们都逃跑了，法庭上除了法官和多伊尔夫妇，其他人也都溜之大吉。多伊尔先生开始争论不休，法官把他交给警长，而警长随后将他移交卫生局。[15]

同一天，卫生局宣布情况"严重"，发布了禁闭令，而洛杉矶和加州很多其他城镇已经实行了这一禁令。旧金山的所有娱乐场所、公共集会场所和学校都被关闭。

两天后，连教堂礼拜也被禁止了。旧金山教会联合会向其教徒建议，及时报告流感病例，避免与呼吸疾病患者接触，"培养健康和乐观的精神并亲近上帝"。[16]

旧金山经历的秋季流感与费城10月的流感过程非常相似，也无需赘言。尽管已经做了准备，西班牙流感还是几乎压垮了这座城市。医院人满为患，红十字会、卫生局和教会在空旷、宽敞和干燥的建筑中临时搭建了应急医院。市政礼堂为未成年患者设立了300张床位，参议员海勒姆·约翰逊洪亮的嗓音被流感患儿的哭声盖过。[17]

尽管有预备计划，但在流感高峰期到来之前，组织工作始终没有跟上。没有当地国防委员会来协调抗疫力量；也没有成立像费城那样的"菲尔伯特100"总部，集中信息来处理所有的求助电话；旧金山人使得医生疲于应付那些无须诊治的病例。如果一位医生不来，他们就呼叫另一位。有个特别焦虑的人一天内给8位医生打了电话。[18]

为了有效利用医生、护士、医院空间和交通工具，旧金山被划分为20个区，随后又分为9个区，再到14个区，最终变成了12个区。所有求救电话都会接入地区中心，而直到11月5日，这些中心才配备齐全了护士、电话和物资，此时疫情已经在减缓。[19]

与东部城市类似，旧金山也曾出现传染病院里的恐怖场景。尽管与结核病等疾病相比，流感对不同阶层的影响区别不大，但穷人往往遭受了更多痛苦。跟东部一样，移民受到的打击也是最严重的。旧金山的意大利裔中，通常每月有 20 人死亡；而 10 月有 110 人。电报山的一个地下室里发现了 9 个流感病例。在日落区的临海沙丘上，西尔韦罗·里韦罗一家 15 人住在有两个房间的棚屋里，父母和所有孩子都得了流感，只有 6 个月大的婴儿得以幸免。[20] 前去帮忙的红十字会护士说："屋里没有食物。窗户都紧闭着，这房子更像一个猪圈而不是一个家。如果救援人员没有来，肯定会有孩子死掉。"[21]

唐人街的居民也一如既往，在没有引起人们注意，也没有得到多少帮助的情况下，勉强应付这场大流行，尽管他们拥挤不堪的街区环境肯定非常糟糕。当哈斯勒追查那里报告的少数病例时，他发现了许多未报告的病例，并因此建议旧金山人把亚裔佣人留在家里，远离唐人街。美国公共卫生署派遣李承文医生负责唐人街的流感防治，也许名字派上了用场，他在那里的工作要比叫哈斯勒的人顺利得多。[22]

当然，医生和护士甚至业余志愿者都相当短缺。早在 10 月 14 日，即大流行在旧金山达到高峰的一个多星期前，就出现了护士严重短缺的问题。费利蒙营地、旧金山各大医院和数百间私人住宅都需要护士，而在大流行暴发前，护士就已经供不应求了。医生也极度缺乏，红十字会甚至在 10 月 19 日宣布，它接到的求助电话有一半无法得到响应。护士们不再为私营诊所服务，转而为大流行服务，神经科医生和胃肠科专家离开豪华的办公室，爬上旧金山的山头，为气喘的病人听诊，但仍然没有足够的人手。美国公共卫生署的玛格丽特·范·普拉克医生在 24 小时内接诊了 152 个病例。圣何塞的 W. 福勒医生可能创下了旧金山湾区的纪录：他在一天内看了 525 名病人。福勒甚至连上下车的时间也没浪费：一个朋友负责开车，而他就踩在脚踏板上。[23]

旧金山有数百人因为缺乏最基础的护理而奄奄一息，上千名未经专业训练或半生不熟的市民不得不施以援手。医学院、牙科和护理学校的学生开始了他们的职业生涯。赋闲的教师英勇地当起了护士，或者不那么冒险但同样帮了大忙，当起了电话接线员和洗衣工。警察局的巡逻车变成了救护车，缺人手时，警察就成了护工。汉纳大主教将他掌握的全部资源交给了红十字会，包括 40 座教堂和数百名神父与修女。[24]

但无论哪个组织提供的工作人员，都只能满足一小部分的需求。因此，红十字会向公众求助，先是以每周 20 美元的薪酬招聘有经验的护士，后来在情况最危急的日子里，招募那些不计回报、不论具备何种技能的人：

旧金山的女人，我们恳求您的帮助。

今天在旧金山，您可以像在法国一样拯救许多人的生命。

受苦的人——儿童、男人、女人、家庭的顶梁柱——都在呼唤您的仁慈之举。[25]

费城和其他城市在两三周内经受了流感狂暴无情的袭击，无法下葬的死者堆积如山，而旧金山从未遭受过这种情况，但在1918年最糟糕的日子里，这个城市的重要服务也陷入了崩溃。对抗击流感极为关键的电话服务，早在10月18日就开始动摇。一周后，有600名电话接线员缺勤，电话公司恳请其客户只拨打必需的电话，否则，医疗救援的电话将无法接通。在同一周，红十字会被迫发出广泛呼吁，要求志愿者照顾那些父母身亡或病重的儿童。到27日，旧金山警察有7人死于流感，还有不计其数的人患病。85名消防员病倒了，或是刚刚康复。4名市政铁路人员死亡，131人患过流感或尚未痊愈。到11月初，市验尸官的所有手下都得了流感。消防局为验尸官派来了2名志愿者来照管流感及肺炎死者。一人负责照看停尸房，另一人负责驾驶货车去收殓死者。[26]

比起其他许多事情而言，收集垃圾虽然没那么需要勇气，但对社区卫生非常重要。旧金山的环卫工人生病后，垃圾开始堆积。垃圾焚化厂的56名日常工作人员中只有11人上岗，只得关闭了。垃圾在工厂里堆积如山，排队等待的垃圾车沿着杰罗尔德大街一直堵到城市铁路轨道。这个问题的解决方法很简单，就是把垃圾倒在附近地区，然后用泥土覆盖起来。但是，在被掩埋的垃圾成为祸患之前，这种办法又能维持多久呢？[27]

旧金山的秋季流感在10月底达到高潮。感染病例的数量可能在23日前后达到顶峰；至少，那是该市药剂师开出最多抗流感处方的一天。10月25日是新增病例最多的一天，共有2 319例，当然，这些病例的发病时间是在一天前或更早。10月29日是死亡人数最高的一天，共有108人去世。此后，所有数据都显示疫情在消退，这可算是解了燃眉之急。10月30日，旧金山医院有1 100名**肺炎患者，而不是流感病人**，院长宣布医院已经满员了。[28]

11月，患病和死亡人数迅速下降，到了21日，旧金山的疫情显然已经结束，是时候做出评估了。大流行于9月23日正式开始，在随后的59天里，共报告了23 558个流感病例，这个数字无疑远远低于实际总数。仅在10月，就有1 067人死于流感并发肺炎。肺炎的死亡率是正常情况下的三到四倍。10月，旧金山因各种原因死亡的人数是1 826人，而每个月的正常死亡人数是630人。[29]

在秋季流感浪潮中，有不成比例的外国出生的人死亡。从死亡的绝对数字来看，意大利人受到的打击最严重，爱尔兰人次之。中国人和日本人的死亡率是正常的，但这显然不可能。这两个群体的流感和肺炎死亡人数也许根本没有上报。[30]

庆祝战胜魔鬼流感的显而易见的方式是取消公共场所的禁闭令。学校已经关闭了六周，这使得1918至1919年学年的所有教学计划都泡汤了。剧院每周亏损40万美元。娱乐场所最先开放，吸引了大量渴望娱乐的人群；11月25日，旧金山官方承认疫情结束，并开放所有公立学校。《旧金山纪事报》说："最后的威胁残迹，被我们的海风吹走了，被我们的雾气闷死了，被我们明亮的11月阳光灼烧殆尽。"[31]听到孩童唱起最近学的这首阴森的小曲，旧金山人如今已经不再畏惧了：

> 我有一只小小鸟，
> 它的名字叫恩萨……[32]

与东部城市相比，旧金山并没有受到严重的影响。值得注意的是，太平洋沿岸的其他大城市也是如此。但旧金山人既不了解流感病毒的习性，也没有傲慢自大，他们将好运归功于自己。这一代人战胜了可怕的地震，又与西班牙流感打成平手。事实上，旧金山人为抗击疾病付出了英勇努力，如果成功通常与努力成正比的话，他们确实有充分的理由自我祝贺。

哈斯勒是个精力充沛的人，工作时总是干劲十足。1906年的旧金山大地震刚刚结束，他就在自家的前门廊设立了出生与死亡登记处，在当年和次年的鼠疫恐慌中也更加勉力工作。到20世纪30年代，哈斯勒已经声名远扬，并因此当选了美国公共卫生协会的主席。[33]

1918年，流感疫苗虽然没有免疫学价值，却被寄予厚望。哈斯勒和其他许多卫生官（特别是西部城市的官员）一样，大规模推动市民接种流感疫苗。西雅图研发生产了自己的流感疫苗，但旧金山和大多数西部城市一样，最初是从美国东部获得疫苗，那里最早暴发了西班牙流感，也最先出现所谓的治疗和预防措施。[34]

第一个也可能是最广为人知的流感疫苗是由波士顿郊外塔夫茨医学院的蒂莫西·利里医生研发的。应哈斯勒的请求，利里将他的少量疫苗运往旧金山卫生局，于10月22日抵达。此后不久，当地实验室开始生产疫苗。与此同时，旧金山市长詹姆斯·罗尔夫在卫生局的敦促下，发电报给波士顿市长彼得斯，请求运送大量疫苗。10月24日，和医疗剧最经典的桥段一样，彼得斯派遣他的秘书埃德温·穆尔乘坐"二十世纪"号快车，携带了大量珍贵的疫苗——足够为1.7万名旧金山人接种全套的三针疫苗。穆尔于28日晚带着包裹和利里的一封信到达，信中说，这种疫苗应能"终结"流感，还能预防大部分病例发展为肺炎，而且"几乎能彻底避免死亡"。罗尔夫为彼得斯准备了一根金柄手杖作为谢礼，并赠给穆尔一块金表，送他打道回府。[35]

　　旧金山本地和波士顿生产的疫苗被免费分发给医生，或直接给成千上万在全市各医疗中心排队的市民接种。截至 11 月 2 日，该市至少有 1.8 万人接种了疫苗，旧金山已成为加州主要的疫苗分发中心。除利里的疫苗外，该市还使用了其他流感和肺炎疫苗，但几乎可以肯定，1918 年接种流感疫苗的约 3.1 万名旧金山人中，大部分都接种了利里的疫苗。哈斯勒称其为"真正的流感预防措施"，并像 1918 年的其他卫生官一样含糊其词地表示，"即使它并非对每个病例都有效，也不会造成任何伤害"。[36]

　　在广泛接种流感疫苗后，该市的新增病例和死亡人数立即下降了，但这与其归功于疫苗，不如说是几乎普遍使用的口罩派上了用场。自西班牙流感首次出现以来，戴"外科口罩"，即用绳子绑在口鼻上的纱布垫，在医务人员当中已经很普遍了。在 9 月发行的第一本西班牙流感宣传册中，美国公共卫生署建议那些护理流感患者的人员戴上纱布口罩。[37] 很快，平民百姓也认为，病房里的这种实用措施也适用于其他场合。纱布口罩在美国东部社区的街头和百货商店里成为常见景象。人们也真心实意地相信，几层纱布就能挡住流感病毒，就像纱窗能把苍蝇挡在门廊外一样。

　　当然，流感病毒本身如此微小，无论织得多么密实的布料它都能穿过，但口罩可以拦住一些病毒可能搭载的灰尘和水滴。然而，在流感大流行期间，为了使口罩更有效，人们聚在一起时必须始终配戴口罩，无论是在家里、在工作中还是任意两人之间。口罩必须有一定的厚度，可能会不舒服，必须扎紧，每天至少清洗一次并晾干。强制执行这些条件是不可能的，因此在西班牙流感大流行期间，强制戴口罩的社区的健康记录几乎总是与没有戴口罩的邻近社区相同。埃德温·乔丹博士在为美国医学会仔细研究了 1918 至 1919 年期间全部的口罩佩戴记录后，得出结论：

> 为流感患者治疗或检查的人会佩戴适当的口罩和护目镜，以获得一定程度的防护。一般人几乎难以克服戴口罩的实际困难，这使得这项措施只适用于个人，而非普遍的预防。[38]

在旧金山流行病的早期，医生、护士和红十字会的工作人员就戴上了口罩，10 月 18 日，哈斯勒建议所有店员在工作时戴上口罩，并命令所有理发师都这样做。此后不久，他和卫生局全体成员向监事会（相当于旧金山市议会）建议，命令该市所有人都戴上口罩。医生 J. J. 霍根中尉证明，佩戴口罩控制住了马雷岛海军造船厂的死亡数和新增病例数。监事们以 15 票对 0 票的表决结果将该提案纳入法律。哈斯勒说："如果这个计划得以执行，流感将在一周内得到控制。"该口罩条例的部分内容是：

> 凡是出现在公共街道、公共场所、人员集会或
> 任何两人或以上聚集处（除非家中只有两名成员在
> 场）的人，以及从事食品或服饰销售、处理或配送
> 的人员，除吃饭时间外，都应配戴口罩或用覆盖物
> 遮住口鼻。口罩由通常被称为干酪包布或细网纱布
> 的四层材料构成。[39]

10月22日，《旧金山纪事报》刊登了一整版的宣传稿，市长、卫生局、红十字会、邮政部门、商会、劳工委员会和其他组织在宣传中呼吁："戴上口罩，拯救生命！"纱布口罩"对流感有99%的防护作用"。[40]

该条例直到11月1日才合法生效，但旧金山人已迫不及待戴上口罩。他们怎么敢等到条例生效再戴呢？一些最有声望的人物，如加州州长，都在强烈推荐口罩。伍兹·哈钦是一位医生兼热门医学专栏作者，他宣称口罩几乎能万无一失地抵御流感，并同样热情地推荐利里的疫苗。哈钦告诉旧金山人：如果不听我的建议，就等着有5万人感染流感和1200人死亡吧。[41]

旧金山红十字会以每个10美分的价格分发口罩（敲竹杠的收取50美分），包括它自己制造的口罩和李维·斯特劳斯公司制造的口罩，该公司自淘金热时期以来就生

产著名的蓝色工装及牛仔裤。如果有需要，李维·斯特劳斯公司准备制作足量口罩，确保市民人手一个。[42]

旧金山的红十字会总部于 10 月 22 日上午 11 时向公众提供了 5 000 个口罩。到中午时，口罩已经售罄。到第二天中午，红十字会总部已经发放了 4 万个口罩。到 26 日，红十字会在旧金山市内分发了 10 万个，还在接收并处理外地的订单。

此外，旧金山人也亲手制作了数千个口罩。据《旧金山纪事报》载：

> 很快，不戴口罩打招呼的人就会被认为是不礼貌的，不戴口罩的人很可能会被孤立，被怀疑，被当作懒汉。就像没有自由公债徽章的有钱人会在朋友面前蒙羞。[43]

大多数旧金山人都戴着简单的医用口罩，一个纱布垫，用绳子绑在头上。有些人喜欢一种在口鼻处向外延伸的口罩，戴上后看起来有点像猪。哈斯勒的口罩就属于这种类型，它的鼻子"像阿金库尔战役时期法国骑士的头盔"。一些女性戴的是伊斯兰式面纱，松散地挂在下巴下面。其他女性试图通过佩戴厚重的面纱来逃避戴口罩，但卫生局宣布这些面纱没有效果，因此不合法。[44]

甚至在口罩条例正式立法之前，绝大多数旧金山人——卫生局认为有 99% 的人——都戴上了口罩。哈斯勒称其为"向旧金山人的智慧和合作精神的致敬"。市场街的烟草商说，雪茄和香烟的销量下降了 50%，因为男人们发现戴着口罩没法舒舒服服抽烟。[45]

哈斯勒在 10 月 26 日警告公众，大规模佩戴口罩的效果不会立竿见影：流感的潜伏期是两到三天，所以新增病例数量至少要等几天后才会减少。到了 29 日，新增流感病例数确实急剧下降，而新增肺炎病例数在前一天已经趋于平稳。[46]

10 月 26 日结束的那一周，报告的新增流感病例数是整个疫情中最高的：8 682 人。在 11 月 2 日结束的那一周里，这个数字降至 7 164 人。哈斯勒欢呼道："继续戴上口罩，我们很快就会摆脱流感了。"在接下来的一周里，这一数字骤降至 2 200 人，再后面的一周则降至 600人。《旧金山纪事报》宣布，"流感疫情已经完全跌落谷底，就像奥匈帝国也一脚踩空"，而奥匈帝国在 11 月 3 日与协约国签署了停火协议。流感病例数的下降趋势和令人欣喜的暴跌仍在继续，这个月的最后两周分别有 164 个和 57 个新病例。

哈斯勒通过这样经济节约的手段，获得了令人惊叹的胜利。不仅是流感病例数在急剧下降，白喉、麻疹和百日咳也是如此。事后有人提出，同时在多个方面突然取得胜利，实际上只是因为危机后医生对规定的服从性下降，不再积极地向卫生局报告上述疾病了，但那是后话。与此同时，口罩使哈斯勒和旧金山闻名于世。专家们从华盛顿特区远道而来，学习旧金山与西班牙流感斗争的成功经验。[47]

哈斯勒的计划是，口罩可以控制疾病传播，直到有足够多的旧金山人接种疫苗，或者感染流感并康复，整个城市就获得了群体免疫力。这个计划似乎卓有成效，但他非常不愿意通过放弃戴口罩来检验它。哈斯勒说，口罩必须戴到该市报告最后一个流感病例后的一周："我认为旧金山人还要戴两个月的口罩。"[48]

但很快就可以看出，即使在哈斯勒的指挥下，也没有任何力量能把旧金山盖在纱布下那么久，不消说此时大流行正在迅速消退。口罩很不舒服，不方便，会使眼镜起雾，据一些愤怒的市民称，还会引起神经痛发作。其他更有想法的人称，口罩是对个人自由的羞辱，违反宪法，侵犯人权自由。最重要的是，口罩实在是太可笑、太压抑了。[49]

11月5日美国大选中戴口罩投票的场面已经够奇怪了，但11日的景象则荒唐至极。当停战的消息传来时，旧金山的山头燃起了篝火，城里所有的汽笛和警报器都响了起来，所有能走动的市民都冲上街头。3万多人聚集在市政中心，来回沿着市场街游行到渡轮大楼。许多人拿着牛铃，每个人似乎都有一面美国国旗，除了那些臭名昭著的懒汉，每个人都戴着口罩。数万名戴着口罩的庆祝者欣喜若狂、载歌载舞，这种场景只能用 20 世纪 20 年代才出现的一个词来形容：超现实主义。[50]

越来越多人把口罩挂在下巴下面，或者根本不戴口罩。警察逮捕了数百人，如果被告在法庭上不注意举止，法院会对他们处以 5 美元的罚款到 30 天的监禁不等。11 月 8 日晚，警察突袭了市中心所有酒店的大堂，逮捕了 400 名没戴口罩的人，其中大多数人都是为了偷偷抽烟而摘下口罩的，他们被塞进警车，并被送往市监狱。[51] 11 月 16 日，在米汉对阵富尔顿的拳击赛场边拍到的一张照片显示，市长、一名高等法院法官、一名国会议员、一名镇长和一名海军少将，都没有戴口罩。警察甚至有一次抓到哈斯勒本人没有戴口罩。[52]

最糟糕的可能性最终压倒了口罩条例：它变得滑稽起来。在圣弗朗西斯酒店，有 100 来号顾客在大堂里吸烟，他们的口罩放在口袋里或挂在耳朵上，这时一名警察进来了。房地产经纪人阿尔·罗森施特恩首先发现了他，并大喊危险信号，这是北大西洋护航队的水手们使用的美国俚语："潜水艇！"于是每个人立即戴上了口罩。[53]

11 月 21 日，德国的主要水面战舰向英国大舰队投降。这是整个海战史上最富戏剧性的一天，让纸上谈兵的军师们过了一把瘾，旧金山一直有很多这类人；但那天市里的大新闻是卫生局批准摘下口罩。

当天中午，旧金山的每一个警报器都在尖叫，汽笛在吹响，钟声在敲响，用以标志摘下口罩的伟大仪式。近一个月来，旧金山人第一次无须隔着纱布，直接呼吸来自太平洋的新鲜空气。加利福尼亚州的其他城镇也有类似的口罩条例，如果他们还没有摘掉口罩的话，也将很快效仿旧金山的做法。[54]

同一天，约翰·A. 布里顿在圣弗朗西斯酒店为他的红十字会同事、卫生局、联合慈善机构、希伯来救济委员会和附属天主教慈善机构举行了一次午宴。他说：

> 今天能见到这支不屈不挠的工作队伍，看到你们揭开面部的遮挡，是一种莫大的荣幸。我愿称你们为古老而光荣的流感清道夫，你们在哈斯勒医生的高超领导下所做的工作，使旧金山预估的病例数量减少了一半以上……这一成功在很大程度上归功于戴口罩令的执行。

《旧金山纪事报》总结了该市对其 10 月和 11 月经受的考验的看法：

> 如果要书写关于旧金山的史诗，写它在世界大战中的作用，其中最激动人心的一幕将是：当战争孕育的瘟疫挥展黑翼盘旋在城市上空，带来死亡、悲伤和贫困之时，旧金山如何英勇表现的故事。[55]

这个城市有一周左右来回味胜利。在11月的最后一周，旧金山的医生们只报告了57个新增流感病例。人们继续死于流感继发性肺炎，有些人很快死亡，有些人在与流感后潜伏的肺炎球菌或法伊弗氏杆菌斗争了好几天后死亡，但死亡人数也在下降，在12月的第一周达到了最低的50人。[56]

旧金山人可以放松并享受感恩节了。战争结束，他们对这一年有了比往常更多的感恩。大流行结束，他们现在有了闲暇，可以更多地关注世界。俄国人陷入内战，布尔什维主义似乎在东欧和中欧蔓延。在柏林，斯巴达克同盟成员挥舞着红旗；在科隆，饥荒暴动者被机枪镇压。威尔逊是有史以来第一位在任期内离开美国本土的总统，他于12月4日离开纽约前往欧洲。[57]

当威尔逊启程前往法国时，旧金山的要塞和周围的部队中出现了一些新增流感病例。这种疾病的复发被归咎于最近有大量旧金山湾区以外的部队抵达。12月4日，旧金山的新增病例数为24个，总数并不太可怕，但是无法忽视。[58]

起初，哈斯勒不认为大流行有任何可能复发的危险。他指出，大多数新病例是在酒店和公寓的居民中出现的，这些人无疑是在其他地方感染了流感，并将其带到了旧金山。许多"新"病例实际上可能是再次发作，许多"流感"病例只是感冒。还有一些是由于人们该死的愚蠢行为造成的:"我们的女性几乎赤脚上街,穿着简陋的拖鞋和薄薄的长袜,这简直是在招揽流感来袭击。"[59]

但令人不安的是,在圣迭戈、圣何塞、斯托克顿、圣克鲁斯和加州其他城镇,流感也呈上升趋势。哈斯勒开始避免正面作答,他说"我不相信我们只能采取在流行病高峰期采取的措施",并建议店员和其他与人群大量接触的人再次戴上口罩。[60]

几天之内,卫生局就发现流感病例的增加不是意外,而是大流行全面回归的预兆。10月和11月的灵丹妙药是口罩:哈斯勒说,只要再次戴上口罩,就几乎一定能避免其他的限制,如关闭学校和剧院。[61]

罗尔夫市长接受了这个建议——他的妻子已经在第二波流感中患病,因此很容易接受这个建议。他在12月7日发布公告:"卫生局认为有必要恢复佩戴口罩,我作为旧金山市长,在此恳请你们立即行动。"[62]

10月和11月的惨象是否会重演?并没有。在第一波流感时,新病例报告的周增长峰值为8 700人,流行病死亡的周增长峰值为738人。在12月至第二年1月期间,新病例和死亡人数的周增长峰值出现在截至1月18日的那周,分别为3 500人和310人。旧金山在第二波流感中的每千人死亡率大约是前一波的一半。[63]

这并不是说旧金山的日子就很好过。死亡率远远高于正常水平,直到第二年3月才恢复正常。护士短缺问题早在 12 月中旬就再次出现，一连持续了数周。"我们不需要钱，"哈斯勒呼吁，"我们需要帮助，但我们得不到。"[64] 不过，10 月和 11 月出现的医生、病床和运输的绝对短缺在 12 月和第二年 1 月没有再次发生。后两个月的流感对这座城市来说是一个讨厌的、时而致命的麻烦，但不是一场灾难。

人们相应地采取了行动。在秋天，恐惧是卫生局政策的主要推行力；现在没有那么多可怕的，恐惧被经验冲淡了。卫生局的政策是否真的值得花费力气执行？12 月 20 日，《旧金山纪事报》刊登了一封来信，讲述一个人给自己和全家人接种了利里的疫苗，也老老实实戴着口罩，但还是患上了流感，此刻正因肺炎住院。这封信署有这样的句子："到底有什么用？"[65]

90% 的旧金山人没有理会罗尔夫市长自愿重新佩戴口罩的呼吁。公众声称，虽然自己没有专门的资格来评判深奥的医学争议，但根据经验，他们知道口罩不方便、不舒服，而且常识告诉他们，强迫人们在户外戴口罩，同时允许他们在拥挤的餐馆里摘下口罩吃饭的政策是荒谬的。[66]

如人们所料，反对戴口罩的人包括基督教科学派*人士。他们曾遵守秋季的口罩条例，尽管不情不愿，但现

———————————

* 该教派认为，疾病和痛苦来自虚假的意识，故要恢复健康就要矫正错误的思想，主要诉诸祈祷而非常规医疗手段。——编者注

在他们反对任何恢复该条例的做法，因为这"颠覆了个人自由和宪法权利"。公民自由主义者对暴政的敏感超过了他们对流感的恐惧，他们认为："如果卫生局可以强迫人们戴口罩，那就可以强迫他们接种疫苗、接受任何实验或侮辱。"[67]

商人们寄希望能成为有史以来盈利最多的圣诞购物季才刚开始，他们也反对戴口罩，理由是口罩将使公众感到恐惧和沮丧，减少销量。出于同样的原因，烹饪工人协会也坚持认为，戴口罩会使其 2 000 名成员失业。哈斯勒的政策在旧金山抹去了阶级界限。[68]

对支持戴口罩的力量而言，最具破坏力的攻击来自医学专业人士。12 月 18 日，加利福尼亚州卫生局宣布，流感的情况还没有严重到需要采取戴口罩这种特殊措施。加州大学细菌学实验室的 F. L. 凯利博士黯然宣布："我们今天对这种疾病的了解并不比一百年前多。尚未有已知的治疗或预防方法。"[69]

12 月的第二周，《旧金山纪事报》表达了愤慨。没人想死，但死亡率真的高到足以证明有必要重新戴上口罩吗？说真的，这次流感的回归难道不是正常的季节性感冒吗？再次命令人们戴上口罩不是很可能"增加恐慌"吗？对于哈斯勒的建议，报社最多只能说：

　　总而言之，戴口罩也不是特别不方便。我们推测，

强烈反对戴口罩有心理依据。如果是法律机构下达
了戴口罩的命令，那肯定不会引起反对。[70]

12月18日晚，在缪尔黑德大楼的入口处出现了一个
包裹。没人知道它为什么会在那里，而不是放在地址上
写的哈斯勒的办公室。包裹里有三磅黑火药，一些铅弹
和碎玻璃，还有一个闹钟，闹钟的机械装置上有一根火柴，
当闹钟响起时，火药就会被点燃。包裹的一角写着"约
翰致意"，这是一个神秘人寄的，除了他对口罩有强烈的
心理厌恶，认为它们是"反抗的正当理由"之外，无法
推测更多。[71] 约翰无疑是非常疯狂的，但他也预示着旧金
山人会对再次戴上口罩感到愤怒。

在哈斯勒看来，旧金山人似乎倔强地对事实视而不
见。他在12月12日指出："当人们刚摘下口罩时，每
天报告的病例只有10个。9天后，每天的病例总数达到
了75个，此后一直在增加，直到现在有好几天都超过了
200个。"其他一些地方，如圣迭戈，还在实行口罩条例，
而旧金山也需要。哈斯勒并非单枪匹马：红十字会和附
属天主教慈善机构等组织的领导人都听从该市卫生官的
意见。[72]

强制重新戴口罩的问题在政治上成了一个烫手山芋，
在整个监事会和其下属的公共卫生临时委员会之间来回
折腾。12月16日，数百名公民出席了口罩问题的公开听

证会，并与监事们争论了四个半小时。三天后，监事们以 9 票对 7 票否决了戴口罩条例。哈斯勒说，"美元符号被高举于健康符号之上"，他指的是商人们影响了监事们的决定。[73]

12 月 30 日，卫生局接到了 540 个新增流感病例与 31 个流感和肺炎死亡病例的报告。这是自摘除口罩以来最糟的一天。

两天后的晚上，这座城市以别样的热情迎来了 1919 年，因为这是战后的第一个新年夜。午夜时分，人群挤满了市场街，彩屑如雨点般落下，"每个人都伏在别人的颈项，不用担心礼节问题。"[74]

新年第二天，公立学校在漫长的圣诞假期后开学了，这让当权者不得不重新审视流感管控的问题。4 日，教育局根据卫生局的建议采取行动，命令公立学校的所有教师和学生重新戴上口罩。但仍然有数百名害怕的家长将儿童留在家中。大约在同一时间，监事会成员约瑟夫·马尔维希尔和他的五名家人患上了流感，这再次提醒当权者存在公共卫生危机。[75]

监事会下属的卫生临时委员会于 1 月 8 日晚召开了一次长时间会议，再次听取了重新戴口罩的利弊。哈斯勒像《旧约》中的先知一样列举了最新统计数据，指出流感必将卷土重来的证据：从 1 月 1 日到 1 月 8 日下午 2 点，有 2 969 个新增流感病例和 195 人死亡。他讲述道，卫生局办公室的电话响个不停，一直到午夜时分，都是求救电话，而可获得的救助却越来越少。负责耶尔巴布埃纳岛政府实验室的海军上尉 A. J. 米纳克作证说，经过三个月对数百名水手的实验，他相信口罩对抵御流感99% 有效。劳工组织代表 P. H. 麦卡锡起身说，他准备与卫生局合作。"现在不是争论口罩价值的时候。这是我们迄今为止发现的最好的东西，如果你们有更好的东西，看在上帝的份上，就给我们吧。"[76]

　　1 月 10 日，监事会全体成员讨论了口罩问题。在投票前的辩论中，旧金山市民向监事们介绍了各种治疗流感的可靠方法，譬如保持健康的思想，或是俄国的专利食品。纳尔逊监事称，旧金山 99.5% 的人口反对戴口罩，并指出危险在于，执行口罩条例意味着要"塞住歌手的喉咙不让他们唱歌"，并且逮捕"在街上吹响号角的音乐家"。一位八旬老人坚称决不戴口罩，并违抗当局逮捕。他受邀与监事员一起在讲台上就座，他也照做了。

　　监事们以 15 票对 1 票赞成重新戴口罩。纳尔逊投了反对票。病床上的马尔维希尔在缺席情况下投了赞成票。[77]

　　哈斯勒预测，在 50% 的人戴上口罩三天后，新增病例和死亡人数将急剧下降。红十字会每天发放 3 万个口罩，旧金山人开始戴上它们。1 月 17 日，当口罩条例合法生效时，新增病例和死亡人数比前一天减少了，这种现象已经很久没有出现了。[78] 除了某一天出现反常，这种下降一直持续到疫情淡出公众的关注。(很少有其他用于支持某个科学假设的证据比这更确凿也更有欺骗性了。)

然而，旧金山人并没有表现出感激。警察不得不逮捕数百名违反口罩规定的人，而那些理论上遵守了法律的人也可能违反了法律。该市迎接了归来的第 143 和 145 野战炮兵部队 (旧金山人心爱的"灰熊"部队)，现场照片显示，人人都把流感口罩挂在一只耳朵上，或者塞在下巴下面。[79]

反对戴口罩的人聚在一起，成立了反口罩联盟，该联盟是由热心公益的市民、持怀疑态度的医生和狂热分子组成的。1 月 31 日晚的会议以温和派和极端派之间的大吵大闹而告终，前者想散发一份请愿书，呼吁停止戴口罩，后者则想对哈斯勒提起罢免程序。直到有人宣布"我租了这个大厅，现在我要关灯了"，这场骚乱才停止。[80]哈斯勒表示，卫生局不会受到反口罩积极分子的影响。但制定法律是一回事，执行法律是另一回事。丹佛市也尝试了用口罩防疫，其市长知道这个道理："凭什么由一半人来决定另一半人必须佩戴口罩？"[81]

专业同行的批评比反口罩联盟的指责更难对付。圣马特奥县卫生官 F. 霍姆斯医生指出，在他的县里，西班牙流感呈下降趋势，跟旧金山一样，不需要口罩。州卫生局的 W. H. 凯洛格医生在该机构的一份公告中大幅宣传口罩无效。他宣称，口罩并没有阻止旧金山医院 78%的护士在秋季感染流感，尽管该医院可能是加州经营最好、员工纪律最严明的医院。凯洛格提到，旧金山人习惯于在最不需要口罩的街道上戴着口罩，而在办公室和家里则摘下口罩，但那里的环境最容易传染流感。他还指出，斯托克顿是加州唯一在秋季坚持佩戴口罩的城市，其死亡率与波士顿不相上下，而波士顿在大流行中没有采取任何预防或补救措施。[82]

哈斯勒反驳说，如果在 12 月他第一次要求戴口罩时就采取措施，那么将挽救两三百条生命。[83] 但随着新病例不断减少，反对口罩的声音迅速增加了。卫生局审慎地通知罗尔夫市长，2 月 1 日解除口罩对该市来说是安全的。市长立即为此发布了一份公告。卫生局的阿瑟·H. 巴伦特为哈斯勒和那些支持口罩条例的人说了最后一句话："只要有一点儿证据可能证明口罩是一种有效的疾病预防措施，这个证明已经算完成了。"[84]

当秋季浪潮消退，几乎所有人都认为流行病已经结束时，旧金山为其相较于其他城市更成功地抵御了西班牙流感而引以为傲。11 月 21 日，哈斯勒在首次建议取消口罩的卫生局会议上说，口罩可能使该市减少了 2 万个流感病例，并避免了 1 500 人死亡。

到 1919 年 1 月底，旧金山又报告了 1.6 万个病例，另有 1 453 人死于流感和肺炎。直到第二年春天，发病率和死亡率才恢复到正常水平。[85]

在 1918 年 9 月至 1919 年 1 月期间，尽管旧金山广

旧金山的流感报告病例及流感和肺炎死亡登记人数 *

	报告病例	死亡数
每周统计截止日期		
1918 年 10 月 5 日	36	—
1918 年 10 月 12 日	531	—
1918 年 10 月 19 日	4,233	130
1918 年 10 月 26 日	8,682	552
1918 年 11 月 2 日	7,164	738
1918 年 11 月 9 日	2,229	414
1918 年 11 月 16 日	600	198
1918 年 11 月 23 日	164	90
1918 年 11 月 30 日	57	56
1918 年 12 月 7 日	722	50
1918 年 12 月 14 日	1,517	71
1918 年 12 月 21 日	1,828	137
1918 年 12 月 28 日	1,539	178
1919 年 1 月 4 日	2,416	194
1919 年 1 月 11 日	3,148	290
1919 年 1 月 18 日	3,465	310
1919 年 1 月 25 日	1,440	149

*Hrenoff, Arseny K., "The Influenza Epidemic of 1918-1919 in San Francisco," *Military Surgeon*, vol. 89 (November 1941), p. 807.

泛使用了所有已知的流感预防和治疗药物，并执行了与美国其他大城市一样严格的流感控制法令，但仍然报告了远远超过 5 万个流感病例，有 3 500 人死于该疾病和肺炎。近三分之二的死者年龄在 20 至 40 岁之间。[86]

　　美国社会，特别是城市，在这场大流行中表现如何？如果问题指向流感预防和治疗，答案是很糟糕。但在1918年或1919年，任何地方都没有实现这些目标的手段，即便是现在，手段也非常有限。如果问题指向医疗和公共卫生机构，也同样糟糕。应对大流行挑战的体制结构并不存在，或者在大流感的高峰期过后才出现。

有人无助地病倒了，那些依赖他们的人也同样需要照顾。在这个问题上，美国社会作为一个整体又表现如何？混乱情况往往得到了控制，基本的公共服务从未完全崩溃，大多数医院总还是开着的，大部分病入膏肓的人也确实受到了一定的专业护理，这些事实难道不能说明社会基本上运行良好吗？

能也不能。首先，我们必须承认，西班牙流感传播得太快了，引发的问题远远不止短暂的社会瘫痪。它是一种打了就跑的疾病，而不像结核病或疟疾那样，使社会长期陷入困境。必须采取适当行动，否则一定会越来越糟——但流感不会造成这种情况。如果费城或奥什科什能够应付过流感最严重的一周，那么之后的情况至少会暂时缓解。

但是，即使考虑到流感的短暂性质，问题仍然存在：美国，特别是它的城市，表现如何？流行病往往在人们之间引发相互恐惧，使他们分开。许多人因为缺乏像样的护理而死亡。如果是熟悉美国城市贫民窟和流动人口的人，可能会小心地下注预测，西班牙流感之后将会出现社会崩溃。但是，如果疾病、社会和时机合适，流行病有时可以增强社会凝聚力。这就是1918年秋天在美国发生的事情。相当惊人的是，热情成功替代了与流感斗争中需要的准备和效率。成千上万的美国人确实在互相帮助，尽管缺乏使他们能够这样做的体制结构，尽管他们的社会存在深刻的分裂。

埃莉诺·罗斯福的丈夫、五个孩子和三个仆人都患了流感或肺炎。但只要有机会，她下午就会迅速从家里出发，把食物送到红十字会医院，对临时病房一长排床位上的病人说些鼓励的话；在她的一生中，至少这一次，她有机会努力做这些事情。[87]*

也许1918年美国社会的力量只是战争精神短暂的副产品。在接下来的一年多，种族骚乱、爆炸事件和歇斯底里的红色恐慌将证明，美国人并不总是充满互爱和尊重的，但在1918年秋天的时刻，全国上下的人要么发烧、肌肉疼痛，要么直接认识出现前述症状的人时，美国人基本上都表现得如同兄弟姐妹，或至少是表亲。

哈佛大学的弗朗西斯·格林伍德·皮博迪教授在写到波士顿的抗击流感动员时，将其描述为"一个自由民族在紧急时刻有能力组织起来的绝佳证据"。不到一年后，波士顿人因警察罢工而争执不休，但在该市处于大流行期间最后的日子里，他们的社会意识令人钦佩。"他们不仅使波士顿市成为一个更安全的地方，而且也是一个令人自豪的所在。"[88]

---

* 因为出身及身份，她其实没有什么机会亲自照顾病人。——译者注

第八章

前往法国途中的海上流感

跟火灾一样，如果流行病发生在远离救援的狭窄空间里，情况是最糟糕的，比如公海上的船只。除非这是一艘巨轮，否则将不会配备医生、护士及适当的药品，方圆几里也不可能找到。船员和乘客只能选择待在刺骨寒风中，或是待在温暖但充满细菌的船舱里，呼吸从十几个人的肺部排出的空气。所有船员之间紧挨着，因此很可能有大部分人同时患上烈性呼吸道传染病，结果是由高烧不断、极度虚弱的船员掌舵前行。至少有好几艘船因为流感而几近灾难边缘。

1918年9月中旬，由罗伯特·沃顿船长驾驶的"勒韦尔纳"号纵帆船从马萨诸塞州格洛斯特出发寻捕大比目鱼，几天后，该船22名船员都患了流感，立即返航。9月，位于亚速尔群岛的美国海军第13医院收治了来自日本轮船"神思丸"号的第一批流感病例，该船在大西洋中部漂流，船上有大量人员患病，数人死亡，且没有医生。10月17日，一艘不知名的船只抵达法国勒阿弗尔港，78名船员中有74人患了流感。[1]

对海军来说，西班牙流感在海上的记录最为清晰和完整。美国海军受到了沉重打击，1918年或有高达40%的海军人员感染了流感。[2]几乎所有的海军军舰都过于拥挤，运兵舰上的海员也暴露于严重的流行病中。然而，在海上的海员的大流行发病率和死亡率分别在9月29日和10月5日结束的两周里达到峰值，比在陆上的海员晚了一周左右，数值也明显更低。大西洋舰队的流感和肺炎病例死亡率比美国其他大型军事组织都低。[3]

为什么会这样呢？同样，在1889—1890年的大流感中，在海上的美国海员也比陆上的海员受到的影响更小，这是否值得我们注意？[4]是否因为在更早的大流行以及西班牙大流感中，海上的海员会定期接触到不同港口的不同流感菌株，从而比那些待在同一地区，乃至同一大陆的人对疾病有了更普遍的抵抗力？

不过，流感在公海上比较温和的规律也有例外。9月21日，美国军舰"亚科纳"号从康涅狄格州新伦敦起航前往加拿大新斯科舍，但由于大流感，96名船员中的80人都病倒了，到波士顿就被迫结束航程。在所有主要战舰中，受到最严重摧残的是美国军舰"匹兹堡"号，一艘在南大西洋的装甲巡洋舰。它驶入里约热内卢时，大流行席卷了这座城市。不幸的是，该船因为"军事需要"无法离开，而当军事行动结束后，船员已经被流感折磨得虚弱不堪，无法出航。船上第一批病例出现在10月7日，接下来的一周有604人被列入病号名单，几乎占船员的一半。算上没有被正式列入病号名单的轻症病例，大约80%的船员感染了疾病。其中58人死于流感和肺炎，使船上用于防腐和储存死者的设备不堪重负。有16名死者被运回美国，其余的人被葬在里约的圣方济各·沙勿略公墓。[5]

总体而言，美国海军在1918年的最后四个月里因流感和肺炎损失了4 136名官兵。尽管德国的潜艇舰队也造成了伤亡，但死于这场大流行的美国海员人数几乎是死于1918年敌方军事行动的两倍。[6]

1918年最后四个月的一个小谜团是，负责运兵舰的海员流感发病率与船上士兵相同，约为8.8%，但前者的病例死亡率为1.5%，而在他们护送下横渡大西洋的部队的病例死亡率为6.43%，这令人震惊。[7]在9月和10月的几周，前往法国途中的步兵与阿尔贡森林中的士兵一样，处于生命危险之中。

1918年春末，美国远征军指挥官"黑桃杰克"潘兴给战争部发电报，声称他需要在一年左右内组建100个师，大约400万美国士兵。四个月后，默兹-阿尔贡攻势第一周的伤亡名单证实了他的观点，即在不久的将来，法国需要再多的士兵都不为过。[8]

每月有超过 25 万美国士兵穿越大洋远赴欧洲，还有几十万在美国的军营里受训。兵役登记局打算在 1919 年 7 月前再征召 200 万士兵。[9]从美国到西线战场的运输线必须保持畅通；否则，在来年春天或夏天，潘兴需要的增援就无法就位，也无法对德军造成致命一击。

公海上的美军在 8 月底和 9 月初暴发了第二波西班牙流感，发生在前往阿尔汉格尔斯克的那些军舰上。这个消息让代理军医署长查尔斯·理查兹十分担忧，他警告参谋长佩顿·C. 马奇，在运兵舰前往法国的途中可能会暴发这种疾病，"目前的船舱环境过度拥挤，预计会导致成千上万的人感染疾病，会有许多人死亡"。理查兹建议，在部队中暴发的大流行结束前，任何部队都不允许登船。参谋长没有反对，但这项政策直到大流行的高峰期过去后才得以实施。[10]

9 月最后一周，流感重创了两艘前往法国的运兵舰上的部队，当这两艘船于 24 日入港时，船上有 425 人需要入院治疗，其中 170 人患有肺炎。没人在海上死亡；至少在美国远征军发给华盛顿的电报中没有提到死亡。代理军医署长在收到电报后向参谋长建议：在运兵舰上留出更多的医疗空间；所有前往欧洲的兵团在登船前都要隔离一周；除了亟需的部队外，暂停所有海外部队的调动；运兵舰的核准负载人数至少要减半。海军医疗官提出了几乎相同的建议。但由于西线需要增援，战争部只毫无保留地执行了第一条建议，拒绝了其他建议，不过也确实将每艘运兵舰的核定人数减少了10%。[11]

运兵舰上暴发流感的消息无可避免地出现在报纸上，特别是当谣言四起、将整个悲剧归咎于敌方破坏者大规模投毒之后。10月4日，美国远征军的弗朗西斯·A.温特准将告诉记者，没有理由惊恐，一切都在控制之中。流行病"几乎"只发生在某支舰队上，不可能是由细菌战引起的。他说："自从我们开始运送部队以来，在海上只有约50人死亡，而在那艘被特别提到的船上，只有1人因流感暴发死亡。"[12]

10月8日从法国发来的电报简要地指出，在布雷斯特有1 541个流感病例和1 062个肺炎病例，据推测都是最近停靠的运兵舰上的美国人，而"利维坦"号运兵舰刚刚抵达，船上有近600个流感病例和100多个肺炎病例，67人在航行中死亡。（后来整理"利维坦"号的完整情况时发现，这些数字都被证明是低估了。）电报还说，一支护航队在两天前抵达圣纳泽尔，船上载有24 488名士兵，其中4 147人在途中生病，1 357人在抵达后需要立即住院治疗，200多人已经死亡。[13]

到10月12日，情况已经严重恶化，以至于无法遵守将在海上死亡的死者遗体运回美国的指令。美国远征军建议所有运兵舰都配备额外的棺材和防腐设备。[14]需要重新考虑继续运送人员横渡大西洋的决定。

威尔逊总统召见了参谋长马奇将军到白宫磋商。威尔逊说，有人建议在流感疫情得到控制前停止向法国运送士兵。马奇反驳了这个意见，并保证前往海外的士兵在训练营、登船营和登船前都将接受医务人员的全面检查，每次检查都会把可疑的病例挑出来送往医院。他承认这些措施不足以预防运兵舰上的流行病，但坚称，如果能够迅速结束战争，免于战火摧残的生命将与流感夺去的生命持平。他要求总统考虑，若是切断从美国前往欧洲的兵力运输，敌人将趁机得以喘息。马奇将军说："不应该因为任何原因停止运送部队。"每一个死在航行途中的美国士兵"就像他在法国阵亡的战友一样，都履行了各自的职责"。

威尔逊总统在椅子上转过身，悲伤地看着窗外秋日中的首都，叹了口气，点头表示同意。决意已定，他挥去忧郁。"将军，不知道您是否听过这首打油诗？"

> 我有一只小小鸟，
> 它的名字叫恩萨……[15]

毫无疑问，美军在大流行的秋季浪潮中穿越大洋，是他们在战争中最致命的横渡。整个战争期间，没有一艘载有美国士兵的运兵舰在前往欧洲的途中被击沉，但最后，大约 50 万士兵遭遇了比 U 型潜艇更致命的敌人，他们亲自将其携带上船，也就是流感病毒和清道夫杆菌。

要了解大西洋上的疾病和磨难的故事，最好的办法莫过于详细研究一次航行：那就是"利维坦"号（Leviathan），该船于 1918 年 9 月 29 日从新泽西州出发，同年 10 月 7 日抵达法国布雷斯特。这并不是大流行中最糟糕的一次航行。在同一时期，"格兰特总统"号上 5 000 名士兵中有 97 人死于西班牙流感，而"利维坦"号上有 9 000 名士兵，至多有 90 余人死亡。但"利维坦"号的记录更加完整，它的故事也相当骇人，足以说明最糟糕的情况是怎样的。[16]

"利维坦"号，被许多士兵戏称为"利维·内森"（Levi Nathan），是美国士兵在第一次世界大战中使用的最大也是最著名的运兵舰，单次载运人数多达 1.2 万。它以高达 22 海里的时速破浪前行，而且通常单独行动。没有一艘 U 型潜艇能发射鱼雷击中"利维坦"号，除非足够幸运，正好位于其航线上。[17]

最令人惊讶的是，它是德国产的，1914 年在汉堡下水时被命名为"祖国"号。那年晚些时候，战争意外暴发，它恰好不在德国境内；由于忌惮英国海军，它不得不在美国的一个港口避难。1917 年，美国参战，扣押了"祖国"号，将其重新命名，并载满了士兵驶回欧洲。[18]

1918 年 9 月 9 日，"利维坦"号再次从欧洲返航，停泊在纽约港。船上的要员包括年轻的海军助理部长富兰克林·德拉诺·罗斯福。他的妻子埃莉诺、一名医生和一辆救护车在码头迎接他。罗斯福部长在法国感染了流感。同行的丹麦王子阿克塞尔则躲在自己的船舱里，喝着最爱的威士忌，逃过了一劫。[19]

"利维坦"号在港口停留了10天，为下一次驶往法国补充燃料，并做了其他准备工作。它计划搭载十来个军事部队，包括护士和战斗替补人员。唯一的一支完整的作战部队是第57先锋步兵团，这支部队来自佛蒙特州，其记录是此次航行的主要信息来源。[20]

9月27日晚，第57步兵团的士兵踏上了旅程。通常从新泽西州的梅里特营地前往阿尔派恩码头只要行军一个小时，那里有渡船等着把他们从哈得孙河带往"利维坦"号。但那晚的行军时间要长得多。没走多远，队伍就停了下来：流感病发的士兵纷纷掉队，无法跟上。根据常识，以及对西班牙流感寥寥无几的认知，第57团应尽快回到温暖的驻地，但是"利维坦"号和战争的日程安排如铁板一般不容改变。队伍只能短暂停留，等掉队者赶上之后继续行军。

一些人横躺在原地，另一些人虽然也病得不轻，还是挣扎着站起来追赶自己所在的排，甚至丢弃装备以避免落伍。跟在纵队后面的卡车和救护车接走了病人，将他们送回营地医院。第57团在那次行军中损失的装备和士兵数量都难以估算。

第 57 团的大部分士兵最终抵达了阿尔派恩码头，并经历了两个小时潮湿透水的渡船行程。接下来，士兵们在码头接受了最后一次检查，在此期间有更多人掉队；红十字会提供了热咖啡和面包卷，这是数小时以来的第一顿饭；爬上跳板，跳进"利维坦"号的船舱中，可能是 24 小时以来的第一次睡眠。这 24 小时足以使士兵对流感和肺炎的生理防御崩溃。在"利维坦"号即将起航前，又有 120 人患病被送下了船。[21]

9 月 29 日，一个星期天的下午，"利维坦"号驶离港口，船上有 2 000 多名船员和 9 000 到 1 万名陆军人员，以及 200 名护士——这是此次航行中唯一的幸运之处。与那年夏天的航行相比，船上并不太拥挤，它曾在夏天搭载了超过 1.1 万名士兵，但依然很难说是否有额外的空间。虽然这艘船最初的最大载客量为 6 800 人，但人们想出了一些办法，将容量增加了一半甚至更多。为了鼓舞士气，美国政府将这些改变描述为"密集装载"，而非令人不安的"超载 50%"。[22]

"利维坦"号在海上的第一天破晓之前，也就是 30 日的凌晨，病人就躺满了医疗区的所有床铺，其他人则在船员宿舍里卧病在床。到那天结束时，已有 700 名士兵患病，船上暴发了大规模的西班牙流感疫情。第一例死亡病例出现在当天下午 1 点，死者名叫约翰·P. 罗森，是医疗队的一名海员。他告诉随军牧师，自己不想死，因为家里非常需要他的帮助。[23]

尽管从健康人中剔除了病人，但流感还是随部队上了船。在随后的几周里，梅里特营和霍博肯营的医务人员一次次筛查前往法国的数万人的队伍，把病人拉出来送到医院。甚至等到船舰入港、在海湾下游放下领航员后，他们还在继续筛查。但这种努力往往是徒劳的。"乔治·华盛顿"号在"利维坦"号之后第二天出发前往欧洲，在起航前就把450个流感和疑似流感病人送上了岸，而起航两天后，病号名单上就有550人。[24]

"利维坦"号的当务之急是找到可以将病人与健康人隔开的地方。他们决定将医务室住不下的病人安置在左舷3区F室的200个铺位上。几分钟后，这些床铺就塞满了从甲板上救回来的病人。随后，右舷2区E室的健康士兵将自己的415个铺位让给病人，他们则下到了H-8室，由于通风不良，该区域以前被认定不适宜居住。10月3日，左舷2区E室的463个铺位也被征用给病人，原先住在那里的士兵则被赶出来，自行寻找住处。

这是一场没有赢家的致命抢椅子游戏，因为每三个生病的士兵就会挤走四个健康的人。除非在绝对必要的情况下，病人无法住到标准四层床的最上铺，因为护士爬不上去，病人也爬不下来，甚至爬不到头冲着的那端。[25]

病人的数量增加了。9月30日估计有700人患病，到航行结束时增加到 2 000 人，不知道多少人患有肺炎，但比例很高。在整个"利维坦"号的广阔空间里，没有地方容纳 2 000 名病人和康复期患者，也没法为这么多病人提供妥善照料。医生和护士不顾感染和疲劳，仍然坚守着，他们设计了一个粗略的分类方法，用来区分重症和轻症病人：一旦病人的体温降到 99 ℉（37.2℃）就可以离开病房，被送回他们的队伍。这个方法可能比"威廉明娜"号上的要好，在那艘船上，只有体温达到或超过 101 ℉（38.3℃）的人才被当成病人，可以住进医务室，而低烧的人则留在部队隔舱里，他们被尽可能地隔离开。[26] 在运兵舰上，所有士兵或海员都有可能接触到西班牙流感，也就不可能保持健康。

没人知道"利维坦"号上到底有多少人正在遭受这种疾病的折磨。许多人在流感发病后因为身体虚弱，很久都未能寻求帮助，特别是从 10 月 4 日起，海面波涛汹涌，船体颠簸，病人除了流感还要忍受晕船的不适感。有许多人在人生中第一次经历晕船的可怕折磨，他们自称病入膏肓，而经验不足的军医将其作为需要住院的病例收治在 E 区甲板的病房里。其他真正得了流感的人从船上各处源源不断地来到医务室，却因为没有床位而被拒之门外。他们躺在甲板上，没有力气原路返回。还有其他士兵直接走进病房，爬进他们能找到的任意空床铺，而"病房"也只是在名义上与其他舱室分开。[27]

情况每时每刻都在恶化。10 月 1 日，陆军军医主任、唯一有军事管理经验的陆军医务人员德克尔上校病倒了，这个有可能解决部队隔舱混乱局面的人因此无法行动。另外 2 名医务人员也病倒了，到航程结束都一直待在他们的隔舱里。只剩下 11 名军医在守着病号。200 名护士中有大约 30 人患上流感。健康的或至少还站得直的医生、护士和医务人员一直在工作。[28]

辨认病人和死者的身份相当棘手。许多士兵病得太重，神志不清，无法确认自己的身份，当然，死者永远沉默。军队规定每人脖子上都要戴一个标牌（在第二次世界大战中被称为"狗牌"），上面有姓名和编号，但出于种种原因，"利维坦"号上有数百人的标牌是空白的。如果其他运兵舰上普遍存在的情况在这艘船上也存在，那么很多人根本就没有标牌。这次"利维坦"号作为运兵舰前往欧洲的第九次航行，其标牌记录从未被整理过。[29]

二等兵罗伯特·詹姆斯·华莱士在"不列颠"号上，不过，他作为流感患者的经历可能与"利维坦"号上的其他病友相似。出航几天后的一个早晨，他醒来时"感到很痛苦"，于是没吃早餐，加入了等待见医疗官的长队。医生测量了他的体温，命令他收拾好毯子和装备，在露天甲板上自己搭一张床铺，然后等待。二等兵华莱士抗议说，外面又冷又有风，他已经感觉够糟了。"随你便吧，"医生厉声说，"你的体温是 103 ℉（39.4℃），已经病了。

如果你想去传染下面所有人，请便。"

于是，二等兵华莱士走进寒风中，把毯子铺在甲板上，穿好大衣，尽量把头包得暖暖的，然后就睡了。传统上并不建议呼吸道疾病患者待在这种环境，不过它确实有充分通风的重要优势。在美国各地都建起了露天医院，只要这些医院保持温暖干燥，就对流感和肺炎患者很有好处。

一场风暴袭来，二等兵华莱士正沉浸在半梦半醒的幻想中，他想象自己顺着一条巨大的彩色丝绳滑向和平与宁静之地，但他不能这样做，因为这就当了逃兵。海浪从排水口涌上来，拍打在甲板上，浸湿了病人的毯子。在一个特别痛苦的夜晚，华莱士听到他的野战炊具一直在纵摇*的甲板上乒乒作响——没有这些炊具，他就要饿肚子了，除非他能找到一个好心的食堂中士。第二天早上，他发现自己的绑腿和军帽也都被冲走了。

每天早晨，护理员都会来检查病人的情况，并抬走在夜间去世的人，对其防腐处理，运回家或海葬。看到死者被抬走，那些还活着的人留下了深刻印象，"让人压抑地联想到自身命运"。

一天早上，两名医护人员抱起二等兵华莱士，把他抬到和平时期为付费乘客准备的一间沙龙里。也许是死

---

* 船舶前后方向的摇摆。——编者注

亡为他腾出了空间，也许是有人康复了。不管是什么原因，这里终于有了空位。尽管他仍然躺在地板上而不是在床上，但这里的地板铺着地毯，温暖又安静，没有波浪来袭，他每天被喂食"好几次"。

甚至还有一名护士：一天夜里她出现了，用英国口音问他是否很难熬。华莱士回答说还不算太糟，但想喝杯东西。她走了，带着饮料和一盆温水回来。

她问道："我给你洗脚好吗？"她松开华莱士绑腿上的系带，剥下他的厚袜子，发烧时出的汗已经干了，把他的皮肤和袜子粘在一起。"你多久没脱衣服了？"

"12 天吧，大概。"

"哦，可怜的孩子。"她喃喃地说。半个世纪后，罗伯特·詹姆斯·华莱士仍然认为她属于行走的奇迹："她用柔软的、涂满肥皂的手温柔地为我洗脚，在我的脑海中铭刻的这段记忆，就算我到了天堂也会记得。"

待在沙龙里并不比在露天甲板上更可能康复。一天晚上，一个同病相怜的人轻推二等兵华莱士，想要一杯水，但华莱士太虚弱了，只能叫一个过度劳累的医护人员帮忙。他叫了一次又一次，睡着了，醒来后又叫了几次。那个口渴的人让他再叫一次，他也叫了，如此反复几次后，那个口渴的人说："不用再麻烦了。"但华莱士还是反复叫。"我不需要了。"口渴的人说。第二天早上，医护人员终于来了，发现这个人"用最后一点虚弱而本能的力量，滚到了沙发下面，祈求获得保护。他们把他抬出来准备下葬"。[30]

　　"不列颠"号上的二等兵华莱士凭借自己强壮的身体，只靠极少的外界支持维持生命，而落后四天的"利维坦"号还在磨难的深渊中挣扎着。船上的人来自许多不同的军事单位，还不习惯服从同一个指挥官，许多人是最近才被征召的，并作为替补被派往法国，也就是说，他们像一个个螺母和螺栓，被安装在别人的机器上。如果恐惧达到一定程度，"利维坦"号上就会出现纪律崩溃，后果难以预料。

　　这艘巨轮在海上孤军奋战，没有驱逐舰护航，每小时都有几十人被流感击倒，几乎可以感觉到大规模死亡的幽灵在腥臭的部队隔舱内徘徊。根据一份官方报告，夜间是最可怕的时候，没有亲眼看到的人无法想象这种场面：

　　　　许多病人发生了严重的鼻出血，整个舱内到处都是血泊，而床铺间的通道又很狭窄，护理人员在混乱中很难不踩到地上的血迹。甲板变得又湿又滑，人们充满恐惧的呻吟和哭喊，混杂着申请接受治疗的叫嚷，使这艘船成了真正由地狱统治的世界。[31]

　　"利维坦"号的部队隔舱非常拥挤，稍不注意日常清洁，很快就会变成无法通行的猪圈，尤其是在 20% 的流感病人流鼻血、病人和健康人都因为晕船而呕吐的情况下。10 月 2 日上午，也就是在海上的第三个早晨，有陆军军官向士兵下达一些惯常的差事命令，让他们下去清洁部队隔舱，并把那里生病或死亡的人带上来。但士兵们拒绝服从这一直接命令，这显然是叛乱行为。没有什么威胁能比下面的瘟疫更让人恐惧了。但是，必须有人做这个令人反胃的差事，清理部队隔舱，否则"利维坦"号就可能成为漂在海上的停尸房，而且肯定会变成垃圾场。尽管有传统和常规作战命令，一群群海员还是遵从命令去底舱为士兵们打扫卫生，他们跟医护人员做出了同等的贡献，要不是他们，"利维坦"号上的死亡率会更高。[32]

10 月 2 日之后，没有再出现拒绝服从直接命令的情况。也许是因为那天之后流行病的传播减慢了，使情况有所不同。也许军官们机智地避免下达可能会引起反抗的命令。也许医务人员努力控制疫情，平息了部队的恐惧。也许流行病太可怕了，士兵们甚至没有力气再反抗。不管出于什么原因，叛乱的幽灵消散了，混乱无序的状态也随之终止，避免了"利维坦"号上本已微弱的抗疫力量更加薄弱。

第一个死亡的士兵在 10 月 2 日晚上去世。第 55 步兵团第 11 营的二等兵霍华德·科尔伯特在下午 6 点 08

分因大叶性肺炎宣告死亡。菲尔普斯船长当天收到了两艘 U 型潜艇在西经 35°—40°，北纬 40°—45° 活动的情报。为了避开这片海域，他改变了航线，向更北边继续航行。[33]

　　10 月 2 日后，船上每天都有人死亡，且人数逐日递增。在二等兵科尔伯特去世的第二天就有 3 人死亡，然后是 7 人、10 人和 24 人。船上的战争日记中开始提到一种新型恐慌：

> 到目前为止，共有 21 人死亡。防腐处理人员的数量太少，他们工作的速度赶不上病人死亡的速度……迄今为止，死亡总数为 45 人。尸体防腐处理的速度根本应付不来。一些遗体已经开始腐烂。[34]

　　10 月 7 日，"利维坦"号驶入布雷斯特港。当天又有 31 名士兵死亡。除了危重病人，其他患病的士兵和健康人都尽快登岸了。那些曾冒着生命危险救人的随军护士，在下船时痛哭失声。研究"利维坦"号的历史学家这样评价："她们无疑在天堂赢得了一席之地。"[35]

　　这次航行中的死亡人数十分混乱。"利维坦"号的航海日志中列出，9 月 29 日至 10 月 7 日期间有 70 人死亡，但其战争日记中却说是 76 人。战后由船员们编写的《美国军舰"利维坦"号史》中，有一处称有 76 名士兵

和 3 名海员在这次航行中死亡，而另一处则说是 96 人和
3 人。或许这些"利维坦"号的编年史研究者在一处说的
是从美国到法国的单程航行，而在另一处说的是往返行
程，所以混淆了确切数字；也可能是部队隔舱内的"地狱"
环境引发了混乱。[36]

　　无论到 10 月 7 日为止的人数是多少，死亡并没有结
束。对于病毒和细菌来说，无论"利维坦"号是在航行
还是停泊，无论宿主是在船上还是在岸上，都没什么区别。
在抵达布雷斯特的第二天，大约有 280 名患病的士兵仍
然留在船上，其中 14 人在当天死亡。许多上岸的人也只
是死在了陆地上而非船上。

　　陆军医院机构总共从"利维坦"号上撤离了 969 名
流感和肺炎患者，这些人的生命显然处于危险之中。[37]其
余人于 10 月 7 日自行上岸，但他们的磨难还没有结束。
许多人虽然还能走动，但都病得厉害，尽管他们已经筋
疲力尽，发着高烧，仍要赶到位于蓬塔尼赞的军营。要
走完这 4 英里的路程只能靠步行。雪上加霜的是，一场
猛烈的风暴正在肆虐。此外，蓬塔尼赞军营也没有准备
好接收他们。大流行在两周前袭击了布雷斯特及周边地
区，营地医院已经人满为患；它向新病人关闭了大门。

　　美国海军医疗队的 W. 钱伯斯少校当时在第 13 海军
团服役，他很清楚"利维坦"号会引来多大麻烦。9 月，
运兵舰在布雷斯特登陆，带来了 1 700 个流感病人，显然

10月的情况可能会更糟。比起在法国上岸后感染流感的人群，那些来自运兵舰上的流感和肺炎病例的死亡率至少高10%。[38]

依照钱伯斯的指令，当地的军事医院着手在拥挤的病房中为更多病人腾出空间。基督教青年会将其"小屋"改造成有75张床位的医院。建造该小屋，原是为了给士兵提供一个舒适的地方来写家信和举行合唱的。海军在（从码头到军营的）行军路上设立了三个由军医驻守的援助站，有8名海军医疗官准备在必要时轮班工作。基督教青年会和哥伦布骑士会的成员开着救护车跟在从"利维坦"号下船的队伍后面，接走了倒下和掉队的士兵。

在1918年10月7日至8日漫长的暴风雨夜中，钱伯斯和他的手下，无论是军方还是民间的医疗人员，都有很多事情要做。他们接走了600名根本无法走完4英里的士兵。其中370人是流感康复者，150人仍患有流感，80人患有肺炎。这些士兵被运走后，得到了食物并接受了36小时的治疗，直至他们恢复了正常行动能力。有4人晕倒在路上后一命呜呼。[39]

在接下来的几天里，可能有数百名搭乘"利维坦"号渡海的人去世。仅第57先锋步兵团就有123人死在凯龙医院，40人死在第23后方医院，还有几人死在第5海军医院和朗代诺的医院。"利维坦"号上其他部队的情况也不可能好到哪儿去。第57步兵团有近200名流感死者，被埋葬在朗贝泽勒克的美国公墓中，俯瞰大海。[40]

这些人在公海上逃过一死，上岸后才发现死神在等着他们，但他们并非唯一的一批经历此等命运的美国人。流感患者在跟跄着离开运兵舰后，最需要的是休息和温暖。但在上岸后，他们必须爬下跳板，排起无尽的队伍，坐在滚烫或冰冷的火车车厢里，向办事员报上姓名、军衔和编号，接受医生的检查，排队领取床单和毛毯，然后摇摇晃晃地寻找分配的铺位——做这一切时都跟患肺炎的战友待在一起。这一系列的拖延可能是致命的。例如，同一艘运兵舰有两组各几百名美国病人，上岸后分别被送往两所医院，其中一所距离登岸港口180英里，另一所只有8英里。第一组有35%的人在入院时发展为肺炎，而第二组只有16%。[41]

在西班牙流感的秋季浪潮中，来自美国的运兵舰对协约国联军来说可能有害无益。近距离的接触促进了病毒的传播，如果这艘船渡海的速度很快，疫情会在到达欧洲后暴发。其中一个极端例子是"奥林匹克"号运兵舰，它在仅6天的航行后于9月21日晚抵达英国南安普敦。船上载有5 600人，其中只有450人在海上时明显出现了流感症状，仅1人死亡。到9月29日下午4点，同船乘客中的流感病例已经完全成熟：有1 947个病例被送入医院，占"奥林匹克"号搭载部队总人数的三分之一，其中有140人死亡。[42]

　　当二等兵华莱士从"不列颠"号上岸，蹒跚着走到利物浦的码头上时，他对美国远征军或协约国联军都毫无价值，他没有野战炊具，没有戴军帽，也没有绑腿，极度虚弱，与第319工兵团的其他成员一起集合。人们普遍感到，没有人真正知道该怎么做。华莱士旁边那个身材高大、红着脸的中士摇摇晃晃，无法保持背着包直立。他弯下腰来承受背包的重量，或者说华莱士认为他在这么做。这位中士跪地倒下了。一些军官过来看了看。"他死了！"其中一人说。

　　漫长等待后，第319团终于登上火车，前往利物浦郊外的诺蒂阿什，该团必须从那里步行到美军帐篷营地。一辆卡车载着这支病号组成的庞大分队，二等兵华莱士就在其中。当时下着雨，由于他没有军帽，雨水浸透了他的头发，顺着脖子流下来。不时有人倒下。

　　最后，第319团的爱德华·B.波利斯特上尉找到了病号分队和他的下属，并找来一辆卡车将他们运到营地。经过一番折腾，二等兵华莱士找到了他的其余战友和帐篷，最后躺在了潮湿又透风的帆布门帘旁边。第二天早上，他找到一名军需员，希望领到一套新的野战炊具、绑腿和军帽。他被告知别做梦了。

　　华莱士真正的麻烦不是在大西洋上丢失的物品。他有一个真正生死攸关的疾病：右耳感染和剧烈疼痛，这是1918年流感的常见后遗症，它可能并经常从局部感染发展为全身感染，最终导致死亡。

二等兵华莱士还是个新兵，但他处理问题的方式表明，他已经学会了保命的基本原则。就像二等兵约翰·多斯·帕索斯一样，此人刚从"塞德里克"号上岸，来到了英国的温纳丘陵营，他也得了流感，但他决心不去医院。因为那些前往医院的战友都一去不复返。多斯·帕索斯从一个英国皮条客那里买来一瓶朗姆酒，治好了自己的疾病。二等兵华莱士病得更重，需要更多的帮助。

他偷偷溜走，在一个军队伙房里找到了非法的避难所，一个意大利裔美国人让他坐在炉子边上，给他找了一顶帽子和一套炊具，还给他吃了炖杏子。华莱士耳部的疼痛不断加剧，直到感染部位鼓出来、破裂流脓后才好转。他的新朋友在一旁提供热毛巾、更多的食物，以及"士兵在困难时如何生存的唐突评论"。

两位士兵深情作别，二等兵华莱士回到了他的部队。他已经擅离职守三天了，但没有人注意到，这表明他对登岸营地情况的评估是准确的，很可能救了他的命。华莱士与西班牙流感有关的最后经历是：就像那些长期高烧的病人经常发生的那样，他的头发脱落了。[43]

二等兵华莱士在船上经历或目睹了流感疫情的所有戏剧性特征，只有一个例外：他病得太厉害，无法观看海葬。"利维坦"号为了跟上日程安排而努力，在10月9日离开布雷斯特时，船上仍有7名死者，这些人在第二天早上被葬入海里，而船长因为害怕潜艇，下令以每小时21.5海里高速前进。[44] 在9月28日从纽约出发的"威廉明娜"号上，一名海员在日记中这样简短记录道：

> 10月5日，"格兰特总统"号上又有15具尸体下葬。今早已经海葬了15人……我们每天看到"格兰特"号上的这番景象，已经变麻木了，但也胡思乱想着。[45]

《美国远征军第139野战炮兵的故事》的编纂者提到，该部队搭乘10月6日从纽约出发的"塞德里克"号，看到护航队中距离最近的"亚德里亚"号上海葬了60具尸体。[46]我们无法核实这些数字，而这也只是那年秋天葬身大西洋的总人数的一小部分。

传统的海葬仪式非常庄重，但对那些运兵舰上的士兵来说起不到任何慰藉作用，他们就像桶里的咸鳕鱼一样挤在船上。他们最忠实的战友被某种没人搞得懂的东西杀死了，也许这东西就存在于最亲爱的伙伴的呼吸中。让人心神不宁的谜团的受害者被抛出船舷，缓缓沉入难以想象的深海，沉入难以想象的陌生坟墓。

"威廉明娜"号上的海员透过波浪，凝视着在"格兰特总统"号上举行葬礼的微小身影，记录下他的体会。护航队的所有船只都降下半旗。木板一次又一次倾斜，一具又一具被裹尸布包住的身影坠入海中。"我承认我快哭了，如鲠在喉。这是死亡，是最糟糕的一种死法，无名无姓地葬身大海。"[47]

华盛顿的将军和政客们对运兵舰上的人经历的恐怖一无所知，但他们能读到来自布雷斯特、利物浦和圣纳泽尔的电报。从军事和人道主义的角度来看，横渡大洋前往欧洲的美军遭受的损失是不可接受的。美国远征军本身已经饱受流感之苦，不需要更多从美国带来流感的士兵了，而且每天都有更多胜利的迹象。通过这样或那样的手段，陆军一步步降低了运兵舰的最大可承载容量，最终低至夏季批准的容量的30%。结果，当11月11日停战时，美国仍在运送原定于10月渡海的部队。[48]

秋季，美军部队横渡北大西洋时，每人只提供一条毯子，没有大衣，只有轻薄的棉质内衣——这个政策（或失误）得到了补救，新的政策在基本条件方面能够给予士兵充分的保护。为了在士兵登船前筛掉感染者，美军所做的工作越来越多。在一些船上，随行医疗官给每个人的喉咙都喷上认为最能防止流感病毒的东西。可能有很多人接种了流感疫苗、肺炎疫苗或两者都有，尽管在港口或运输指挥部的公开记录中没有专门提到这一措施。不管在陆上还是海上，口罩是最普遍的防护措施。至少有两艘运兵舰，"奥林匹克"号和"亨德森"号，在航行中让所有人都戴上纱布口罩。有专家激动地将一些船只上的低流感发病率归功于口罩，而其他专家则挑刺说，同一护航队中没有戴口罩的其他船只的发病率也同样低。[49]

一个想象得到的有效政策是，只向海外派遣那些已经熬过本国流行病，也就具备自然免疫力的部队。基于这一政策的措施在 10 月中旬开始实行。[50]

在新泽西州霍博肯的登船港，军医办公室收集的数据表明，限制运兵舰上流感的任何方法都没有实际效果。流感的发病率并非取决于采取的预防措施，而是根据时间而变化。当岸上的城市和军营处在流感高峰期时，运兵舰上也是疫情高峰期。当岸上的大流行减弱时，它在海上也消退了。

例如，船上的人口密度似乎对船上的流行病进程没有影响。9 月出航的一些运兵舰上载有 100% 至 122% 核定人数的士兵，其流感发病率约为 6.9%。而同一时期出航的其他船只，搭载人数为核定人数的 90% 至 93%，其发病率为 20%。某艘船在出港时，船上有 134% 的核定人数，但这些人中只有 5.7% 的人出现在病号名单上。当美国东海岸军营的大流行于 10 月消退时，运兵舰上的流感发病率也降到 4%。[51]

当然，无论是 10 月还是 11 月，大西洋上的运兵舰的流感都没有完全结束，这种疾病也并不局限于该海域。这场大流行不断暴发或消退，在不同的时间出现在世界各地，而人类无法知晓其规律。例如，1919 年 2 月，在横渡大西洋返回美国的途中，"利维坦"号上有步兵死亡。1918 年 11 月 17 日，美国军舰"洛根"号从马尼拉出发后不到一个月抵达旧金山，在这次横跨太平洋的航行中，船上有几百名士兵感染了流感，2 人死亡。随船医生认为，低死亡率是因为船长改变了航向，离开了热带地区并驶入凉爽多风的纬度。[52] 如果北大西洋运兵舰的舰长在 1918 年秋天能随心所欲的话，他们也许会采取完全相反的做法——可能同样有效，也可能毫无效果。

　　1918 年秋天，到底有多少美国士兵在横渡北大西洋时死亡？统计数字并不完整，也很模糊。战争的最后几个月太过混乱，无法精确记录，而危机后的时期本应用来补上落下的记录，却被混乱而仓促的复员工作占据。巡洋舰和运输部队长官提供了一份报告，记录了从 1918 年 9 月 1 日至战争结束期间，仅仅 38 艘运兵舰就运送了 12.9 万名美军人员前往欧洲。这些美国人中，有近 1.2 万人在航行中患上了流感或肺炎，或两者兼有。近 3 000 人在哈利法克斯上岸，这是北美最后一个可停留的港口，在那里也有几百人死亡。还有几百人在抵达欧洲后不久就去世了，或是在上岸后生了病。在海上死亡的人数约为 700 人。总体上，这 12.9 万人中有多达 2 000 人在大流行期间死在途中。[53]

　　在同一时期，还有 30 多万前往法国的美国士兵乘坐其他运兵舰，其中许多是英国和其他国家的船只，其记录不容易查到。这些船上的发病率和死亡率可能和我们有详细资料的 38 艘船情况相当，所以相较于巡洋舰和运输部队长官给出的数字，美国人的患病和死亡总数无疑要高很多。[54]

美国远征军的官方报纸《星条旗报》在战争结束后一个月指出，9 月和 10 月有 1 180 名美国士兵死在海上，在法国登陆后 5 天内有 2 336 人死亡，加起来就是惊人的 3 516 人，但即便这个数字也漏掉了在哈利法克斯港死亡的数百人和在英国登陆后 5 天内死亡的未知人数。在战争的最后两个月里，在从美国到欧洲的途中，死亡的美国士兵总数可能不少于 4 000 人。[55]

第九章

流感与美国远征军

众所周知，第一次世界大战中，美国驻欧洲远征军的首字母缩写为"AEF"（American Expeditionary Force）。不过少有人记得，许多士兵深信"AEF"的真实含义是"蠢人先死"（Ass End First）。[1] 在1918年9月和10月，这种信念格外有经验根据，当时美军侵入俄国北部并对德军发动了大规模进攻，而这一切都发生在有史以来最骇人的大流感期间。

第339步兵团是美军远征阿尔汉格尔斯克的主力军。该部队在1918年夏天从密歇根州的卡斯特营开拔前往欧洲时，其成员甚至做梦都想不到要去俄国。8月初，在英国斯托尼堡，他们的营地中流传着远赴俄国执行"警卫任务"的谣言，这让他们相当困惑。随后，士兵们领到了雪鞋和滑雪板等寒冷天气用的装备，并将恩菲尔德步枪换成俄罗斯帝国陆军使用的老式长步枪，谣言也就得到了证实。8月27日，第339团登船，目的地并非勒阿弗尔或其他向西线输送兵力的港口，而是位于白海的阿尔汉格尔斯克。[2]

远征的消息直到9月12日才向美国新闻界发布，一同公开的还有沙皇一家被处决的最新传闻。美联社关于第339团的报道如下：

> 美军已安全抵达阿尔汉格尔斯克。许多士兵的俄语都很流利。部队中大多数人都来自与俄国一样气候寒冷的州。这次航行迅速而平静。除有大量人员晕船外，士兵们几乎没有身体不适。[3]

真相是，阿尔汉格尔斯克远征军的美国士兵既不会说俄语，也听不懂俄语，从美国中西部随机挑选一群年轻人都和他们不相上下。这段航行也并非愉快的插曲。他们在海上经历了一场流感疫情。

8月27日，第339团和支援部队共约4 500人在泰恩河畔纽卡斯尔登船，搭乘英国运兵舰"索马里"号、"内戈亚"号和"堤丢斯"号。这三艘运兵舰与"沙皇"号护卫舰一起向北航行，该护卫舰还载有前往摩尔曼斯克的意大利军队。根据英国当局的说法，三艘运兵舰上都备有充足的医疗和住院用品。[4]

没有人知道，西班牙流感最新的致命变种已经在27

日抵达了泰恩河畔纽卡斯尔。流感可能来自布雷斯特，那里的新一轮流感使医院人满为患，又经由"索马里"号、"内戈亚"号和"沙皇"号回到了海上。但没有人把它带上"堤丢斯"号，该船在前往俄国的航程中也没有人感染，这表明流感还没有在纽卡斯尔广泛传播；显然，这种传染性极强的疾病才刚刚到来。[5]

就算没有西班牙流感，这次航行也极不愉快，士兵们饱受冷雨、虱子和蟑螂之苦。但8月29日暴发的流感使这次航行成为一场噩梦。在出航的第五天，"索马里"号上的医务室每张床铺都被躺满了。烧到101 ℉（38.3℃）和102 ℉（38.9℃）的人没能被送进医务室，而是躺在吊床上摇晃，或者像"不列颠"号上的二等兵华莱士一样，在甲板上淋着冷雨。"内戈亚"号上的情况也如出一辙。[6]

医务人员在流感来袭后，发现有人忘记在纽卡斯尔港将承诺的医疗用品送上船。自从部队离开卡斯特营地后，他们一直用得很节俭，但出航的八天后，最后一批医疗用品也用光了。药品可能起到的作用不大，但如果连毫无用处的治疗都没有，也会像灌了铅的靴子一样拖累士气。流感放倒了医疗队队长朗利少校，这又进一步打击了士气。[7]

令人惊讶的是，这次航行中没有美国人死亡，但"沙皇"号上的意大利人却接连去世，美国士兵目睹了他们负重的尸身一具接一具坠入冰冷的海水中。[8]"沙皇"号暴发的疫情比其他船只都要早，这表明是意大利人从欧洲大陆将流行病带上了船。

船队绕过挪威北部海角，穿过白海到达德维纳河，又沿着蜿蜒的河道航行了 25 英里，途经渔村和伐木场。美国士兵第一次看到了有五个洋葱式圆顶的阿尔汉格尔斯克大教堂，与美国中西部地区的尖顶教堂截然不同。1918 年 9 月 4 日上午 10 点，船舰停泊在港口。"内戈亚"号上有 75 名美国士兵患流感，"索马里"号则有 100 名。[9] 威尔逊总统的"新自由"和西班牙流感一同抵达阿尔汉格尔斯克，而这座城市本身已经有够多的麻烦了。

革命和内战使人们涌入这座城市，也包括美国驻俄国大使在内。几乎所有物资的补给都在缩减。储存食品在减少，从乡村农民那里运来的新鲜食物也在减少，这些农民即便还不是布尔什维克，也不可能尊敬或信任阿尔汉格尔斯克无能的反革命政权。

当然，药品、医院设备和熟练的医务人员是最短缺的。(一年后美国人撤离时，医疗队的一名少校带走了两只装满貂皮、银狐皮和其他昂贵毛皮的箱子，这是他非法出卖军队物资和医疗用品所得。他的辩解在法律上无关紧要，但相当体现人性："哎，我这辈子还从来没有攒下过一美元。")[10]

在阿尔汉格尔斯克掌握实权的并非伪独立政府，而是英国军队，如果不是英国军队，该地区就会由列宁的追随者掌控。美国部队保留了自己的军官，但实际上他们受英国人指挥。美国人不喜欢这点，同样，他们也不喜欢英国人总唱起乔治·M. 科汉那首伟大的美国军歌，英国人改编了副歌部分："到那边，到那边，噢，美国佬在跑，美国佬在跑，美国佬跑到那边。"[11]

美军在 9 月 4 日到达阿尔汉格尔斯克时，根本没有地方安置军中的病人。事实上，直到 11 月，患流感的美国佬才有了足够的病床。停泊两天两夜后，美国病人在雨中登岸了。大约有 30 人在红十字会医院找到了栖身之所，那里虽然很脏，但比其他人的情况要好。其他人则被安置在没有供暖的旧营房里，床上只有松木板，没有床垫、床罩和枕头。他们还不能脱掉衣服，许多人死时还穿着靴子。第 339 团的一名士兵写道："在法国死在一片罂粟花下的荣耀，到俄国变成了这种凄凉的迹象：死在一个陌生可憎的地方，死于一种可怕的疾病。"[12]

第 339 团的疫情仍在恶化，而第 1 营是唯一直接投入战斗的美国部队。第 1 营的士兵于 9 月 7 日上岸，他们登上驳船后沿德维纳河漂流了 100 多英里，在本应由协约国联军和反布尔什维克的俄国人坚守的边境地区，在这无固定形状的 1.5 万平方英里内建立了要塞。这些驳船通常用于运输煤炭和牲畜，肮脏又漏水，而且很冷。第 1 营的士兵在底层货舱睡了将近一周。有些士兵刚上船时就因为流感病得很重，只得让其他人帮忙背上行囊。行旅途中又出现了很多新病例。有几个人不治身亡。[13]

在这些步兵抵达阿尔汉格尔斯克的六天内，有250人患上流感，24人因此死亡，而疾病还在蔓延。在俄国的头十五天里，就有69名美国人死亡，几乎都是因流感丧生的。这场战役的开局相当令人沮丧。[14]

可以确定的是，这种流行病在美国人中的高峰期是在9月，当时官方病例数为378人。10月是英军和阿尔汉格尔斯克当地的高峰期。10月初，该城估计有1万人染上了流感，每天报告的死亡人数有30人。[15]其所在省的内陆地区可能在10月下旬或11月迎来流感高峰。

"索马里"号和"内戈亚"号上的人携带的病毒极为致命，在流行病暴发的头几周，它感染的人群就有10%死亡。[16]俄国农民大量死亡。也许这样的死亡率是因为美国人带来的特殊流感菌株。也许是农民对流行病特别易感，就像世界偏远地区的人们常常经历的一样。也许是食物短缺的缘故。也许是恶劣的天气；到11月初，气温已经低于0 ℉（-17.8℃），地上的积雪到春天才会融化。寒冷直接损害了肺部，使肺炎得以长驱直入，也迫使俄国人采取一种会促进疾病传播的生活方式。当大流行渗透到俄国北部内陆地区时，初冬已经迫使农民进入半休眠状态，在此期间，每家每户都待在厚壁房屋里，在同一个房间吃饭、做事、睡觉。这种屋子的主要特征是有一座砖炉，通常大到一个或多个家庭成员都可以睡在上面。屋内仅保持最低限度的通风：傻子才想在 -30 ℉（-34.4℃）时有风吹进来。其结果便是，环境的温暖舒适和家人的亲密无间都促进了病毒和细菌传播。

第 339 团的医疗官 J. 卡尔·霍尔少校发现一个农民的六口之家睡在同一个密闭的房间里，所有人都发着烧。其中病情最轻的是一个 8 岁小孩，负责照顾全家人。[17] 少校还发现，在为流行病死者举行的葬礼上，每个成员都会多次亲吻神像上的同一个地方。"他们相信，在宗教仪式中是不可能感染疾病的。"[18]

阿尔汉格尔斯克所在的省究竟有多少俄国人死于西班牙流感？目前并没有记录，也没有俄国全境的流感死亡人数记录。俄国的流感是由从西方回来的战俘传播开的，也可能有其他来源，比如北方的美国军队。[19] 从波兰到太平洋沿岸的那片广袤的平原和山地正在变为世界上第一个共产主义国家，同时也在经历内战，以及现代最大规模的斑疹伤寒流行。流行病学家都忙于其他工作，无暇仔细记录流感的情况。

奇怪的是，《世界大战中的美国陆军医疗部》涉及驻西伯利亚美军的卷宗，并没有提到流感。尽管有此遗漏，但毫无疑问，流感确实曾在西伯利亚和俄国的太平洋省份肆虐。1918 年 9 月，大流感在朝鲜半岛出现，并从北向南传播。那里的看法是，流感是从欧洲经由西伯利亚传入的。[20]

1919 年 2 月，威尔逊总统得以从巴黎和会抽身（顺便说一下，当时巴黎正受制于流感复发），有足够的时间决定在俄国北部 5 000 多名美国士兵的命运。尽管战争已于去年 11 月在欧洲结束，但他们仍然留在俄国继续战斗，没有人确切知道美国士兵在俄国究竟要达成什么目标。威尔逊最终决定，"我们若想阻止俄国找到自己的自由之路，那就是在对抗时代潮流。外国的干涉无疑壮大了布尔什维克领导人的部分力量"。[21]

美国士兵于 1919 年 6 月从阿尔汉格尔斯克登船回国。在俄国期间，有 192 人死亡，其中 112 人在战斗中阵亡或受重伤，72 人病故。大流感导致 60 人死亡，几乎占死亡总人数的三分之一。[22]

从 1918 年 9 月 1 日到 1918 年 11 月 11 日停战日期间，美国远征军在法国发动了两次大规模进攻，有 3.5 万名士兵战死或伤重不治。在同一时期，外加从停战日到 11 月底之间的日子，共有 9 000 多名美国远征军死于流感和肺炎。战后留在法国、英国和比利时的士兵，或在德国承担起占领军任务的士兵，仍然会死于流感和肺炎。到 1919 年 4 月底，死亡总数又多了近 2 000 人。[23]

1918 年秋天，美国陆军大约有一半兵力在欧洲，到第二年春天，这些部队因大流行损失了 1.1 万人。另一半美国陆军那时已经回到了美国，享受到了许多在欧洲少有的物质待遇，但他们也因西班牙流感损失了 2.3 万多人。[24]

为什么死亡率会有如此大差异？因为美国远征军的士兵是服役数月的老兵，早已适应了军营中常见的疾病，从而增强了对疾病的普遍抵抗力；因为许多人在美国或欧洲的训练营中接触过春季和夏季较为温和的西班牙流感，对秋季的流感有了抵抗力；还因为远征军分散在法国各地，许多前线士兵生活在极端且持续的通风条件下，与美国本土挤在基础训练营中的新兵形成鲜明对比。尽管如此，西班牙流感在 1918 年秋季还是对美国远征军造成了严重冲击，而那时它正需要集中全部力量来战斗。

美国陆军是西线上唯一的一支实力不减反增的军队，这改变了世界的局势。西线其他国家的部队都损失了至少 75 万士兵，而美军是唯一仍在抬头挺胸向前冲的队伍。德军指挥官鲁登道夫认为美国人经验不足，领导不力，令人同情，但"十分英勇"。德日进当时是法国军队的随军牧师，他称赞美军"勇气可嘉"，但抱怨"他们不够警醒，太容易受伤了"。在法国公费旅行的堪萨斯州民主党参议员汤普森认为，他们正在进行医生要求的"为战争注入活力"和"开始向柏林碾压"。[25]

1918 年 9 月 12 日黎明时分，经过四个小时的炮火准备后，美国第一集团军和法国的几个师在潘兴的指挥下向圣米耶勒的德军突出部发起进攻。德军为了整顿防线，已经开始从突出部撤军，没有像年初那样激烈地抵抗美军进攻。9月13日下午，进攻的所有主要目标都已达成，潘兴和美国士兵认为，这次胜利证明他们完全有能力执行大规模复杂的军事行动。现在他们已经准备好做一件真正的大事——粉碎德军西北至英吉利海峡、东南至瑞士的整条防线的要点。

9月14日，英国首相劳合·乔治给潘兴发电报祝贺圣米耶勒战役的胜利："我在病床上听说了这个消息，它比任何药物都管用，都更合人心意。"劳合·乔治得了流感。[26] 西班牙流感病毒的秋季变种已经诞生，潘兴在谋划比圣米耶勒更大的胜利时没有考虑到这个因素。

1918年7月，美国远征军的流感发病率降到了初春以来的最低点。当月只有99人死于流感和肺炎，预计8月的数字会更低，因为8月通常是一年中流感和肺炎发病率最低的月份。但到8月初，发病率却上升了，当月有408人死于流感和肺炎。[27] 正如我们所见，流感是8月22日左右在布雷斯特暴发的。

二等兵哈里·T. 普雷斯利，1918年春天我们在迪克斯营见过他，后来在伦敦的夏季流行病期间又见过他，而今他常驻布雷斯特，这里就是他士兵生涯的顶点了，布雷斯特是1918年8月和9月全欧洲最容易感染流感的地方。

普雷斯利在9月18日星期三得了流感，但他没放在心上："这是我常得的流感，除了头有点疼外，没什么可担心的。"一个多星期后，这个不知天高地厚的年轻人躺在危重患者的病房里，听医院护理员说起他："6 点前进来的那个新家伙只能再撑两天。让他尽可能保持温暖和舒适，此外我们也无能为力了。"普雷斯利当时生命垂危，直到两天后他才想起这句吓人的话。

护理员的话没有应验，普雷斯利活了下来，并于 10 月 5 日出院。他在几个月里都很虚弱，但总比那些需要他的床位的人要好得多。

10 月第一周是在布雷斯特的美国人死亡率最高的时期，有 285 人死于流感和肺炎。普雷斯利很幸运地活了下来，但精神和身体上都很压抑。10 月 5 日是他入伍一周年的日子。没有勋章，没有挂彩，只有一副敏感的肺和打颤的膝盖——他没什么可写信给家里说的。[28]

总的来说，如果普雷斯利被派驻到法国其他地方，他获得荣誉的机会要大得多，而不是得了流感浑身虚弱。流感的危险性呈梯度分布，从最高点的布雷斯特、波尔多和其他港口（患流感的美国人在那里登岸）到前线（不幸的是，在那里被杀死的可能性甚至更大）逐步下降。这个梯度在 8 月相当陡峭，进入 9 月后趋于平缓。到了10 月 5 日，忧郁的普雷斯利出院时，秋季流感的浪潮已经遍及法国全境，并且迅速向欧洲各地蔓延。9 月，美国远征军有超过 3.7 万人感染了流感，作战区的法国军队中约有 2.5 万人感染。在巴黎，从月初到月底，各种原因导致的死亡率猛增了一半。9 月第一周，汉堡有 13 人死于流感和肺炎，而在 10 月 5 日结束的那周有 75 人死亡。在柏林和德国东部，以及没有战事的哥本哈根和斯德哥尔摩，也出现了同样的不祥之兆。

9 月结束后，大流行也在加速。西班牙流感卷土重来，在几天内即将蔓延到欧洲和世界的几乎每个角落。10 月的第一周，布雷斯特、波士顿和印度孟买的流感和肺炎死亡率达到最高峰。[29]

但事实上，无论流感在法国的传播速度有多快，在大流行中首当其冲的都是后方部队，而非实际作战的士兵。例如，内陆地区法国军队的流感发病率是前线或附近地区法国军队的 3 到 12 倍。美军补给勤务人员的流感发病率要比前线的步兵高得多。[30] 同样极易受感染的还有刚到法国、仍在训练或在补给站等待分配的士兵。他们没有经历过欧洲的夏季流行病，也没有建立起免疫力；他们要在各个任务和营地之间辗转，经常在运输工具上感染致命的流感——因为途中时间长而不规律，伙食不好，火车、卡车和营房里极其拥挤，以及压力普遍很大。

总而言之，1918 年秋季，无论是在公海上还是在陆地上的新兵，作为替补部队转移时所处的环境都会加速肺炎感染和死亡，正如 9 月 23 日发给美国远征军医疗人员的《疾病周报》批评的那样：

疲惫不堪、有紧迫感、焦虑的人很容易成为传染病的猎物。暴露在感染中的人的健康状况比他病倒后的护理更重要。[31] 一个人有权得到的照料至少不该比马还差。

1918年秋天，每月有10万士兵经过位于谢尔河畔圣艾尼昂（St. Aignan）的美国远征军主要补给站。他们给它起了意味深长的绰号："磨坊"和"圣苦难"（St. Agony）。[32] 当秋季的流感浪潮到达圣艾尼昂时，发病率和死亡率都上升到前所未闻的水平，自从古老的军队毁灭者伤寒被疫苗控制住后，美国医务人员还从未见过。三分之一的流感病例发展为肺炎，在疫情的不同阶段有20%到45%的患者死亡。有一段时间，每天有20多人死亡。[33]

美军第88师的故事包含了各种会削弱士兵对西班牙流感抵抗力的因素。该师的士兵主要来自伊利诺伊州、明尼苏达州、艾奥瓦州和达科他州，许多人出身农村，因此对呼吸道疾病的普遍抵抗力不如来自城市的士兵。该师在7月和8月越洋抵达欧洲，因此部队中很少有经验丰富的士兵；也就是说，几乎没人对美国远征军中常见的呼吸道疾病有较强抵抗力。

抵达法国后，第88师被要求上交野战炊具、大衣和其他物品，每人只留一条毯子。想要保暖或吃上像样的热食，只能东拼西凑、听天由命。9月17日，第88师被派往埃里库尔接受预备训练，但法国人并未获悉该师即将抵达，也没有为其准备营房。幸运儿住进了潮湿的棚屋，而倒霉蛋搭起了帐篷。秋雨开始了，士兵们在雨中训练，常常穿着湿衣服睡觉，没有办法烘干衣服和鞋子。这是进入实战前的最后一次训练，强度很大，令人疲惫不堪。

流感于9月20日暴发。在第一周，全师1.8万人中有2 254人被确诊为流感。有时，整个连队都瘫痪了。埃里库尔唯一能用作医院的建筑是法军炮兵营，这是座潮湿的石头建筑，没有供暖。

第88师缺少很多必需品，因为所有运输工具和补给都优先供给参与9月26日开始的默兹–阿尔贡攻势的部队。直到10月6日，第88师只能用上两辆救护车，而这些救护车也同时为该地区的法国人服务。

由于缺乏运输工具，第88师必须行军数天才能到达它要占据前线阵地的地区。有时，士兵们要拉着装有机枪的马车和野战车，每天在拥挤而泥泞的道路上行军多达25公里。在一些部队中，每人的平均负重达到250磅。

到10月底，第88师的疫情接近尾声，这支队伍于24日首次参与作战，并一直战斗到战争结束。这支部队的所有战斗减员（阵亡、负伤、失踪和被俘）共计90人，而秋季流感病例总数为6 845人，约占全师的三分之一。1 041人感染了肺炎，444人死亡。[34]

在 9 月 12 日至 16 日的圣米耶勒进攻中，西班牙流感的秋季浪潮开始妨碍美国远征军的作战行动，但这种干扰并不显著。流感在接下来一周迅速蔓延，但同样对美国远征军的作战效率影响不大，因为那段时间是休整期。美国陆军正在为其进攻做准备，这将是自波托马克军团与北弗吉尼亚军团的莽原之役以来规模最大、最血腥的进攻。但这场战役的持续时长将是前者的六倍，美国士兵的数量将增至十二倍，美军在战斗中实际发射的弹药重量，将超过南北战争期间联邦军使用的弹药总量。[35]

美国第一集团军是协约国联军从北部的比利时到南部的凡尔登总攻势的一部分，该部队将沿着默兹-阿尔贡地区发起进攻，向前推进 50 公里，并切断德军整条南部战线唯一的铁路系统干线。如果失去这一铁路系统，至少在南部战线的德军将被迫撤退或投降。因此，德国人将尽全力顽强抵抗来保护这条铁路。

9 月 26 日清晨 5 点 30 分，经过三个小时的炮火准备，美军部队和支援的法军部队从他们沿着默兹-阿尔贡前线开凿的战壕和坑穴中爬出来，向北部疾速穿越了滚滚浓雾、灰尘和硝烟。四天后，美军仍在努力实现第一天下午的进攻目标。

许多美国士兵伤重不治，尽管救护车有后方的优先通行权，但他们在负伤后无法迅速转移到医院。以第 91

师为例：该师唯一的补给线也是另外两个师的补给线路。从谢皮森林的野战医院到弗鲁瓦德的转运医院来回有 31 英里，有时救护车需要一整天才能往返。9 月 29 日中午，谢皮第 138 救护连的所有建筑、帐篷和防空洞都挤满了受伤、中毒气、精疲力竭和因炮弹休克的士兵；周围地区也都是伤员，道路两旁的三排担架队有一百码远。其中有些伤员无疑是在等待被运回弗鲁瓦德的过程中死亡的。[36]

此外还有流感。起初，这场大流行对默兹－阿尔贡攻势的影响不大：在进攻的前一周，整个美国远征军只有几千个病例，而前线部队中流感发病率的增长滞后于军队其他部门。但在截至 10 月 5 日的一周内，美国远征军报告了 1.6 万个新增病例，前线的士兵突然发现自己正与两个无情的敌手殊死搏斗——德国军队和西班牙流感。[37]

潘兴在电报中要求增派更多部队和补给，他还以更加严厉的措辞要求提供医疗援助：

第 1744 号电报，致华盛顿特区指挥官，1918 年 10 月 3 日。在法国各地，流感在我军中流行，同时还有许多重症肺炎病例……请求派遣陆军护士队的 1 500 名成员前往法国，项目 M 1181 W，紧急需求。

第 1785 号电报，致华盛顿特区指挥官，1918 年

10 月 12 日。请求 9 月 30 日前紧急派遣 1 家后方医院和 31 家转运医院；10 月请求 14 家后方医院；护士与医疗设备应一起派来，如果可能的话提前派来。[38]

美国远征军的流感疫情统计数据，特别是前线军团的，都相当不可靠。在战斗的混乱和压力下，有无数任务比保持准确记录更重要。成千上万的伤员被送进医院，哪个医生有足够的时间或医疗设备，甚至是有好奇心来区分到底是不是传染病导致的发烧呢？在一些有流感和肺炎病例的部队中，每个士兵都必须背负步枪自行前进，只有最严重的病人才会得到关注。当来自纽约的"战斗第 69 部队"在 10 月底撤退时，随军牧师将这支队伍描述为"肮脏、满身虱子、又渴又饿；几乎每个人都在生病。士兵们患了风湿病、感冒和发烧。许多本应被撤离的人还留在部队中，因为那样会更加消耗我们的战斗力"。[39]

许多患流感的士兵出于爱国主义或害怕与战友永远分离，从来不去看医生。事实上，高昂的士气往往与高死亡率相关，因为患病的士兵会恪尽职守，直到流感发展成肺炎。[40]（或者，如果法国的情况与华莱士和多斯·帕索斯的经历类似，病人不愿自己站出来，是因为他们担心被送到缺乏经验、过度劳累的医疗队那里。）

最混乱的情况是同时存在两种流行病，即流感和痢疾——或许这两种病只是同一疾病的综合症状？如果后一种猜测是正确的，那么肠道流感就是真实存在的疾病，而大多数专家都会强烈否认这一点。他们说，流感是由呼吸道感染而非消化道感染引起的疾病。病人产生腹泻可能有很多原因，但极不可能是因为他的支气管上皮细胞中存在流感病毒。

然而，1918 年在法国和其他地方有成千上万的各国士兵坚持认为他们的毛病是肠道流感。例如，普雷斯利患有流感、肺炎和腹泻。在巴黎，许多巴黎人认可"肠道流感和肺部流感"的搭配说法，认为这种疾病实际上是霍乱。在阿尔贡森林和默兹河延伸地带作战的数千人患有通常被描述为痢疾而非肠道流感的疾病，但对他们的粪便做了实验室测试后，并没有发现通常被指为痢疾病因的变形虫或杆菌。[41]

但这不过是猜测，没有必要为了用感染流感的士兵人数来吓住医疗队，就把痢疾定义为肠道流感。从下文的表格可以看出，也有大量的人患上了仅仅被定义为上呼吸道感染的流感。

德国人也遇到了同样的麻烦，但他们的武装部队伤亡严重，到处都有人投降，更难获得感染情况的统计数字。10 月 17 日，鲁登道夫承认，流感再次在德军前线肆虐。他将流感极为致命的特性归因于军队的疲惫："疲累的人比强壮的人更容易死于传染病。"[42]奇怪的是，有几天，这种流行病使鲁登道夫、兴登堡乃至德国君主坚定

	流感 入院人数	肺炎 入院人数	流感和 肺炎死亡 人数
美国远征军			
1918 年 9 月	37,935	3,560	2,500
1918 年 10 月	38,655	7,008	5,092
1918 年 11 月	22,066	2,621	1,552
英国远征军			
每周统计截止日期：			
1918 年 10 月 12 日	1,776		—
1918 年 10 月 19 日	3,080		2
1918 年 10 月 26 日	9,280		314
1918 年 11 月 2 日	13,203		701
1918 年 11 月 9 日	11,877		878
1918 年 11 月 16 日	7,389		689
1918 年 11 月 23 日	8,008		546
1918 年 11 月 30 日	8,206		526
协约国联军中的法国军队			
1918 年 9 月	24,280		2,195
1918 年 10 月	75,719		5,917
1918 年 11 月	32,508		2,046

Medical Department, U.S. Army, vol. 6, p. 1106; MacPherson, W. G., Herringham, T. R., Elliott, A. Balfour, eds., *History of Great War Based on Official Documents. Medical Services. Diseases of War* (London: His Majesty's Stationery Office, n.d.) vol. 1, p. 175; Delater, "La Grippe dans la Nation Armée de 1918 à 1921," Revue d'Hygiene, vol. 45 (May 1923), pp. 411-412.

了希望，认为德国军队还有一线生机。在 10 月 1 日的午餐会上，德皇再三强调，流感会削弱协约国联军，而他自己的军队则相对不受影响。但是，当时西线有成千上万德军士兵生病，长长的灵车队伍从柏林一直排到墓地，现实情况将幻想一扫而空。

这三支军队没有收集和公布统计数据的共同体系（例如，英国远征军直到10月5日才将流感列为强制上报疾病），因此很难比较这三支军队的流行病进程。为了不使人产生错觉，我们给出了三者的统计数据，但没有试图调整它们的差异。

德国一下子遭受了战败、饥饿、革命和大流行。10月底，霍亨索伦王朝垂亡，巴登亲王马克西米利安被任命为首相，但他因流感卧床了两周。布吕歇尔公主认为，若非情况如此悲惨，实在是滑稽得很：

> 想象一下，巴登亲王马克西米利安，全世界都在等着他说的每句话，而他却正躺在床上高烧不退。忧心忡忡的侍从官踮着脚尖进进出出，焦急地想得到紧急事件的回复。[43]

流感阻塞了德军的补给线，使其进退两难。患流感的士兵跑不动也走不动，连躺在泥地里呼吸也是种负担。从将军们的角度来看，流感对军队战斗力的影响比死亡本身还要糟糕。死者已逝，仅此而已：他们不再是资产，但也不是负债。流感把许多好端端的士兵变成神志不清的负担，健康的人被迫放下重要任务来照顾他们。对于前线小分队来说，没什么比体温高达104℉（40℃）的战友更麻烦了。

　　美国远征军中有大量例子，说明这场大流行如何削弱了军队的作战能力。10月中旬，当第26师准备进驻阿尔贡前线时，流感席卷了整个队伍。10月14日，流感迫使谢尔顿准将放弃了对该师第51步兵旅的指挥。师长的得力助手，纳撒尼尔·辛普金斯上尉于12日染病，并在10天后去世。每个营和连队都失去了一度不可或缺的军官和士兵。随后，第26师踏进了阿尔贡地区的旋涡之中。[44]

　　大流行使后方为战斗中的部队增援变得困难，而参加默兹—阿尔贡攻势的所有部队在几天后都需要援兵。一支500人的替补分队从海岸出发，遭遇了流感及其他呼吸道疾病，在抵达雷维尼时只剩下278人。9月26日到10月1日，前线的第91师不得不在5 000名替补人员没到的情况下勉强继续战斗，因为这些替补人员都在雷维尼接受隔离检疫。[45]

　　另一个因流感而变糟的问题是将受伤人员从战场撤离到医院。在战时，医疗后送原本就困难重重。自9月26日到战争结束期间，美军第一集团军在默兹—阿尔贡地区的战斗中共有93 160人受伤。伤员们不得不沿着崎岖而泥泞的道路向后方转移，穿过绵延不绝的交通拥堵路段。除这些伤员之外，该集团军还出现了意料之外的68 760个医疗病例，其中大部分是流感及其继发性并发症，如肺炎和支气管炎。[46]

即使在春夏流感浪潮中最糟糕的日子里，西线也没有哪支军队处理过这样的问题。1918 年秋季流感浪潮到来之前，在法国军队从前线撤离的人群中，只有不到 10% 至 25% 的士兵是因为生病而非受伤。在秋季，这一比例上升至 46%。各个军队的医疗队早已经为应对大规模伤亡做了最充足的准备，但在 1918 年秋季，他们面临的是一场大屠杀又叠加了大流行的局面。[47]

普通的流感病例甚至比普通的战伤病例更加麻烦。不断攀升的肺炎发病率使美国医疗队确信，不能对流感掉以轻心。流感患者不能被送到队尾等待，也不能从一个医院转移到另一个医院来寻找空床位。这样做几乎等同于谋杀，因为患者很可能会得肺炎，而 10 月上半月肺炎病例的死亡率为 35% 至 45%。分发给医务人员的《疾病周报》语气强硬地说明：

> 不要转移患有肺炎或呼吸道感染的病人；在他们感染和逐渐恢复的过程中，绝对静息对他们来说非常重要，就像手术对腹部穿透伤一样重要。[48]

伤口虽然不会传染，但流感会；因此，在混乱和死亡的旋涡中，救护车司机和医院护理员收到命令，必须始终将流感患者与伤员分开。[49]但是在炮火中，当担架员把担架推进救护车后面时，司机们没法计较病人到底是不是得了流感。护士、护理员和疲惫不堪的医疗官经常是把病人安置在救护车上任何有空位的地方，随后才担心他们会不会被感染。10月15日至18日，大量伤员涌入阿普勒蒙的第328野战医院，平均每一至一分半钟就有一人入院或撤离。[50]

为了应对传染性极强的西班牙流感威胁，第一集团军建起了两所医院，其中一所位于雷维尼，专门治疗流感，另一所位于布里佐，专门治疗轻症肺炎。事实证明这些医院规模太小了，许多人在里面等不到床位，被转到了其他后送医院接受治疗。11月，第五军团的每个师都被要求留下其所有流感和肺炎病人，在部队自己的医院里接受治疗。考虑到过多的行旅会对大流行患者有不良影响，这个计划看起来不错，但由于各个师的频繁调动，它的优点也没机会体现。[51]

大流行和默兹-阿尔贡攻势同时发生，造成了严重的医疗挤兑。当进攻开始时，第一集团军的救护车比预期需求少了750辆，各种类型的车辆，包括10辆观光巴士都被派上了战场，不过医院的容量确实达到了预期需求。詹姆斯·G.哈博德将军在战后表示，1918年10月，美国远征军的医疗设施并没有被伤员和流感病例压垮，当时仍有5万张空床位可用。的确，如果把所有床位和所有病人放在一起，显然前者的数量要多于后者，但这不仅仅是供求问题，也是分配问题。10月3日，美国远征军

承认，虽然急诊床位只有 73% 的使用率，营地医院只有
82.5% 的入住率，但后方医院却达到了承载量的 108%。
10 月最后一周，波尔多附近的第 6 后方医院有 4 319 名
病人，而官方规定的最大容量为 3 036 人。[52]

　　这些统计数字虽然已经足够骇人听闻，但它们还没
考虑到这样一个事实，即随着医院工作人员也因流感病
倒，医院照顾病人的能力大幅下降。第 41 后方医院的 38
名医疗官中的 15 人，以及一半的护士和医务兵都患上了
流感。10 月 19 日，加州大学驻法国医疗队埋葬了 3 名死
于流感的医务兵，其 15 名医疗官中约有一半人患病，但
他们还有 2 000 名病人需要照顾。10 月 23 日，又有 2 名
医务兵死亡，又有一列火车送来了更多伤员和病人。[53]

　　美国远征军第一集团军的大流行危机发生在默兹—
阿尔贡攻势的第二阶段，也就是 10 月的大部分时间。美
军自进攻首日就陷入困境，他们在 10 月 4 日上午再次冲
出战壕，投入硝烟和浓雾之中。随着伤亡人数激增，流
感病例也在不断增加。医疗队的官方历史记录称，这场
大流行并没有阻止军事行动，"但明显减缓了行动速度"。
它耗尽了可用于作战和支援的部队，一度扰乱了医疗后
送系统，并使医院彻底瘫痪。10 月的下半月，第三师实
际撤离的流感患者要多于伤员。在 10 月最后一周，潘兴
本人也因流感病倒了好几天。[54]

　　美国远征军的记录清楚地表明，在默兹—阿尔贡攻势

的第二阶段，大流行在欧洲杀死的美国人无疑比其他月份都多。[55] 事实上，这些记录只把主要由流感或肺炎导致的死亡归咎于大流行，因而低估了大流行的致命性。为了充分了解西班牙流感对士兵的危害，让我们把大流行视为死亡的次要原因，换言之，有多少死亡虽然主要归因于创伤或毒气，但次要原因是大流行？有多少伤员死在坑穴里，躺在雨中等待庇护，或在拥挤道路上的救护车里颠簸——而这些人之所以如此，都是因为前所未有的大量流感患者阻塞了整个后送和医院系统？我们永远不知道具体数字，但也许可以通过研究下文中一位病人和一位医生的叙述，来了解其规模。

许多在阿尔贡攻势中受伤的人后来都记录了他们的经历，但貌似只有一个人是因为病得太重才踉跄着倒下的，他就是第 82 师第 328 步兵团少尉弗兰克·A. 霍尔登。

第 82 师于 10 月 9 日进入战线，大约一周后，经历了几天的战斗、寒冷和雨水，霍尔登被派往后方进行补给。在路上，他和他的马车迎面撞上了一支奔赴前线的法国军队，这耽搁些了时间。尽管霍尔登骑着马，但他很难保持清醒。很难说他这到底是流感特有的虚弱，还是前线士兵特有的疲劳，抑或兼而有之。

夜幕降临时，霍尔登还没到达目的地。补给连的帐篷里坐满了等待上火线的替补人员，但他还是设法挤了进去在寒冷的地上睡了几个小时。天亮后，所有人都离开了帐篷，只有霍尔登无法起床。他的头部和胸部剧烈疼痛，每当咳嗽时，胸部就像被针扎了一样难受。吃完早餐回来的士兵摸了摸他的额头，说他烧得很厉害。霍尔登让一个车夫来负责驾驶马车。

对霍尔登来说，战争已经结束，而一场更加个人的战斗开始了。他有一个很大的优势：疾病是在去后方的途中发作的，因此他节省了一天前往医院的时间，而这一天可能事关生死。第 82 师的前线士兵若患上流感，必须被人用担架抬着走 1.5 英里，穿过齐膝深的泥地，**然后**才是可怕的救护车之旅。[56]

当天下午 5 点左右，一名新认识的战友将霍尔登扶到附近的帐篷医院，"就在过去的维伦镇边上"。即使有人搀扶，霍尔登还是非常虚弱，不得不停下休息了好几次。他看到一架德国飞机用机枪扫射侦察气球，上面的侦察兵则跳伞着陆。

在医院里，医生告诉霍尔登，他的体温是 103.5 ℉（39.7℃）。诊断结果是支气管炎，这是在前线最常见也往往是致命的一种流感并发症。[57]霍尔登恳求医生不要把他再送到后方去。这不仅会使他像个逃兵——毕竟他没有负伤——而且意味着他在康复后将很难被重新分配到原来的部队。他将成为那群无处可去的替补士兵中的一员。但医生很坚决，霍尔登唯一能做的英雄行动就是，只要有伤员需要运送，他就拒绝登上救护车。

霍尔登感觉越来越糟。有几发炮弹落在医院附近，但很快就熄火了。他以为自己快死了，开始希望母亲能在他身边。帐篷外有士兵唱起了《慈母颂》。当天晚上，一辆卡车载着霍尔登和一些真正的伤员穿过交通堵塞的泥地，前往一所野战医院。抵达后，他终于能够脱掉鞋和袜子，因为前天晚上下雨，他浑身湿漉漉的，就睡在炉子边的小床上。

第二天早上，军医给他注射了大量药物，把霍尔登和其他伤病员装上卡车，卡车载着他们缓慢地颠簸前行，在朗格勒遇上了一辆法军的救护列车。霍尔登睡到了一个下铺，而上铺的人因为背上有伤只能趴着。他们坐了一整夜的车后，被转移到救护车上，到第二天早上 10 点，他被送到了第 53 后方医院。他在第一集团军的运输网中苦苦挣扎了两天两夜之后，终于到达了某个地方，在那里他可以享受到一种能够救命的医疗手段：卧床静养。霍尔登再也没回到他之前所在的部队，但他在康复后确实短暂地拜访过他的老战友。他们说他看起来"又瘦又弱，情况很糟"。[58]

霍尔登少尉是这场大流行的受害者，他的视角也相当片面。乔治·华盛顿·克里尔博士是西储大学医学院的教授，1918 年在第 5 流动医院担任医生，这一职位使他的眼界更为开阔，他在 10 月 17 日的日记也体现了这一点：

　　到处都是病人。我们的师被打得落花流水，病房里挤满了机枪伤员。外面下着雨，到处都是污泥、"流感"和肺炎。有些医院人满为患，有些甚至停摆了。第114号后送点没有医务人员，只有数百名无人照管的肺炎患者。几天前，德雷珀少校让我和他一起去看看情况。各种各样的传染病人都在那里，像沙丁鱼一样紧紧挤在一起，没有任何防护措施。一位眼科医生负责处理这几百个严重的肺炎病例，其中有很多人濒临死亡……

　　我一直在这里轮岗，每12小时一班轮换。今早有120个病例等待手术。有天晚上我有60名患者死亡。

　　雨啊，雨啊；泥啊，血啊；血啊，死亡！整天整夜，我们都能听到部队不间断的踏步声——部队出发了，伤员回来了。甚至在梦中我们也听得到。就算过了几个小时，持续有节奏的踏步声在脑海中也挥之不去。[59]

停战协议在11月11日的第11个小时开始生效。

第十章

流感与巴黎和会

第一次世界大战共有 1 500 多万人死亡，造成了不可估量的物质损失、社会破坏和精神创伤，并使参战国的大多数公民深信，必须以某种方式禁止战争。在返乡后，弗兰克·霍尔登少尉和许多退伍军人一样，担忧这场"以战止战的战争"可能是未来战争的导火索。这位理想主义者曾将自己在救护车上的位置让给受伤的战友，他以嘲讽的态度回应"1919 年的新生儿是安全的，因为世界正在进入和平时代"的说法："也许在二三十年前，我们这么多因战争致残和失明的老兵还是婴儿时，父母们正是这样想的。"但他仍然怀抱希望：也许"某种名义的世界法庭"，将是避免另一场战争的途径。[1]

在战争结束时，这种对普遍法治的模糊渴望成了全世界最有力的新生政治力量，也使世界政府的倡导者伍德罗·威尔逊获得了空前名望。在 1918 年的最后几个月，他提出的"十四点原则"保证了和解下的和平，他主张成立的国际联盟保证了战争不再发生，他的名字也成为各地疲惫、恐惧和历经磨难者的梦想和祈祷的内容。一位崇拜者在 12 月写道："您那从旧世界灰烬中诞生新世界的憧憬，是我们许多人得以忍耐战争的全部原因。这一憧憬驱散了苦痛，充满了我们的想象，使战争不再是一场悲剧，而是一场圣事。"[2]

威尔逊在 12 月乘船前往欧洲参加巴黎和会时，对首席内政顾问说：

> 唉，塔马尔蒂，此行要么是历史上最大的成功，要么是最大的悲剧；但我相信，无论这些人如何协调力量或影响，都无法打败这项伟大的世界事业，毕竟这是上帝的怜悯、和平和善意的事业。[3]

他没有想到，上帝的旨意——西班牙流感——会在和平会议的关键时刻将他击倒，并改变"上帝的怜悯、和平和善意"与"现实政治"之间的平衡，这也许是决定性的。

他的启程相当愉快，纽约港岸边有大量人群欢呼祝福。威尔逊在"乔治·华盛顿"号的甲板上挥手告别，这艘曾经是德国邮轮的美国运兵舰，将在未来半年内载着他四次横渡大西洋。威尔逊和同行者都没有注意到那位病恹恹的海军士官长，他带领众人参观了这艘船，并告诉他们，就在几周前的一次航行中，有 80 名士兵死于流感。[4]

在布雷斯特迎接威尔逊的人群与在纽约为他送行的人群一样热情，这对他此行使命来说是个好兆头。当总统的汽车驶过拥挤的街道时，车窗外一闪而过的某张面孔正是二等兵普雷斯利。他还没有从流感中完全恢复过来，岸边的湿气、人群的拥挤、挣扎的脚步，都加剧了他胸口的痛楚。他甚至在回到自己的宿舍后，仍然呼吸困难。[5]战争结束了，但西班牙流感还没有消退。

总统接下来出访了美国主要盟国的首都，受到了同样的欢迎。在伦敦，人群的热情冷却了一些，但罗马和巴黎的狂热弥补了这点。巴黎人通常是冷漠的，但这时候万人空巷；甚至连栗子树上都"爬满了像麻雀一样的男人和男孩"，47 年来，凯旋门外禁止通过的铁链首次被拆除，以便总统通行。哈里·杜鲁门上尉当时正在巴黎休假，尽管此后 30 年间他经历了种种游行和胜利，但他仍然记得巴黎人对威尔逊的欢呼是他见过最热烈的。[6]

威尔逊总统如今是世界上最受欢迎的人；美国在战争结束时终于实现了全面动员，掌握了现存所有国家中最强大的军事力量，协约国与同盟国都暂时依靠美国提供物资，以满足其公民的基本需求。凯恩斯在谈到威尔逊时写道："从没有哪个哲人拥有这样的武器来束缚世界各国的君主。"[7]

　　然而，威尔逊的权力根基并不牢固。他虽然声名远扬，但并非深得人心，战胜国的领袖和民众只是口头上支持"十四点原则"，却并不重视。这位总统对民主制度有着近乎宗教般的忠诚，在大西洋航行时他就对顾问们说，其他大国的和平会议代表团与美国代表不同，"并不代表他们本国的人民"。这无疑是对欧洲公众舆论的误判，几天后他在巴黎索邦大学的演讲又加重了这个错误印象，威尔逊宣称："一股道德力量的大风正席卷全球，任何阻碍这种风潮的人都将名誉扫地。"[8]

　　英国首相劳合·乔治和他的追随者在12月中旬打出了"绞死德皇"的口号，赢得了选举；不久之后，法国总理克列孟梭告知众议院，他打算寻求古老的权力平衡原则，而不是以他讽刺地称为威尔逊的"高贵的单纯"（noble simplicity）来保证和平，在此之后，克列孟梭获得了几乎四比一的信任投票。[9]

　　威尔逊总统对美国公众舆论的评估也同样不准确。他的选民并不完全支持他。许多人（可能是大多数人）想要的是无条件和平而非谈判，他们对威尔逊原则的理解相当偏颇，正如那个时代的一幅漫画展现的：一只协约国联军的靴子把德皇踢到了镶有十四点原则的地狱滑梯上——所有十四点原则都是匕首。[10]

　　对威尔逊希冀的世界政府特别危险的是，尽管他亲

自在拉投票，但他的政党在内战以来最重要的国会选举
中失去了对两院的控制。这次选举的结果很接近：在密
歇根州，民主党参议员只需扭转 4 000 张选票就能赢得竞
选；而在特拉华州，只需扭转 600 张选票，就能让民主
党参议员赢得竞选；在其他州，能够扭转党派之间胜负
的选票数量也差不多。尽管如此，共和党仍然赢得了决
定性的胜利。他们在参议院只有两个席位的优势，但这
保证了至关重要的外交关系委员会的新主席将是亨利·卡
伯特·洛奇，他是伍德罗·威尔逊的死敌，注定要成为
威尔逊国际主义的首席刽子手。[11]

选举结果一出来，民主党国会竞选委员会主席斯科
特·费里斯就给总统发电报说："美国和全世界的良善之
人都会支持您，他们都站在您那边。"费里斯没有从这场
选举中吸取任何教训。威尔逊回答道，选举不会影响他
那苏格兰—爱尔兰人的意志，并对费里斯夫妇表示慰问：
他们当时正因流感卧病在床。[12]

1918 年的选举是美国唯一在大流行期间举行的重要
选举，人们很容易认为，大流行必然对如此胶着的选情
发挥了决定作用。西班牙流感确实影响了竞选活动：它
叫停了政治集会；扑灭了美国政治中历史悠久的火炬游
行；政客被迫放弃最后时刻的旋风式巡回演讲计划。《洛
杉矶时报》认为，流感为数不多的好处是，它扼杀了原
本势不可当的"公众迸发的激情"。[13]

　　总体而言，大流行是否影响了投票？与 1916 年相比，选票数量确实急剧下降，但在没有总统大选的年份，投票人数都会减少。大流行是否影响了投票的结果？如果你接受当时的理论，即流感会使民主党的选民和选区工作人员留在家中，而通常投票给共和党的人群会继续投票，那么答案就是肯定的。[14] 如果你认为流感对共和党人和民主党人的影响没有区别，答案就是否定的。

　　大流行是否影响了某些特定竞选的投票结果？有这么多票数接近的选举被各式各样的因素左右，将流感归为决定性的影响未免太过武断。不过，我们应该注意到流感在新墨西哥州选举中的作用，在那里，未来的共和党内政部长、茶壶山丑闻案当事人阿尔伯特·B. 福尔以46 700 张选票中的不到 2 000 票优势赢得了参议院席位。他以如此微弱的优势获胜，其结果却有着重大影响，因为他的败选将使参议院变成民主党和共和党势均力敌的局面，而主持会议的民主党人副总统会投票打破这种平衡，使民主党获得多数席位。也就是说，当选为外交关系委员会主席的将是一位民主党人，而非亨利·卡伯特·洛奇。

　　1918 年秋天，威尔逊总统曾针对福尔进行人身攻击："支持我的人可不能犯蠢投票给他。"这一抨击发表在阿尔伯克基的一份报纸上，当时福尔因大流行失去了独子和一个女儿，正处于悲痛之中。人们相当同情遭受丧亲之痛的福尔，威尔逊的攻击适得其反（这一点几乎可以肯定），西班牙流感因而促成了福尔的当选，并帮助共和党人赢下参议院。福尔也成为"决不妥协派"（Irreconcilables），这十几位参议员将反对威尔逊从巴黎带回的任何条约。[15]

共和党在1918年凭借几千张选票的优势险胜，但欧洲领导人充分认识到这次胜利将大大削弱威尔逊的权力。英国首相劳合·乔治在回忆录中写道，威尔逊在会议上没有得到他想要的东西，并威胁要向美国人民呼吁，但这一行为"并不构成真正的威胁。他的国家不可能支持他在任何问题上与协约国决裂"。[16]

哈罗德·尼科尔森是20世纪外交及外交史的资深学者，他在书中记录了自己年轻时作为英国代表团成员参加巴黎和会的经历，并列举了在这样的会议上成为理想的政治家助手的先决条件；这些条件也适用于理想的政治家。他第一个列出的就是健康。[17]

1918年11月下旬，美国的流感病例数和死亡人数迅速下降，再也没有上升到仲秋时的水平，但流行病学家清楚，大流感很少一轮就结束。他们的担忧不幸言中，美国的新增病例数量在12月开始反弹，迫使美国公共卫生署军医署长发表声明称大流行尚未消退，在部分地区甚至比以往更为盛行。纽约市卫生局局长科普兰仍然很乐观，并宣布他的城市——美国人前往巴黎的主要登船港——没什么可担心的。12月，纽约市有2 100多人死于流感和肺炎，而来年 1 月的死亡率继续攀升。西班牙流感在美国冬季回归的高峰期出现在 1919 年 1 月末。[18]

在和平会议召开地巴黎，流感回归的曲线非常相似。大流行的死亡人数在 11 月急剧下降，但整个冬天的流感病例数和死亡人数仍然远高于正常水平，到来年 2 月上升到了在一般年份十分可怕的水平。在那个月，总死亡率再次激增，比同期正常水平高出 1.5 倍，西班牙流感对巴黎人的影响直到春天才逐渐消退。[19]这样的发病率和死亡率也必然影响了和平会议。

在和平会议前，爱德华·豪斯上校率领美国代表团的主要成员先期前往巴黎，他是威尔逊总统的首席顾问，负责外交事务和其他方方面面。（"上校"完全是个非军事性的荣誉头衔，经常被授予有财富和名望的得克萨斯人。）豪斯及其同僚于 10 月 16 日乘坐快船"北太平洋"号出航，这艘船的乘客都很健康，在 14 日结束的欧洲往返行程中，只有 4 名士兵死于流感。在这群外交官的旅途中，船上似乎也无人死亡。[20]

停战协议促使先遣团加紧商议一些重要事项，诸如即将召开的和平会议的成员和范围、创建让美国和平委员会能够有效运作的内部组织。最后一项工作是为庞大的代表团（最多时达 1 300 人）制定沟通和指挥系统，这需要大量的专注与技巧，且从来没能令代表团多数成员满意。也许值得注意的是，豪斯阵营中主要参与起草和贯彻美国和平委员会临时章程的三名成员——约瑟夫·C.
格鲁、沃尔特·李普曼和司戴德，在11月18日前后都
因为流感病倒了。格鲁和李普曼在几天后恢复了健康，
但司戴德在12月1日凌晨因肺炎去世。李普曼曾称赞他
"能提出大量切实可行的建议"，格鲁也称他"几乎不可
或缺"。《纽约时报》用两栏半的篇幅刊登了悼词，哀悼
司戴德"戛然而止的政治生涯，许多人认为他在几年内
必将成为美国举足轻重的人物"。[21]

　　在整个会议期间，美国和平委员会内部都欠缺策略。
例如，法国和英国代表即使在次要的委员会议中，也总
是准备好计划，打字齐整，复印多份，而美国人却很少
这样做。因此，即使当前讨论是基于美国代表的主张展
开的，他们也经常发现，反对这些思想精神的人掌握了
解释权。"十人委员会"是会议头两个月最重要的组织，
在其会议结束时，威尔逊经常会询问："请问是否有人准
备好了决议？"劳合·乔治经常会提出由他的幕僚在当
天讨论期间起草的决议，而第二天的讨论自然会以该决
议为导向。美国国务卿确信，这种情况使欧洲人获得了
微妙但重要的优势。[22]

　　该问题贯穿了巴黎和会始终，而职位等级高于格鲁、
李普曼或司戴德的人本应纠正这一不足之处。总统本人
虽然完全参与了政策制定和谈判，但像往常一样，把组
织事项交由副手处理。其中最重要的一位就是爱德华·

豪斯，他在战争期间经常向欧洲统治者传递威尔逊的信息。这次和会前，华盛顿内部圈子将豪斯称为威尔逊的"沉默伙伴"，会议后，劳合·乔治称其"在管理人员和事务上精明干练"。但豪斯已经60岁了，长年身体欠佳，他到达巴黎时已经疲惫不堪，甚至要低声说话来保存体力，像根摇摇晃晃的苇草一样难以依靠。[23]

豪斯虽然钦佩总统，但也有所保留，他打算在会议的筹备阶段和会议期间主导美国的政策，并通过行使这一权力来操纵和平谈判的进程。但他失败了。这是为什么？因为豪斯不是威尔逊本人，只是他的助手，而欧洲人等待着美国总统的到来，以对实质性问题做最终决策。因为他在总统抵达后经常与其意见相左，这个得克萨斯人对谈判采取务实的态度，而威尔逊的崇高理想则坚持更高的目标。因为没人能了解会议上发生的一切，更不用说主导会议了，豪斯自然也不行。1919年，巴黎承载了整个世界的抱负、阴谋、闹剧和悲剧。

还有个原因是，爱德华·豪斯上校在1918年末和1919年初的许多重要日子都卧病在床。11月21日，在格鲁、李普曼和司戴德病倒的三天后，豪斯也患上了西班牙流感，在房间里休养了十天，这期间的任何事务都由助手代为处理。医生和护士全天候照顾他。到12月初，豪斯已经恢复了健康并继续工作，但他的医生吩咐他不要出行。他的恢复速度比他希望的要慢，在22日，他的病复发了，或者说，至少是得了重感冒。幸运的是，病情很快就好转了，但这也证实了医生的谨慎。豪斯不是一个健康强壮的人。[24]

在豪斯生病和康复期间，种种事项继续推进。11月23日，前英国驻华盛顿大使、英国和美国驻巴黎代表团之间的联络官威廉·怀斯曼爵士建议，豪斯和英国外交大臣贝尔福应该在非正式场合下讨论两国政府可能存在分歧的重要问题。但显然这些讨论从未发生过。12月2日和3日，法国总理、意大利总理以及英国首相在伦敦会晤，初步讨论了和平会议需要考虑的问题。豪斯用医生禁止出行的命令作为挡箭牌，称自己的"身体状况不允许"出席。他或许认为，在威尔逊澄清美国的政策之前最好不要参加会议；也可能他的病比他意识到的更令他消沉。12月3日，两位总理与英国首相最后一次会面后，怀斯曼半开玩笑地对美国人说："昨天他们绞死了德皇，达成了巨额赔偿协议，我猜今天他们正在安排对威尔逊总统的统一战线。"[25]

与此同时，美国人在巴黎试图有序安排、做好准备，以让全世界都有序起来，但他们的准备工作也做得一团糟。12月9日，美国全权代表斯塔克·布利斯抱怨说，没有任何有经验的人负责组织美国代表团成员："只有豪斯先生有这种权威，但事实上，整件事都交给了格鲁先生。"[26]

豪斯在 12 月并不像往日那样高效，但上述疏忽可能更多是威尔逊的责任，而非豪斯本人的过失，甚至也不怪流感。因为在那个月，威尔逊总统经常否决豪斯的计划，也没有提出他自己的替代方案。很明显，总统是在保留自己的意见，直到他能来到欧洲亲自主持事务为止。豪斯是否能实现目标，取决于他对总统的影响力。因此，非常奇怪的是，豪斯并没有在布雷斯特迎接总统，甚至没有去巴黎火车站见他。随后，当威尔逊前往伦敦和罗马时，豪斯再次留在了家里。威尔逊正是在这些凯旋访问期间，给许多将在和平会议上掌握巨大权力的人留下了最初的、可能是不可磨灭的印象，那些人也给他留下了印象。看起来，在这些旅行中密切接触总统对豪斯的计划至关重要；豪斯的女婿、他在巴黎的亲密助手戈登·奥金克洛斯敦促他去伦敦，因为"如果现在失去跟总统的联系，我们的工作将更加困难"。但豪斯没有去，唯一合理的解释就是他的健康状况不稳定。[27]

在豪斯离开美国时，他和总统就对事物持有不同看法，而分歧并没有因为他们再次处于大西洋的同一边而消失。豪斯的崇拜者亨利·W. 斯蒂德（时任《伦敦时报》国际编辑，可能是欧洲最有影响力的记者）认为，这两个美国人之间的裂痕是破坏会议的两大灾难之一。在会议上，关于美国的政策，威尔逊的主意比豪斯多得多，这甚至让一些不喜欢豪斯的人也觉得尴尬。因此，国务卿兰辛在 3 月指出，总统甚至没有与豪斯讨论他的和平条约计划，如果连豪斯都"不了解总统的想法，那就没人能知道了"。[28]

豪斯原本期望，等自己的流感完全康复、总统也从伦敦和罗马返回后，重新形成自己对他的影响力，而 1919 年 1 月的事件让豪斯不再抱有幻想。在 1 月 8 日或不久之后，他的健康状况再次恶化，此时离第一次全体会议召开还有十天。这一次的毛病是肾结石。疼痛和发烧使他好几天都无法工作，大约两周后，他才能够再次承担起全部的工作，即便如此也必须小心保存体力。宝贵的时间就这样溜走了，豪斯在 1 月最后一天的日记里抱怨道："除非想办法让代表们团结起来，让他们认真干正事……我担心会议将无休止地持续下去。我很遗憾这时候生病了，会议比什么都重要。"[29]

亨利·斯蒂德认为豪斯的这场病是破坏会议的另一灾难。疾病使豪斯无法"在最需要他的时候"给予指导。"在他能够恢复工作之前，事态已经发展到他无法挽回的地步了。"[30]（顺便说一句，斯蒂德把豪斯在秋末及冬初的病情当作同一种疾病——流感；但他似乎认为流感暴发的时间是 1 月，而非 11 月或 12 月。这种伸缩效应*是

_____

* 即认为近期发生的事件比实际情况更遥远，而久远的事件则比实际中更近。——编者注

讨论过去事件时最常犯的错误。)

有人怀疑豪斯是否能够有效恢复工作。他在康复整整一个月后写道:"1月时我卧病不起,理不清头绪,也不确定自己是否能完全恢复。"[31] 在他人生和权力的巅峰时刻,当整个国家都挂念着他的每一句话时,豪斯的身体却两度让他失望,而历史也从他的病床前掠过。直到1919年4月,他才再次赶上历史进程,而讽刺的是,这次是因为另一个人的疾病。在此期间,他还需要熬过第三波也是最后一波西班牙流感的数周危险时期。

在12月和第二年1月,巴黎有1 400至1 500人死于流感和肺炎——这数字绝不算低,但如果跟秋季流感浪潮中一周1 500人死亡的数字对比,也就不太惊人了。在新年元月,隶属于美国和平委员会的陆军医生一直在担心,他们会因为没有病人上门而失去这光鲜的差事。然而,在1月的最后十天左右,一股小规模暴发的呼吸道疾病消除了他们的担忧。威尔逊的一位助手说:"似乎有无数咽喉病菌在蔓延,一些外交官已经完全说不出话。旧世界充满了病菌,它被疾病浸透了。"[32]

但不仅是旧世界为病菌所苦,大流行在美国的城市比在法国卷土重来得更快。在1月的最后一周,纽约市有1 000多人死于流感和肺炎;巴黎人尚未意识到他们即将迎来另一轮流感时,旧金山已经上演了重新戴上口罩的斗争,且达到了顶峰。[33]

巴黎的流感、肺炎和所有死因死亡人数，1918 年 8 月至 1919 年 5 月

	流感	肺炎	所有死因
1918 年 8 月	68	276	3,003
1918 年 9 月	232	390	3,145
1918 年 10 月	3,475	1,099	6,944
1918 年 11 月	2,939	955	7,226
1918 年 12 月	886	557	4,061
1919 年 1 月	654	834	5,015
1919 年 2 月	1,142	1,534	6,251
1919 年 3 月	741	776	4,510
1919 年 4 月	116	642	4,492
1919 年 5 月	25	402	3,202

Great Britain, Ministry of Health, *Reports on Public Health and Medical Subjects Number 4, Report on the Pandemic of Influenza, 1918-19* (London: His Majesty's Stationery Office, 1920), p. 228.

在 2 月 8 日结束的那周，巴黎才出现流感和肺炎死亡人数的增长，因为死亡人数变化总是比新增病例数滞后一周左右；在那一周，流感死亡人数比前一周的记录增加了 18 人，肺炎死亡人数增加了 73 人。在 2 月 22 日结束的一周，巴黎的冬季浪潮达到顶峰，此后在冬季剩余的时间和春季缓慢下降。1 月有 1 488 人死于流感和肺炎，2 月有 2 676 人，3 月有 1 517 人。[34]

由于召开和平会议，冬季流感浪潮基本没有引起人们的注意。豪斯的门徒、未来的耶鲁大学校长查尔斯·西摩，甚至完全没在意西班牙流感的消息。西摩把自己的"感冒"归咎于天气，2 月中旬他抱怨道：

这里每个人都感冒了，而巴黎的感冒似乎比我得过的感冒都更难受。我现在很好，很有精神，但昨天我感觉像得了伤寒一样虚弱。[35]

詹姆斯·T. 肖特韦尔是哥伦比亚大学的历史学者，他也是美国代表团助手，在与一些南斯拉夫人吃饭时突然被流感击倒。美国金融家和外交官诺曼·戴维斯患了肺炎。豪斯的首席法律顾问戴维·亨特·米勒无法专心于工作，因为他的妻子不仅患上了流感，还发展成了肺炎。在美国代表团这波流感的高峰日，医生一共出诊了125次。[36]

流感在巴黎冬季再次暴发期间，除美国代表外其他国家的人也受到了影响，但死亡人数很少，没有影响外交进程。然而，人们可能会想，每次流感发病后的疲惫和萎靡不振，累积起来是否对会议进程造成了不可估量却显著的干扰？哈罗德·尼科尔森也曾患流感或重感冒，他的行为有时会让人联想到恶魔般的流感对人类身心的影响。他抱怨说自己很累，"压力大得吓人"。尼科尔森犯下了外交官最糟糕的过失：在一次有外国人参加的委员会会议上发了脾气，把所有人都吓了一跳。3月，他将自己描述为：

萎靡不振，愁眉苦脸，神经一团乱麻……甚至连人行道上的鹅卵石在我看来都是地图上的边境、突出部、走廊地带、中立通道、非军事区、岛屿、"鸭嘴"*。[37]

正如那个时代歌舞厅里的保留节目中爱尔兰人所说的那样，"流感这种病啊，好了之后还要一个月才恢复"。

但是，即使是秋季浪潮全面回归，也无法转移人们对大国交手的关注。2 月 14 日，威尔逊说服了欧洲强国接受他的国际联盟的版本，向和平会议的全体会议提交了国际联盟公约。他说："一个充满朝气的事物诞生了"，并在当晚就返程回美国一个月，签署堆积在白宫办公桌上的法案，并说服参议院和全国人民接受他的国际联盟。

当威尔逊离开巴黎时，克列孟梭说："很有可能，他本意是好的。"当威尔逊抵达美国时，一些美国人，如参议院外交委员会主席，正在磨砺演讲，敦促国民无视这个"徒有其表的超国家政府组织"，因为它可能被卷入"国际社会主义和无政府主义的圈套之中"。[38]

自上次搭乘"乔治·华盛顿"号以来，威尔逊总统的归途是他唯一的一次真正的休息，他很享受这段航行。很少有乘客注意到船上有严重疾病的消息。与威尔逊同行的白宫领班"艾克"·胡佛在离开法国后就得了肺炎，无法与总统一行人一起在波士顿下船，只能留在船上，

---

* 喀麦隆东北部，在 1894—1911 年是德国与法国之间的争议领地。——编者注

随船继续前往纽约。[39]

　　大西洋中部仍然是西班牙流感的良好温床，特别是在向西行驶的运兵舰上。2月26日，"利维坦"号载着10 200名士兵离开了布雷斯特，其中许多人都在咳嗽，但他们归心似箭，并没有上报自己的疾病。确实有210人在航行中报告了流感，其中43人患有肺炎，17人在海上或是到达霍博肯不久后去世。[40]

　　在首要人物离开巴黎后，各国外交部部长、技术专家以及像豪斯这样的人完成了大量工作，他们既非万众瞩目的人物，也不会成为众矢之的，不管流感的情况如何，这些人都在继续推进。到3月中旬，负责收集会议面临的主要问题及其可能的解决方案的委员会已经准备好了他们的报告。[41]

　　但是，在威尔逊缺席的这一个月里，出现了两个阻碍会议成功的巨大威胁：威尔逊未能说服国会的反对派，让他们认识到美国参与国际联盟的可取性；以及，更直接的重大事件是，克列孟梭险些丧命，这一事件也许对他造成了永久性伤害。虽然他是所有不屑国际联盟并呼吁迦太基式和平的人中最有权力的一位，但他也是目前最理智的法国领导人。

　　2月19日，克列孟梭离开他位于富兰克林街的住所，驱车与豪斯和贝尔福会面。当他的车左转进入德莱塞尔大道时，一个男人拿着手枪从路边小便池后面走出来，朝这位总理开了七枪。附近一个法国人以为这些爆裂声是某个美国人故意让汽车回火来取乐。只有一颗子弹穿透克列孟梭的身体。它险些击中脊柱，嵌在了肩胛骨后面。克列孟梭带着这颗子弹又活了 10 年。他的好友戈塞医生将克列孟梭比作"他的出生地旺代省的一棵橡树。没有什么能将他连根拔起"。[42]

但即使是橡树也会被损害。美国和平委员会专员亨利·怀特断定，1919 年 4 月和 5 月的克列孟梭已经不是 1 月会议开幕时的那个克列孟梭了。他在无聊的听证会上打瞌睡，越来越受到法国极端沙文主义者的影响，他的敏捷和开放的心态已经消失了。

有一件事是肯定的，这位法国总理在冬天剩下的时间和春天里都患有"感冒"。并不能确定这究竟是感冒，还是他体内的子弹引发的症状（这完全有可能），又或是他的许多同僚都染上的流感。克列孟梭用玩笑来掩饰自己的"感冒"，他跟贝尔福说，自己想要信奉犹太教，这样就可以在教堂里戴着帽子，保护他的头不被穿堂风吹拂。但对于和他共事的人来说，克列孟梭的剧烈咳嗽可不是玩笑。劳合·乔治和威尔逊都认为，这位被法国人称为"老虎"的人，在会议最关键的 3 月和 4 月里无精打采得厉害。[43]

当威尔逊于 3 月中旬回到巴黎时，克列孟梭变得虚弱，也因此更加顽固；豪斯判断在目前的情况下，不可能用威尔逊式的方法去解决主要的未决问题，如赔款、德国的边界和意大利对亚得里亚海东部海岸的要求。必须说服欧洲人对正义的要求做出一些让步，但威尔逊也得让步，否则会议将无法进行。豪斯的建议显然无助于恢复他和总统之间日趋冷淡的关系。[44]

现在，这场角逐要认真进行了。首先是减少参与者数量的问题。会议的实权一直掌握在极少数人手中，所有的全体会议和"十人委员会"的会议都没有改变这点。现在必须公开承认，和平协议将在美国、英国、法国和意大利的领导人之间达成。报纸用"四巨头"来称呼他们，"四巨头"的第一次会议是在威尔逊抵达巴黎的当天下午，即3月14日举行。24日之后，他们几乎每天都在开会。[45]

四巨头天天关在一起，有时待在克列孟梭在战争部沉闷的办公室，有时待在劳合·乔治的公寓，但通常是在威尔逊在美国广场的房子的书房里。[46]在那些与世隔绝的房间里，四位老人临场的精神状态、性格、优缺点和耐力都极其重要。

这四人中，意大利的维托里奥·奥兰多是最不重要的一个：他对与意大利没有直接关系的事情几乎没有兴趣。他来到巴黎是为了领取他的国家对同盟国宣战的回报，意大利有50多万人为此牺牲，他想要拿回曾被承诺的那些好处，其他事情他不感兴趣。四巨头在很多时候其实就是三巨头。

克列孟梭，这只颤巍巍的老虎，比起三巨头中的其他两人，对国际规则更加轻蔑，对旧的权力政治体系更加自信。法国在西线损失了近150万人，比参加会议的其他国家都多。[47]克列孟梭希望绝对保证法国的安全，也就是说，他希望签订一份让德国永久残废的条约。

劳合·乔治意识到，无论是否战败，德国仍将是欧洲中部的强国。需要解决的问题是：它是要成为善的力量还是恶的力量？公正的和平将在很大程度上使德国成为体面的家伙，而不是暴躁偏执的怪物。但这位首相不得不与大英帝国的沙文主义者抗争，他们要求德国彻底放弃其海外殖民地，最好是交给盎格鲁—撒克逊的卫士们。国内的选民刚刚把他再次送上首相席位，以换取一个模糊的承诺，即从德国夺取足够多的土地和财富来补偿英国在战争中的损失。当然，这些赔偿是不可估量的；他的国家已经损失了75万人。劳合·乔治摇摆不定：究竟是选择他认为对欧洲和平来说必要而正确的东西，还是选择对他的政治生存来说必要而正确的东西？塔斯克·布利斯形容他是"一颗涂了油的弹珠，在玻璃桌面上转个不停"。[48]

有些人追求一种统一的和平，追求一个国与国的交往秉持崇高原则的世界。这些人唯一的希望就是伍德罗·威尔逊。哈罗德·尼科尔森后来将他描述为"代表着有史以来最强大的物质力量的人，他公开誓守由政治家宣称的史上最雄心勃勃的道德理论"。[49]"唯一的希望"
可以从字面上理解:在大多数三巨头会议上,除了威尔逊、
劳合·乔治和克列孟梭之外,还有英国战时内阁秘书莫
里斯·汉基爵士和法国代表团的首席翻译保罗·芒图教授。
令人难以置信的是,威尔逊会孤身一人与这五个人会面,
这些人即使不是他的敌人,也肯定在许多要讨论的问题
上与他针锋相对。他依靠英国人汉基来做会议记录,依
靠两个法国人克列孟梭和芒图将法语文件及讨论翻译成
英语。[50]

　　伍德罗·威尔逊是两个互不相容的元素的结合体:
他的才智是英勇的、有时甚至是凶狠的;他的身体则更
适合他原来的职业——学者,而不是国际政治的角斗士。
严重头痛和胃痉挛一直困扰着他,在普林斯顿大学期间,
他长年身体抱恙,还经历了三次重病。

　　威尔逊于1913年入主白宫之时,小说家兼神经疾病
专科医生西拉斯·威尔·米切尔预测,总统活不过一个
任期。总统让他失算了,这至少有一部分要归功于海军
的卡里·T. 格雷森,从威尔逊1913年的就职典礼到去世,
他一直都是总统的私人医生、朋友和伙伴。这位医生认
为最大的问题在于,他的这位总统病人总是过度劳累。
格雷森医生说,许多人沉湎于吃喝玩乐,但威尔逊是他
认识的唯一真正过度工作的人。

　　格雷森同时充当了医生与老母亲的角色,给他的病

人制定了方案：特殊的饮食，充足的睡眠和新鲜空气，每天骑行，可能的话在波托马克河乘船游览，定期打高尔夫球，同时治疗右臂的顽固神经炎。当然，战争大大占据了威尔逊的时间和精力，但格雷森和威尔逊夫人坚持让他放松，对于一个年逾花甲、肩负巨量工作和责任的人来说，总统看起来做得很好。1918 年，威尔逊最严重的健康问题是，他在检查坦克时抓住了排气管，手被重度烧伤。[51]

格雷森特别担心和平会议会给他这个虚弱的病人带来额外的压力，但这不幸应验了。随着国内和巴黎的反对意见愈发顽固，威尔逊工作得越来越辛苦。他从排得满满的日程表中剔除了运动、娱乐和放松。劳合·乔治后来证实："我们其他人都有时间打高尔夫球，星期天也都休息，但是威尔逊满怀热情，干个不停。只有在现场目睹的人才能体会到他付出的努力。"[52] 格雷森恳求威尔逊不要让自己这么辛苦。总统的回答是："给我时间。我们正在与布尔什维主义赛跑，世界正在燃烧。让我们结束这里的工作，然后回家再找时间休息玩乐，恢复健康的习惯。"[53]

从 3 月最后一周到 4 月，伍德罗·威尔逊与巴黎和会都陷入了存亡危机。法国外交官安德烈·塔迪厄称这是"会议的艰苦时期"。美国和平委员会的新闻秘书雷·贝克则称之为"黑暗时期"。[54]

在这所有问题里头，最重要的是同德国的协议。到底是要求德国支付可承受数额的赔款，还是将赔款作为削弱其经济的手段，通过永久性折磨来补偿协约国人民遭受的痛苦？法国是否可以通过国际联盟，占有或至少控制其宿敌的西部地区来确保自身安全、免遭德国攻击（尽管这些地区无疑是德国人居住的）？

当四巨头为这些问题争论不休时，世界失去了耐心。新闻界，尤其是法国的新闻界，发出了失望的咆哮，鄙视"无能的四巨头"，特别是最近被奉为半神的威尔逊。饥饿、疾病和革命在中欧和东欧同时发生。3月22日，匈牙利传来共产主义革命的消息。德国爆发了叛乱。俄国报告了令人难以置信的暴行。布尔什维克对俄国北部协约国联军的压力越来越大，协约国在那里溃败似乎也不是不可能。年轻的美国外交官威廉·C.布利特从俄国和列宁那里回来，预言罗马尼亚和阿尔巴尼亚以及其他东欧国家即将效法俄国。那些有学问又安逸的人对他的言论不屑一顾，但当他告诉威尔逊时，他的话听起来再真实不过了："六个月前，欧洲所有人民都期盼你能实现他们的希望。如今他们觉得你做不到。因此，他们求助于列宁。"[55]

豪斯说："我们坐在火药库上。"劳合·乔治在谈到他自己、奥兰多、克列孟梭和威尔逊时写道："我很怀疑还有哪群肩负重任的人曾遇到如此艰难的处境——有人用石头往屋顶上砸、凿破窗户，还有疯子冲钥匙孔叫喊。"[56]

　　四巨头从辩论转向了谩骂。3 月 28 日，克列孟梭要求协约国军事占领德国莱茵地区，还要求萨尔盆地归属法国，那里有对德国作为一流工业强国至关重要的丰富煤矿。威尔逊回答说他不能同意，因为这些地区有几十万德国人居住。克列孟梭称美国总统为"亲德派"，这可是这位总理所用的词汇中最糟糕的，随后便离开了会议室。[57]

　　如果说像巴黎和会这样复杂的历史事件有一个高潮，那就是 1919 年 4 月 3 日星期四。美国和平委员会专员亨利·怀特当天写道，存在着威尔逊被迫退出会议的严重危机。[58]美国总统和法国总理在德国赔款和边界问题上仍然陷入明显不可调和的分歧。四巨头当天的议程还有更多麻烦，劳合·乔治在上午的会议中突然提出亚得里亚海问题，并建议召集南斯拉夫代表。豪斯说，这引起了"一片惊慌"。奥兰多告知威尔逊，他不会参加任何包含"斯洛文尼亚和克罗地亚代表"的会议，因为"意大利已经与他们交战四年"。[59]

　　那天下午 3 点，威尔逊总统似乎劳累过度，不过看上去还算健康，但很快他的声音变得相当嘶哑，克列孟梭和劳合·乔治都注意到了。到了 6 点，他开始剧烈咳嗽，甚至严重干扰了呼吸。不久，威尔逊就几乎走不动了。他的体温上升到 103 ℉（39.4℃），出现了严重腹泻绞痛。

总统病发如此突然，症状如此剧烈，格雷森怀疑他是被下毒了。医生尚能够控制咳嗽发作，但总统在整个晚上都命悬一线，格雷森承认，这位世界上最重要的人物可能在治疗中去世，这是他经历过最糟的夜晚。他的诊断是流感。[60]

贝克立即赶去告诉豪斯这个可怕的消息。这位新闻秘书说，格雷森认为总统很可能是从法国总理和他那吓人的咳嗽中染上的病。豪斯本人也在感冒，他快活地说："克列孟梭可能也把病菌传给了劳合·乔治。"[61]

威尔逊发病的那一周，巴黎至少有52人死于流感和肺炎，比之前5年的4月同期平均死亡人数多出四分之一。（美国和平委员会的助理资料管理员唐纳德·P.弗雷里于3月30日"患感冒"，4月6日去世。）是西班牙流感仍在起作用？还是说，巴黎人仍未从战时的压力和物资匮乏中恢复过来，常见的早春感冒也变得致命了？在威尔逊病倒那周，死于流感和肺炎的52人中只有8人年龄在20岁以下；17人正值壮年，在20至39岁之间；只有13人在40至59岁之间，只有14人在60岁或以上。年轻人受到的打击最严重——这正是1918年至1919年流感的特征。[62]

克列孟梭和劳合·乔治以及他们的助手仍然在威尔逊的书房开会，总统只得任命某人来代表他。他挑中了豪斯，鉴于两人之间的分歧，这个选择十分反常。一些历史学家认为，威尔逊想寻找一个替罪羊，来为威尔逊主义在会议上即将面临的失败受过。另一种说法是，威尔逊是被迫的，因为他认为豪斯是唯一了解情况的美国高级官员，虽然可能有几分异见。就在前一天，他还要求豪斯替他出席一些个人外交活动。[63]

　　我们能否做出另一种猜测？在疾病的压力下，总统动摇了对自己谈判政策的顽固信念，而豪斯利用了老朋友的弱点，迅速行动起来？奥金克洛斯写道："总统的病可能有助于打破目前的僵局。"[64]不管出于什么原因，豪斯终于重新获得了他在战争期间的地位，即美国总统和欧洲强国领导人之间的中间人，他在威尔逊抵达巴黎后就一直希望如此。但谈判困难依旧，甚至连豪斯也沉不住气了，他在4月5日来到威尔逊的病室，劝总统起草一份声明，说明美国在和平条约方面可以容许的内容，并告诉协约国，除非他们大体上能接受它，否则美国将不得不退出会议。在这期间，威尔逊告诉妻子："只要我还能站起来，我就不会认输；但如果我输了，我会很体面地退出，然后我们就回家。"[65]

　　豪斯在离开4月7日的四巨头会议时嘟囔着说，这是"众多愚蠢会议中最蠢的一次"，然后穿过街道，向总统提交了他那令人沮丧的报告。（会议是在劳合·乔治的住所举行的，当时首相大人正因感冒卧床！豪斯的传染病已经在他的喉咙里扎下了根。显然，克列孟梭实现了

那个得克萨斯人希望他传播病菌的愿望。）豪斯上校发现
总统"彻底灰心了"。威尔逊当天上午就行动起来，用爆
炸性新闻打破了僵局：他已打电报询问"乔治·华盛顿"
号多久能准备好到布雷斯特接他回国。[66]

当天晚上，贝克从总统的病室里走出来，欢呼道：

> 这是伟大的一天，我们现在正处于危机之中……
> 他要战斗，而且要战斗到最后一刻。当我与这个人
> 交谈时，这个伟大、坚毅、磐石一样的男人使我相信，
> 他可以为信仰而死，他会在放弃信念之前打倒周围
> 的世界。[67]

但威尔逊并没有打倒世界，协约国也没有对他的要
求逆来顺受。他们知道威尔逊在参议院没有胜算，也不
能全权代表美国政府。直到《凡尔赛和约》将所有与威
尔逊原则相矛盾的条款都强加给愤怒受辱的德国，威尔
逊才回到家中。在总统发病后的 10 天内，有 4 天半他都
只能在床上度过。直到 4 月 8 日下午，四巨头重新会合，
法美两国在赔款、莱茵地区和萨尔地区的僵局才被打破。
一旦实现了这一目标，没有什么能阻止和平条约迅速达
成。克列孟梭不得不做出很大让步，但在四巨头当中，
以"十四点原则"为出发点的威尔逊却离他呼吁的原则
最为遥远。4 月 14 日，克列孟梭找到豪斯，据豪斯记录，

他们短暂的会面是"极具友爱性质的"。[68]

　　威尔逊总统答应将德国的赔款义务写入条约，但没有明确规定最大金额，从而使德国在未来无限期内可能支付无限的赔款。他同意，协约国联军将占领莱茵地区15年，萨尔地区将从德国分离，交由国际联盟管理至少15年，尽管他毫不怀疑这些地区属于德国。比起和平会议其他时候，1919年4月3日至14日期间的事态使威尔逊最狂热的崇拜者，特别是德国人，都相信他背叛了自己的原则，《凡尔赛和约》只不过是为了将抢劫行为合法化。[69]

　　我们必须考虑的问题是，"无胜利的和平"的拥护者伍德罗·威尔逊为什么会妥协？拒绝对原则问题讨价还价才像是他的做法。例如，不到一年后，他拒绝在国际联盟问题上与美国参议院达成妥协，使美国接受整个《凡尔赛和约》与加入国际联盟的计划泡汤。那一次，威尔逊确实证明了他可以"在放弃信念之前打倒周围的世界"。

　　1919年春天，密切接触威尔逊的人注意到，他在患流感期间或前后，身上突然产生了某种糟糕的变化。劳合·乔治在《和平会议回忆录》中谈到，威尔逊"在会议中精神崩溃"，并将其归咎于过度劳累和对新闻界恶毒攻击的高度敏感。赫伯特·胡佛虽然不是美国和平委员会成员，但在巴黎经常与总统接触，他认为是4月的疾病改变了威尔逊：

在那之前，他对我必须经手的事务都很敏锐，能迅速抓住要害，对结论毫不犹豫，而且很愿意听取他信任的人的建议。在上述那段时间之后，我和其他人都发现，我们不得不强迫一个不愿妥协的人。有时，当我必须做决定时，我和他一样，在得出结论时只好忍受精神上施加的压力。[70]

那些与总统更亲密的人也注意到了变化。威尔逊的秘书吉尔伯特·克洛斯在 4 月 7 日写道："总统的精神状态从没有像现在这样差。即使躺在床上时他也表现怪异。"雷·贝克指出，他从未见过总统像 4 月下旬和 5 月那样疲惫不堪。威尔逊的左眼和整个左脸都在抽搐，眼皮耷拉下来。特勤局警卫埃德蒙·W. 斯塔林判断，流感使总统非常虚弱，"他从未恢复体力，而身体虚弱自然会影响到他的理智。他失去了以往敏捷的把控能力"。有一次，斯塔林不得不执行一项尴尬的职责，即反复取回一个装满秘密文件的公文包，因为总统总是落下，而他通常在这类事情上可是相当严谨的。劳合·乔治看着斯塔林为这位心不在焉的教授当保姆，向他投去介于理解和使眼色之间的目光。[71]

艾克·胡佛从肺炎中恢复后，回到巴黎与威尔逊在一起，他事隔多年后写道，总统在病后表现得很怪异。这位白宫领班称，威尔逊沉迷于这样的想法：他所有的法国侍从其实都是间谍；当他住处的家具被搬走时，他很不高兴，显然是觉得那里的所有财产都由他个人负责；他下令禁止将公务车辆用于娱乐活动，而他其实告诉过直属部下，可以开这些车去消遣。[72]

在那些对威尔逊的体力和精神力最有话语权的人中，威尔逊夫人什么也没说，而格雷森仅仅指出，总统在流感之后患上哮喘，"这扰乱了他的睡眠，而睡眠一直是他的最后法宝"。除此之外，医生只说流感发作是"他最后崩溃的原因之一"。[73]

人们不禁会想到威尔逊的中风，那年秋天，他在为美国接受《凡尔赛和约》而斗争时发生了中风，落下终身残疾。人们还会把这一医疗事件追溯到春天，并认为格雷森当时把轻度中风误认成西班牙流感发作。当时了解总统情况的两个人，艾克·胡佛和劳合·乔治，最终对威尔逊的病做出了上述解释，但他们都不是医生，而且他们直到20世纪30年代才在谈话中表达了这种观点。[74]

让我们探讨一下流感是否是威尔逊在1919年春天"崩溃"的可能原因，这种疾病能造成真正而持久的心理伤害吗？伦纳德·坎默博士的研究领域是抑郁症，他指出，感染病毒并不必然会，但确实可以在大脑中产生毒性，这将导致持续一到两个月的抑郁状态。他列举了这种抑郁的症状：失眠、疲劳、焦虑、记忆力差、偏执、思维迟缓、语速减慢、无法理解快速的言辞，以及无法做出决定。[75]

1918 年秋天，一位内科医生兼流感心理并发症和后遗症的专家称，典型的流感康复者身体虚弱，没有能力承受持续的精神负担。这位医生的话让人想起赫伯特·胡佛在 1919 年春天对威尔逊的描述，值得准确地完整引用："对一些琐事做出决定使他感到疲倦，而需要深思熟虑的重要事情，即使是需要快速决定的，他也必须放在一边。"[76]

不能做决定的人就只能接受别人的决定。在所有罹患西班牙流感的人中，也许最令人感慨的是，这个男人将结束所有战争和提升人类的道德水平视为己任，但他的头脑在现代历史的关键时刻失灵了。

《凡尔赛和约》在 5 月初完成并付印。威尔逊告诉贝克："如果我是德国人，我想我应该不会签字。"但德国政府还是签了，同时提出了严厉抗议，因为若不签字，福煦的军队就会挺进如今毫不设防的国土。[77]

1919 年 6 月 28 日，巴黎和会在凡尔赛宫镜厅正式结束，威尔逊启程回国。劳合·乔治没有前往火车站向他道别：劳合·乔治生病了，疲惫不堪。空气中充满各式预兆，足够巫师或爱幻想的历史学家使用了。德国舰队自沉斯卡帕湾，拒绝将其永久交给英国人，并烧毁了条约规定必须归还法国的法国国旗*。威尔逊在"俄克拉

---

* 普法战争时德国夺走的旗帜。——译者注

荷马"号战列舰的护送下乘坐"乔治·华盛顿"号回国；这艘战列舰再次成为全世界报纸的头条是在 1941 年 12 月 7 日，它在珍珠港被敌军炸毁。[78]

威尔逊的拥护者自巴黎和会铩羽而归，挽救威尔逊式和平的唯一可能是国际联盟。无论和约多么不公正，它的不足都得以弥补，它未能弥合的创伤可以由国联平复，而国联的存在将确保未来几十年的和平。

作为世界上最强大的国家，美国本应该接受《凡尔赛和约》并加入国际联盟，而国际联盟的盟约列在《凡尔赛和约》的文本中。参议院必须以三分之二的多数批准该合约。若非如此，就意味着拒绝《凡尔赛和约》及国际联盟。

威尔逊无法命令国家和参议院批准该和约，必须说服他们。也许他原本有能力这样做，但他在 1919 年 9 月严重中风，几乎完全淡出公共活动，余生也丧失了行动能力。豪斯也许有能力说服参议院和总统采取折中方案，从而保住美国的联盟成员资格，但他于 1919 年 10 月回到美国后，患上了严重的肾绞痛。在参议院就国际联盟问题进行激烈斗争的高峰期，他只得在病房里待了好几周。当华盛顿国会山的战斗号角吹响时，这两位最伟大的威尔逊主义者都没有响应。[79]

第四部分

测量、研究、结论和困惑

第十一章

统计数据、定界与推测

　　行文至此，我们应当明确衡量这场大灾难的尺度。究竟有多少人遭受西班牙流感的折磨？又有多少人丧命？

　　首先我们得明确大流行的起止时间。可以确定的是，西班牙流感在 1918 年初春首次出现，当时还相对温和；同年 8 月，出现了最致命的变种。疫情何时结束就难以说清了，尽管流感大流行通常是突然发生的，但往往要经过几次毒性更新才会消失，此外还有漫长的消退期。

　　1919 年春天，西班牙大流感在美国和世界上几乎所有地方都已消退，淡出了大众视野甚至是科学可感知的范围。1920 年 1 月和 2 月，它再度暴发。那年美国的流感和肺炎死亡率在 20 世纪仅次于 1918 年和 1919 年。几乎可以肯定是西班牙流感引发了 1920 年的流行病，因为青年有着异常高的死亡比例，这是 1918 年和 1919 年流感的独有特征，这个特征一直延续到了 1920 年。[1]

　　但是，1920 年版的西班牙流感病毒是原始病毒株的变种，其毒性已经减弱，而且人口的抵抗力也比 1918 年和 1919 年增强了。尽管底特律、密尔沃基、明尼阿波利斯和圣路易斯等城市遭受了严重影响，但比起战争结束的 1918 年秋季以及巴黎和会的 1919 年冬季，总体上罹患流感和肺炎并发症的病例数及死亡人数要少得多。[2] 如果只测量西班牙大流感在 1918 年和 1919 年的数据，排除其 1920 年的尾声，则更容易计算。

　　怀疑出真知，所以接下来让我们仔细审查这个测量尺度。即使在美国这样一个会保存记录的国家，病例统计的价值也很有限。直到大流行的秋季浪潮来临，各地卫生局才将流感列为强制上报疾病。许多医生在经历了大流行的猛烈攻势之后，才承认西班牙流感不同于一般流感，是一种真正危险的疾病，应该迅速准确地报告。（在亚利桑那州的秋季流感刚开始时，公共卫生主管还抱怨自己收到了无节制的电报，诸如："50 宗流感病例，均为轻症，4 人死亡。"）[3]

　　大流行的庞大规模本身就会扭曲记录。最糟糕的几周，正是收集统计数据的关键时刻。但那时相较于准确记录数据，医生和护士需要响应更迫切的医疗需求。1918 年秋天，路易斯安那州卫生局局长抱怨，在新奥尔良只有 20% 的医生会报告流感病例，而该州其他地区只有 14%。[4]

　　无论在当时还是现在，死亡率统计数据都比发病率统计数据更可靠。死亡诊断是准确无误的，在因病死亡的情况下，死因通常是患者临终前症状最明显的疾病。美国人口普查局的《死亡率统计》是大流行期间美国死亡人数和死亡率准确数字的最重要来源，但这些数据也并不完整。例如，在1918年，向人口普查局提供所有死亡证明副本的地区（即登记区）只占全国估计总人口的77.8%。以下各州除部分城市外都未被纳入登记区：爱达荷州、内华达州、亚利桑那州、怀俄明州、新墨西哥州、北达科他州、南达科他州、内布拉斯加州、俄克拉荷马州、得克萨斯州、艾奥瓦州、阿肯色州、密西西比州、亚拉巴马州、佐治亚州、佛罗里达州和特拉华州；这些州在大流行最严重时期死亡的居民人数只能依靠估计。[5]

　　所幸，一些美国社区进行了挨家挨户的细致调查，由此收集的流感发病率数据是可靠的；经过谨慎处理，我们有把握用这些数据推出整个社会的数字。至于联邦政府的死亡率统计数据，它们本质上比发病率统计数据更可靠，而且涵盖了近五分之四的人口，比人口统计学家通常使用的样本大得多。关于西班牙流感大流行在美国的数据，虽然并非确凿无误，但至少不掺水分，我们有一定程度的信心用于计算。

　　1918年秋和1919年冬，美国人口中有多少临床可识别的流感病例？美国公共卫生署在1919年仔细调查了

全国 11 个城市和城镇（诚然，这只占总人口的极小部分），
发现这些社区每千人中有 280 人在大流行期间患有流感。
这个数字与美国和世界其他地方的类似调查结果相似。
如果整个国家用同等比例来计算流感病例，那么在 1918
至 1919 年患有可识别流感的人口将超过总人口的四分之
一，也就是 2 500 万以上。[6]

美国海军对其海员的了解比美国公共卫生署对平民
的了解更加准确，据其估计，1918 年或有高达 40% 的海
员患上流感。同年，美国本土服役的每千名士兵中就有
361 名被正式当作流感患者接受治疗。这个数字应该更高，
因为许多有流感症状的士兵从未报告自己的病情，有些
流感病例被保守的医生诊断为"其他呼吸道疾病"，还有
大量肺炎病例最初可能是由流感引发的，但从未被归为
流感。前往欧洲的美国远征军中，每千人中有 167 人患
流感。美国本土部队的病例数要比海外部队的数字高得
多，这不仅是因为美国远征军是由经验丰富的老兵组成
的，还因为在美国本土因病请假的士兵，即使只在宿舍
里接受治疗也算作入院人数，而在欧洲，只有当病人真
正入院接受治疗时才会上报。据官方报告，1918 年总共
有 62.1 万余名士兵感染了流感，占第一次世界大战中美
国士兵总数的六分之一以上，这个数字令人震撼，而显
然它比真实数字还缩水了不少。[7]

这场大流行让统计学家在计数方面大显身手。陆军军

医署长称，1918 年的流感使官兵们总共损失了 9 055 659 个人工日。因各种急性呼吸疾病而损失的总天数达到了 14 994 812 天。那一年，每天平均有将近两个师的士兵因呼吸道疾病而病倒脱岗。[8]

美国军队中有多少人死于西班牙流感及其肺炎并发症？1918 年美国海军因病死亡的 5 900 人当中，有 5 000 人死于流感及其肺炎并发症。[9]（我们的调查将限于 1918 年，因为 1919 年的复员工作进行得如此之快，使该年的统计数据令人困惑。）同年，每千名陆军人员中因呼吸道疾病死亡的占比是前一年的 7 倍多，有 2.3 万名士兵死于流感，1.56 万名死于肺炎，总计 3.8 万人。1918 年，死于流感和肺炎的美国海军和陆军士兵总数超过 4.3 万人，约为这场战争中美国阵亡人数的五分之四。[10]陆军医疗队没能实现其目标，即通过他们的努力，让美国历史上第一次出现这样一场战争，其中因疾病死亡的士兵人数少于因战役死亡的士兵人数，而他们的失败显然要归咎于西班牙流感。第一次世界大战中，每有一名在战场上因受伤或毒气而亡的美国士兵，就有 1.02 倍于此的人死于疾病。[11]

那么，美国军民共有多少人因流感死亡？1918 年，有 47.9 万人死于流感和肺炎，第二年有 18.9 万人。这些死亡主要集中在 1918 年最后四个月和 1919 年的上半年。这十个月的死亡人数约为 54.9 万。尽管这一数目惊人，也远远低于实际情况，因为 1918 年和 1919 年的原始数据来自的登记区只覆盖了全国人口的 80% 左右。这个数字必须再增加四分之一。从 1918 年 9 月到 1919 年 6 月，死于流感和肺炎的美国人的最合理估计数字是 67.5 万。

但其中有多少是超额死亡？毕竟，流感，特别是肺炎，在没有暴发大流行的年份也会造成许多人死亡。在 1918 年最后四个月，美国人死于这两种疾病的比率为 4.8‰，1919 年上半年为 1.8‰，但在 1917 年及 1916 年，这一比率也多达 1.7‰，1915 年为 1.5‰，1915 年是第一次世界大战结束前美国历史上最健康的一年。

如果以 1915 年登记区各州的流感和肺炎死亡率为基准线，任何超过该比率的情况都算作超额死亡，那么在大流行的十个月里，大约有 55 万美国人死于西班牙流感及其肺炎并发症——如果不是西班牙流感，他们不会死去。美国武装部队人员在第一次世界大战、第二次世界大战、朝鲜战争和越南战争中的阵亡人数共为 42.3 万人，远低于这十个月内死于西班牙流感的人数。[12]

应当指出，55 万人只是保守估计。这个数字不包括成千上万死于支气管炎和胸膜炎等疾病的人，其中许多人是在流感发病时染上这些疾病的。它也完全没有考虑到一个事实：在大流感期间，非呼吸道疾病的死亡率会上升。慢性疾病患者，如心血管疾病、糖尿病和肾炎，更容易死亡；而在受流感影响的人群中，孕妇是生命危险最大的群体。1918年秋季，其他疾病的死亡高峰仅比流感和肺炎的死亡高峰晚一周。[13]

那么，全世界又有多少人死于西班牙流感及其并发症？通常引用的全球死亡人数是2 100万，这是一个令人麻木的统计数字，但可能严重低估了。英国关于这场大流行的官方历史指出，1918年10月印度的总死亡率"在疾病史上绝无仅有"；著名人口学家金斯利·戴维斯认为，这场大流行可能仅在印度次大陆就造成了2 000万人死亡。那么对全球死亡人数的估计是否应该增加到3 000万，甚至4 000万？目前的研究现状还无法做出有根据的猜测*。

流感通常只是一种恼人的小病，是什么使它在第一次世界大战结束时吞噬了数百万生命？如果流感几乎总是一种温和的疾病，或许西班牙流感根本就不是流感？

今天，通过检测一个人的血液中是否突然出现与流感病毒相关的特定抗体，便可确诊他是否患有流感。这种检测在1918年并不存在。但是，重感冒突然开始流行，几天内感染了很大一部分人口，以细菌冲击波的形式在整个国家、大陆，甚至全世界蔓延，并且消退的速度比爆发的速度慢得多——当这种现象出现时，几乎肯定不

---

* 21世纪的流行病学研究指出，1918年大流感的全球死亡人数介于5 000万至1亿人。——编者注

流感和肺炎死亡人数（所有类型），按地区

地区	死亡率数字 流感和肺炎死亡人数（所有类型），1919年	每千人流感和肺炎死亡率（所有类型）								
		1919年			1918年			1917年	1916年	1915年
		合计	上半年	下半年	合计	前八个月	后四个月			
登记州 1	143,548	2.2	1.8	0.4	6.0	1.2	4.8	1.7	1.7	1.5
加利福尼亚	7,240	2.1	1.8	0.4	5.4	0.8	4.6	1.2	1.1	1.0
科罗拉多	2,364	2.5	2.1	0.4	7.7	1.3	6.3	1.5	1.2	1.7
康涅狄格	3,069	2.2	1.8	0.4	7.7	1.5	6.2	2.2	2.3	1.7
印第安纳	6,238	2.1	1.8	0.3	4.1	1.0	3.0	1.5	1.4	1.3
堪萨斯	3,319	1.9	1.6	0.3	4.7	1.0	3.7	1.4	1.3	1.2
肯塔基	6,861	2.8	2.5	0.4	5.4	1.0	4.4	1.4	1.5	1.2
缅因	1,757	2.3	1.8	0.5	5.9	1.4	4.5	1.9	1.9	1.7
马里兰	3,437	2.4	2.0	0.4	8.0	1.4	6.6	2.1	2.1	1.7
马萨诸塞	7,956	2.1	1.7	0.4	7.3	1.3	5.9	1.8	1.9	1.7
密歇根	6,968	1.9	1.6	0.3	3.9	1.0	2.9	1.4	1.4	1.2
明尼苏达	3,957	1.7	1.4	0.3	3.9	0.7	3.2	1.1	1.1	1.0
密苏里	7,003	2.1	1.7	0.4	4.8	1.2	3.6	1.8	1.7	1.4
蒙大拿	1,217	2.3	2.0	0.3	7.8	1.1	6.6	1.5	1.2	1.2
新罕布什尔	1,025	2.3	1.9	0.4	7.5	1.3	6.3	1.9	1.8	1.5
新泽西	7,074	2.3	1.9	0.4	7.7	1.5	6.2	1.9	2.0	1.6
纽约	24,111	2.3	1.9	0.4	6.0	1.4	4.6	1.9	1.9	1.8
俄亥俄	12,670	2.2	1.9	0.3	4.9	1.0	3.9	1.6	1.6	1.4
宾夕法尼亚	20,494	2.4	1.9	0.5	8.8	1.6	7.3	2.1	2.0	1.7
罗得岛	1,438	2.4	2.0	0.4	6.8	1.4	5.4	2.1	2.0	1.8
犹他	1,206	2.7	2.3	0.4	5.1	1.0	4.1	1.2	1.3	1.2
佛蒙特	807	2.3	1.8	0.4	6.0	1.2	4.7	2.0	2.1	1.5
弗吉尼亚	6,136	2.7	2.3	0.3	6.2	1.1	5.2	1.4	1.5	1.3
华盛顿	2,529	1.9	1.5	0.4	4.1	0.7	3.4	0.8	0.8	0.8
威斯康星	4,672	1.8	1.5	0.3	4.1	0.8	3.3	1.4	1.4	1.2
登记城市 (1910年人口大于10万)：	59,779	2.4	2.0	0.4	6.4	1.5	4.9	2.0 [2]	1.8	1.8
伯明翰，亚拉巴马	566	3.2	2.4	0.8	8.5	2.7	5.7	3.4	1.6	1.6
洛杉矶，加利福尼亚	1,055	1.9	1.6	0.3	4.9	0.6	4.3	1.0	0.9	0.8
奥克兰，加利福尼亚	507	2.4	2.0	0.4	5.0	0.9	4.1	1.0	0.9	1.0
旧金山，加利福尼亚	1,422	2.8	2.4	0.4	6.5	1.0	5.4	1.2	1.3	1.3
丹佛，科罗拉多	581	2.3	1.8	0.5	7.3	1.4	5.8	1.3	1.4	1.8

地区	死亡率数字流感和肺炎死亡人数（所有类型），1919年	每千人流感和肺炎死亡率（所有类型）								
		1919年			1918年					
		合计	上半年	下半年	合计	前八个月	后四个月	1917年	1916年	1915年
布里奇波特，康涅狄格	385	2.7	2.4	0.3	8.3	1.9	6.3	3.0	3.6	2.1
纽黑文，康涅狄格	342	2.1	1.6	0.5	7.7	1.7	6.0	2.4	2.6	2.1
华盛顿特区	976	2.3	1.8	0.5	7.6	1.7	5.9	1.7	1.7	1.9
亚特兰大，佐治亚	578	2.9	2.4	0.5	4.8	1.8	3.0	1.7	1.7	1.7
芝加哥，伊利诺斯	5,122	1.9	1.5	0.4	5.2	1.1	4.1	2.1	1.7	1.7
印第安纳波利斯，印第安纳	747	2.4	2.1	0.3	4.6	1.3	3.3	1.5	1.6	1.5
路易斯维尔，肯塔基	839	3.6	3.1	0.5	10.1	2.0	8.1	2.1	1.8	1.6
新奥尔良，路易斯安那	1,284	3.3	2.8	0.5	7.7	1.5	6.2	1.8	1.5	2.4
巴尔的摩，马里兰	1,679	2.3	1.8	0.5	8.0	1.7	6.3	2.5	2.4	2.0
波士顿，马萨诸塞	1,909	2.6	2.1	0.5	8.4	1.7	6.7	2.2	2.3	2.1
剑桥，马萨诸塞	197	1.8	1.4	0.4	6.8	1.5	5.3	1.7	1.8	1.6
福尔里弗，马萨诸塞	261	2.2	1.8	0.3	8.0	1.1	6.9	2.3	2.9	2.1
洛厄尔，马萨诸塞	223	2.0	1.6	0.4	7.0	1.8	5.2	1.8	1.9	1.9
伍斯特，马萨诸塞	443	2.5	2.0	0.5	7.3	1.6	5.7	2.0	2.3	1.9
底特律，密歇根	2,347	2.4	2.0	0.5	4.1	1.3	2.8	1.9	1.8	1.5
大急流城，密歇根	128	0.9	0.7	0.2	2.8	0.7	2.1	0.9	0.8	1.0
明尼阿波里斯，明尼苏达	638	1.7	1.3	0.4	3.9	1.0	2.9	1.3	1.3	1.2
圣保罗，明尼苏达	341	1.5	1.2	0.3	4.8	0.9	3.9	1.1	1.0	1.3
堪萨斯，密苏里	965	3.0	2.4	0.6	7.2	1.7	5.5	2.0	1.4	1.8
圣路易斯，密苏里	1,554	2.0	1.6	0.5	5.4	1.6	3.8	2.2	2.0	1.5
奥马哈，内布拉斯加	364	1.9	1.5	0.5	6.6	1.1	5.5	2.1	1.8	1.5
泽西城，新泽西	940	3.2	2.6	0.6	7.6	1.8	5.8	2.2	2.1	2.1
纽瓦克，新泽西	877	2.1	1.8	0.3	6.8	1.6	5.2	1.8	1.9	1.5
帕特森，新泽西	319	2.4	2.0	0.4	6.8	1.2	5.6	1.9	2.3	1.6
奥尔巴尼，新泽西	276	2.4	2.0	0.4	6.8	1.2	5.6	1.9	1.9	1.8
水牛城，纽约	1,036	2.1	1.7	0.4	6.4	1.4	5.0	1.9	1.7	1.7
纽约，纽约	14,822	2.7	2.2	0.4	5.8	1.6	4.2	2.1	2.0	2.1
布朗克斯区	1,730	2.4	2.1	0.3	5.5	1.2	4.2	1.7	1.5	1.9
布鲁克林区	5,369	2.7	2.3	0.4	6.0	1.7	4.3	2.1	2.1	2.1
曼哈顿区	6,364	2.8	2.3	0.5	5.8	1.7	4.1	2.2	2.1	2.4
皇后区	1,020	2.2	1.9	0.3	5.4	1.3	4.1	1.9	1.7	1.6
列治文区	339	3.0	2.5	0.5	7.8	1.7	6.0	1.9	1.9	1.9

地区	死亡率数字 流感和肺炎死亡人数(所有类型),1919年	每千人流感和肺炎死亡率(所有类型)								
		1919年			1918年					
		合计	上半年	下半年	合计	前八个月	后四个月	1917年	1916年	1915年
罗切斯特,纽约	447	1.5	1.1	0.4	5.2	1.2	4.1	1.6	1.3	1.3
雪城,纽约	265	1.6	1.2	0.4	7.0	1.4	5.7	1.5	1.4	1.2
辛辛那提,俄亥俄	1,014	2.5	2.1	0.4	6.1	1.4	4.7	1.7	1.8	1.6
克利夫兰,俄亥俄	2,046	2.6	2.2	0.4	5.9	1.2	4.7	2.0	1.9	1.5
哥伦布,俄亥俄	500	2.1	1.7	0.4	4.5	1.1	3.4	1.7	1.8	1.4
代顿,俄亥俄	233	1.5	1.2	0.3	5.2	1.0	4.2	1.6	1.5	1.4
托莱多,俄亥俄	436	1.8	1.6	0.3	4.0	0.9	3.1	1.5	1.6	1.3
波特兰,俄亥俄	631	2.5	2.1	0.3	4.5	0.8	3.7	0.8	0.7	0.7
费城,宾夕法尼亚	4,034	2.2	1.8	0.4	9.3	1.8	7.5	2.2	1.9	1.9
匹兹堡,宾夕法尼亚	2,524	4.3	3.5	0.8	12.4	3.2	9.2	3.8	3.7	2.6
斯克兰顿,宾夕法尼亚	340	2.5	1.9	0.6	9.9	2.2	7.7	2.4	2.3	2.2
普罗维登斯,罗德岛	600	2.5	2.1	0.4	7.4	1.7	5.7	2.2	2.2	1.9
孟菲斯,田纳西	510	3.4	2.7	0.7	6.7	1.8	4.9	2.2	(³)	1.8
纳什维尔,田纳西	355	3.0	2.5	0.5	9.1	2.8	6.3	1.8	(³)	1.8
里士满,弗吉尼亚	459	2.7	2.1	0.6	6.6	1.3	5.3	2.0	2.1	2.1
西雅图,华盛顿	591	1.9	1.5	0.4	4.3	0.7	3.5	0.5	0.6	0.8
斯波坎,华盛顿	220	2.1	1.7	0.4	4.9	0.8	4.1	1.0	0.9	0.9
密尔沃基,威斯康辛	851	1.9	1.4	0.5	4.7	1.2	3.5	1.9	1.8	1.6

注:用于计算死亡率的人口,根据的是1910年和1920年的人口统计,采用算术平均法估算。所有死亡率都是基于总死亡人数,包括非居民的死亡人数、医院和机构的死亡人数,以及士兵、水手和海军的死亡人数;1918年的死亡人数也包括1918年报告的"额外死亡"。

1. 1915年的登记州(不包括哥伦比亚特区和北卡罗来纳州)。

2. 不包括孟菲斯和纳什维尔,未收到这两个城市的死亡记录。

3. 未收到死亡记录。

Bureau of Census, *Mortality Statistics, 1919* (Washington, D.C.: Government Printing Office, 1921), pp. 28-29.

1918 年及 1919 年登记区流感和肺炎死亡人数（所有类型），按年龄

死者年龄（岁）	登记区 1 流感和肺炎死亡人数（所有类型）							
	人数				每千人分布			
	1919 年		1918 年		1919 年		1918 年	
	男性	女性	男性	女性	男性	女性	男性	女性
所有年龄	98,905	90,421	272,508	206,530	1,000.0	1.000.0	1,000.0	1,000.0
1 岁以下	16,004	12,264	22,133	17,361	161.8	135.6	81.2	84.1
1 岁	5,815	5,124	12,602	11,641	58.8	56.7	46.2	56.4
2 岁	2,682	2,509	6,368	6,630	27.1	27.7	23.4	32.1
3 岁	1,583	1,672	3,816	4,203	16.0	18.5	14.0	20.4
4 岁	1,073	1,056	2,863	3,007	10.8	11.7	10.5	14.6
5 岁以下	27,157	22,625	47,782	42,842	274.5	250.2	175.3	207.6
5—9 岁	2,979	3,135	7,748	8,447	30.1	34.7	28.4	40.9
10—14 岁	2,093	2,597	5,689	7,075	21.2	28.7	20.9	34.3
15—19 岁	4,718	4,047	15,913	12,234	47.7	44.8	58.4	59.2
20—24 岁	5,473	6,618	29,459	23,110	55.3	73.2	108.1	111.9
25—29 岁	7,763	9,199	39,958	30,032	78.5	101.7	146.6	145.4
30—34 岁	8,455	7,513	37,403	22,994	85.5	83.1	137.3	111.3
35—39 岁	7,358	5,278	26,030	14,261	74.4	58.4	95.5	69.1
40—44 岁	5,132	3,472	14,827	7,852	51.9	38.4	54.4	38.0
45—49 岁	4,561	3,000	10,994	5,869	46.1	33.2	40.4	28.4
50—54 岁	3,953	2,873	7,604	5,094	40.0	31.8	27.9	24.7
55—59 岁	3,439	2,813	6,101	4,345	34.8	31.1	22.4	21.0
60—64 岁	3,559	2,941	5,575	4,228	36.0	32.5	20.5	20.5
65—69 岁	3,428	3,329	4,967	4,367	34.6	36.8	18.2	21.1
70—74 岁	3,106	3,400	4,332	4,427	31.4	37.6	15.9	21.4
75—79 岁	2,547	3,130	3,264	3,885	25.8	34.6	12.0	18.8
80—84 岁	1,671	2,344	2.147	2,797	16.9	25.9	7.9	13.5
85—89 岁	907	1,330	1,076	1,493	9.2	14.7	3.9	7.2
90—94 岁	303	448	360	554	3.1	5.0	1.3	2.7
95—99 岁	65	120	73	134	0.6	1.3	0.3	0.6
100 岁及以上	19	33	21	56	0.2	0.4	0.1	0.3
未知	219	176	1,185	434	2.2	1.9	4.3	2.1

注：1. 不包括夏威夷州。

Bureau of Census, *Mortality Statistics, 1919* (Washington, D.C.: Government Printing Office, 1921), p. 30.

地区	流感和肺炎正常死亡人数(估计)[1] (所有类型)		流感和肺炎实际死亡人数(所有类型)		超额死亡人数(所有类型)			超额死亡人数，每千人(所有类型)		前两栏总计
	1918年后4个月	1919年前6个月	1918年后4个月	1919年前6个月	1918年4个月	1919年前6个月	10个月合计	1918年后4个月	1919年前6个月	总计
1915年登记州[2]	27,763	62,266	309,920	119,939	282,157	57,673	339,830	439.8	88.6	528.4
加利福尼亚	1,470	1,622	14,951	6,021	13,481	4,399	17,880	412.9	130.4	543.3
科罗拉多	580	937	5,808	1,975	5,228	1,038	6,266	569.6	111.3	680.9
康涅狄格	593	1,588	8,324	2,510	7,731	922	8,653	577.1	67.5	644.6
印第安纳	882	2,676	8,809	5,311	7,927	2,635	10,562	273.8	90.3	364.1
堪萨斯	729	1,268	6,565	2,872	5,836	1,604	7,440	332.1	90.9	423.0
肯塔基	755	1,960	10,571	6,014	9,816	4,054	13,870	409.5	168.2	577.7
缅因	256	955	3,474	1,404	3,218	449	3,667	421.2	58.6	479.8
马里兰	644	1,680	9,405	2,817	8,761	1,137	9,898	614.5	78.9	693.4
马萨诸塞	1,776	4,318	22,383	6,487	20,607	2,169	22,776	545.6	56.7	602.3
密歇根	1,118	2,711	10,308	5,774	9,190	3,063	12,253	259.9	84.5	344.4
明尼苏达	756	1,486	7,438	3,286	6,682	1,800	8,482	285.7	75.9	361.6
密苏里	1,593	3,149	12,250	5,694	10,657	2,545	13,202	314.6	74.9	389.5
蒙大拿	235	363	3,465	1,051	3,230	688	3,918	618.6	127.4	746.0
新罕布什尔	158	488	2,763	855	2,605	367	2,972	590.5	82.9	673.4
新泽西	1,570	3,187	18,842	5,839	17,272	2,652	19,924	564.4	84.9	649.3
纽约	5,226	12,475	46,675	19,971	41,449	7,496	48,945	406.8	72.6	479.4
俄亥俄	2,031	5,258	21,828	10,736	19,797	5,478	25,275	353.1	96.0	449.1
宾夕法尼亚	4,554	9,287	62,193	16,485	57,639	7,198	64,837	673.6	83.1	756.7

罗得岛	262	809	3,210	1,189	2,948	380	3,328	495.6	63.2	558.8
犹他	207	294	1,800	1,044	1,593	750	2,343	364.0	168.4	532.4
佛蒙特	102	407	1,676	649	1,574	242	1,816	445.9	68.6	514.5
弗吉尼亚	730	2,150	11,696	5,368	10,966	3,218	14,184	482.9	140.1	623.0
华盛顿	401	611	4,558	2,013	4,157	1,402	5,559	314.1	104.2	418.3
威斯康星	926	2,026	8,459	3,806	7,533	1,780	9,313	291.3	68.0	359.3

1910年人口大于10万城市

伯明翰，亚拉巴马	83	187	987	427	904	240	1,144	525.5	135.7	661.2
洛杉矶，加利福尼亚	195	238	2,299	908	2,104	670	2,774	389.6	118.9	508.5
奥克兰，加利福尼亚	80	114	845	426	765	312	1,077	371.1	146.5	517.6
旧金山，加利福尼亚	237	331	2,675	1,218	2,438	887	3,325	493.3	176.1	669.4
丹佛，科罗拉多	198	244	1,460	449	1,262	205	1,467	505.4	80.7	586.1
布里奇波特，康涅狄格	88	185	868	336	780	151	931	570.2	107.1	677.3
纽黑文，康涅狄格	97	216	948	265	851	49	900	538.8	30.5	569.3
华盛顿特区	209	561	2,469	768	2,260	207	2,467	536.7	47.9	584.6
亚特兰大，佐治亚	80	224	575	479	495	255	750	255.5	128.6	384.1
芝加哥，伊利诺斯	1,566	2,751	10,755	4,021	9,189	1,270	10,459	350.4	47.5	397.9
印第安纳波利斯，印第安纳	145	296	990	642	845	346	1,191	278.7	111.4	390.1
路易斯维尔，肯塔基	89	248	1,894	731	1,805	483	2,288	772.4	206.0	978.4
新奥尔良，路易斯安那	308	566	2,363	1,089	2,055	523	2,578	540.9	135.9	676.8
巴尔的摩，马里兰	368	949	4,088	1,284	3,720	335	4,055	570.7	46.0	616.7
波士顿，马萨诸塞	499	952	4,959	1,549	4,460	597	5,057	604.0	80.2	684.2
剑桥，马萨诸塞	59	98	575	154	516	56	572	474.5	51.3	525.8
福尔里弗，马萨诸塞	49	190	831	222	782	32	814	650.0	26.6	676.6
洛厄尔，马萨诸塞	50	155	575	181	525	26	551	470.8	23.2	494.0

地区	流感和肺炎正常死亡人数(估计)[1](所有类型)		流感和肺炎实际死亡人数(所有类型)		超额死亡人数(所有类型)			超额死亡人数(所有类型),每千人		前两栏总计
	1918年后4个月	1919年前6个月	1918年后4个月	1919年前6个月	1918年后4个月	1919年前6个月	10个月合计	1918年后4个月	1919年前6个月	总计
伍斯特，马萨诸塞	88	222	994	355	906	133	1,039	519.1	74.7	593.8
底特律，密歇根	538	789	2,586	1,899	2,048	1,110	3,158	223.7	114.7	338.4
大急流城，密歇根	30	98	280	99	250	1	251	186.5	0.7	187.2
明尼阿波里斯，明尼苏达	199	228	1,058	500	859	272	1,131	233.2	72.3	305.5
圣保罗，明尼苏达	112	170	908	272	796	102	898	343.8	43.7	387.5
堪萨斯，密苏里	217	317	1,724	772	1,507	455	1,962	482.0	142.0	624.0
圣路易斯，密苏里	416	729	2,883	1,199	2,467	470	2,937	324.8	61.2	386.0
奥马哈，内布拉斯加	117	148	1,030	278	913	130	1,043	490.5	68.5	559.0
泽西城，新泽西	197	374	1,695	769	1,498	395	1,893	510.9	133.3	644.2
纽瓦克，新泽西	171	387	2,105	735	1,934	348	2,282	478.8	84.7	563.5
帕特森，新泽西	77	121	751	269	674	148	822	501.9	109.4	611.3
奥尔巴尼，新泽西	49	153	623	225	574	72	646	514.3	63.8	578.1
水牛城，纽约	250	533	2,474	857	2,224	324	2,548	451.0	64.6	515.6
纽约，纽约	3,371	7,388	23,265	12,437	19,894	5,049	24,943	362.4	90.5	452.9
布朗克斯区	377	824	2,899	1,483	2,522	659	3,181	367.9	92.0	459.9
布鲁克林区	1,197	2,670	8,497	4,535	7,300	1,865	9,165	372.0	93.1	465.1
曼哈顿区	1,523	3,298	9,418	5,260	7,895	1,962	9,857	344.5	85.8	430.3
皇后区	218	461	1,778	877	1,560	416	1,976	355.7	91.0	446.7
列治文区	56	135	673	282	617	147	764	554.2	128.5	682.7

罗切斯特，纽约	85	248	1,125	333	1,040	85	1,125	376.7	29.0	405.7
雪城，纽约	64	131	943	203	879	72	951	528.2	42.4	570.6
辛辛那提，俄亥俄	192	429	1,867	849	1,675	420	2,095	419.8	104.9	524.7
克利夫兰，俄亥俄	420	700	3,576	1,733	3,156	1,033	4,189	413.9	131.5	545.4
哥伦布，俄亥俄	96	207	781	408	685	201	886	299.6	85.8	385.4
代顿，俄亥俄	60	146	617	188	557	42	599	376.2	27.6	403.8
托莱多，俄亥俄	107	175	716	375	609	200	809	261.8	83.5	345.3
波特兰，俄勒冈	53	111	920	544	867	433	1,300	344.4	169.1	513.5
费城，宾夕法尼亚	1,397	1,852	13,426	3,237	12,029	1,385	13,414	675.5	76.6	752.1
匹兹堡，宾夕法尼亚	523	890	5,340	2,028	4,817	1,138	5,955	831.9	194.7	1,026.6
斯克兰顿，宾夕法尼亚	71	207	1,050	255	979	48	1,027	716.9	34.9	751.8
普罗维登斯，罗德岛	101	330	1,343	504	1,242	174	1,416	527.3	73.4	600.7
孟菲斯，田纳西	93	158	724	399	631	241	872	427.1	160.9	588.0
纳什维尔，田纳西	68	134	742	294	674	160	834	576.6	135.7	712.3
里士满，弗吉尼亚	103	238	886	354	783	116	899	467.1	68.1	535.2
西雅图，华盛顿	73	149	1,071	460	998	311	1,309	328.6	99.8	428.4
斯波坎，华盛顿	43	49	430	175	387	126	513	371.3	120.9	492.2
密尔沃基，威斯康辛	272	402	1,562	641	1,290	239	1,529	289.3	52.7	342.0

1. 估计数据基于 1915 年对应的死亡率数据，1915 年被视作正常死亡率的年份。
2. 不包括北卡罗来纳州，包括哥伦比亚特区。

Bureau of Census, *Mortality Statistics, 1919* (Washington, D.C.: Government Printing Office, 1921), pp. 30-31.

是重感冒流行，而是大流感。感冒不会像火灾风暴一样蔓延，流感才会。根据这一标准，西班牙流感显然是流感。[15]

1918 至 1919 年的大流行显然是一种流感，但有两个例外特征。第一，世界历史上，在相似长度时间内，这场大流行的致死人数比所有其他疾病都多。第二，它对某类人具有前所未有的杀伤力，而根据之前和之后的记录，这类人本该活下来，也不会受到永久性伤害。1918年是保险精算师的噩梦之年：45 岁以上及 50 岁以上的人寿保险投保人的流感和肺炎死亡率确实上升了，但保险公司至少有所准备；而青壮年的死亡率却要高很多，保险公司无法预料。[16]

这是为什么呢？如果能回答这个问题，我们便也能知道西班牙流感的杀伤力为什么如此巨大。当时的解释是，在 1889 至 1890 年的大流行期间幸存的老年人，自那时获得了持久的免疫力。但是，我们如今知道，衡量流感免疫力要以月为单位，而不能以几十年为单位；无论如何，如果接触过早期的流感就意味着对西班牙流感具备免疫力，那么 30 多岁的人的死亡率就会很低，而事实则是，那些 30 多岁的人在 1918 年和 1919 年的死亡率非常高。[17]

二三十岁的人丧命于这种致命流感的比例前所未有，至于原因，人们经常认为：流感优先夺走强者，而非弱者。这很难证明，因为年龄在统计学上很容易定义，但"身体强壮"则不然。不过，如此多的医生提出这一说法，不应该忽视。一位陆军代理军医署长说，这种传染病就像战争，"杀死了身强体壮的青年人"。为海军做大流行报告的医务人员痛惜，他所在部队的大多数流感受害者"都是健壮的年轻人，验尸的时候，大部分发育良好、营养充足的死者让人止不住悲伤"。1918 年 12 月在芝加哥举行的美国公共卫生会议上，人们一致认为，最常见的流感受害者是那些"身体状况最好、没怎么得过病的人"。医生兼诗人威廉·卡洛斯·威廉斯说："他们前一天生病，第二天就走了，就那样，液体填满肺部就死了。"[18]

外行也相信这个观点。约翰·多斯·帕索斯在小说《三个士兵》（Three Soldiers）中提到的一个流感受害者奥拉夫，他可以单手举起一个重达 180 磅的人，还可以喝光25 杯马天尼酒后马上游过一片湖泊，他死在了去法国的途中："他们在看到亚速尔群岛时把他抛下了船舷。"[19]

西班牙流感杀死了那些血气方刚的壮汉。它看来如此邪恶，以致许多美国人指责德国人。怎能用西班牙人的名字命名 1918 年的疾病，来侮辱这样正直的民族呢？一位爱国者呼吁："把这个灾祸叫作德国瘟疫吧"，"让每个孩子学会把这该死的东西与德国这个词联系起来，不是出于仇恨，而是唾弃德国已经自证其可憎"。[20]1918 年的反德狂热如此强烈，尽管美国公共卫生署在秋季流感浪潮中有更要紧的事情，它不得不测试拜耳公司的阿司匹林片，以抵制这样的谣言：拜耳公司生产的阿司匹林使用了德国的专利，他们在给客户投放流感病毒。事实证明，这些药片并无问题。[21]

其他业余理论家则没有将这场大流行归咎于德国人本身，而是归咎于战争。一个美国人向美国公共卫生署军医署长提议："战场上使用了太多毒气，全世界的空气都被污染了。"还有人认为，不应将大流行归于战争的化学反应，甚至也不应归于腐尸数量，而是应归于战争带来的不良饮食、贫困和卫生条件的急剧恶化。[22] 所有将流感和战争直接联系起来的理论的弱点是：一方面，发病率和死亡率缺乏相关性；另一方面，交战国状况与战争毗邻区域缺乏关联。无论是血流成河的法国，还是饱受饥荒的德国，在这场大流行中的受灾情况与瑞典或瑞士（两者都是中立国），或者美国或新西兰（两者都繁荣富裕）差不多。

还有一种复杂但值得重视的战争归因理论。战争期间，军队的大规模调动和平民人口的转移为空气传播的病菌提供了可乘之机，也许西班牙流感就是由此而来。[23] 这完全有可能，但除了战争造成的人口迁移，还有许多其他因素。第二次世界大战期间，发生了更大规模的人口迁移，成千上万的人在几年中的大部分时间里都挤在防空洞里，这是呼吸道疾病传播的极佳场所，但直到十几年后才出现了另一次真正的大流感。

大流感的回归似乎反复无常，通常每隔三四十年卷土重来。1918 年的回归恰好在世界大战期间，发生在聚集人群和迁移群体中，也许正是这种巧合造成了西班牙流感。或许如此，但我们能确定聚集人群和迁移人群与流感毒性增加有很大关系吗？一个恼人的事实是，过去三次大流行中的两次，即 1889—1890 年大流行和 1957 年大流行，似乎不是起源于世界上最国际化的人群——纽约或巴拿马城的市民，而是起源于亚洲内陆相对孤立静止的人群。[24]

为什么 1918 年的流感死者众多，而且很多是健康的青年？一些科学家称，问题不在于西班牙流感的性质，而在于我们看待问题的角度。他们建议，应该将其视为肺炎大流行而非大流感。毕竟，真正的杀手不是流感，而是流感带来的肺炎并发症。尸检和肺组织细菌学检查发现，许多病例的真凶是法伊弗氏杆菌，还有其他各种细菌，如链球菌、肺炎球菌，甚至葡萄球菌。[25]

但这一理论并不能解释，为什么通常是老年人杀手的肺炎在 1918 和 1919 年偏爱青年人。即便我们接受这一理论，也只是重新表述原问题：现在我们问的是，为什么会出现肺炎大流行？答案显示，通过重新表述这个问题，我们并没有向"不动之动者"更近一步，而是更远了。能够引起肺炎的几种不同的病原体，如链球菌和葡萄球菌，更不用说每种病原体的众多菌株，怎么可能在 1918 年同时变异为比 1917 年更强的菌株？这种巧合的可能性极小。从数学上讲，这种大流行更有可能是愤怒的神明对人类的惩罚。

20 世纪 20 年代许多人提出的共生理论则更加微妙。事实上，它是如此微妙，有时人们不知道自己是在研究细菌学还是在咬文嚼字。它认为西班牙流感是一种独特的疾病，是两种生物在充分的共生合作中产生的。这两种病原体分别会引发两种不同的疾病，它们合在一起就产生了西班牙流感。[26] 类似的造物是地衣，地衣不仅是生活在同一块岩石上的藻类和真菌，而且是两者之间密切的共生关系，它们形成的东西不仅仅是其各部分的总和，也就是说，它必须独享一个名字：地衣。

对细菌学家来说，把西班牙流感当作共生疾病的想法是令人不安的。首先，它与现代疾病理论的一个经验法则相矛盾：不同种类的病菌可能经常成对甚至成群地攻击，但几乎在所有情况下，每种独特的感染性疾病都是由某一种独特的微生物引起的。其次，在实验室里用两种不同的微生物制造一种特定的疾病，其技术问题比用一种微生物制造一种疾病要难上几倍。这就像把鸡蛋和炮弹精确优雅地放在一起玩杂耍。

经验传统和操作的便利性决定了西班牙流感的共生理论应该被抛弃，但理查德·E. 肖普在 20 世纪 30 年代发现了坚实的科学证据，至少对猪来说是如此。如果过滤患有流感的猪的感染性物质，滤出所有细菌，只剩下病毒，然后将其传染给健康的猪，它们只会患上轻微的呼吸道疾病。如果将从猪的呼吸道中分离出来的法伊弗氏杆菌加入这种滤液中，并将这种混合液体传染给猪，其结果是持续四到五天的严重衰竭性发烧，通常伴有肺炎并发症，病死率为 3%。[27]（肖普和他的猪的完整故事详见第十三章）。

肖普提出，西班牙流感与猪流感一样，都是由流感病毒和法伊弗氏杆菌引起的，这一理论如今已是明日黄花。它并没有解答该疾病对青年人更致命的谜题；它也不能解释 1918 年和 1919 年伴有肺炎并发症的流感病例，在这些病例中，"继发性"感染原不是法伊弗氏杆菌，而是链球菌、肺炎球菌或其他某些细菌。

欧内斯特·W. 古德帕斯丘是波士顿附近切尔西海军医院的病理学家，他有一个无与伦比的机会：从大流行最致命的一波开始到减弱，他一直有机会为流感受害者做尸检。在 1918 年 9 月、10 月和 11 月，即大流行最严重的几个月里，古德帕斯丘在检查的所有 26 具尸体的肺部都发现了肺炎球菌，某些是纯培养的[*]。在 12 月和来年

---

[*] 如果在一个菌落中所有细胞均来自一个亲代细胞，那么这个菌落称为纯培养的（pure culture）。——编者注

1月，他发现16具尸体的肺部都有链球菌，某些是纯培养的。16具尸体中只有2具发现了法伊弗氏杆菌，而且都是在12月第一周死去的。这非常令人困惑。

任何细菌都会使得西班牙流感变成杀手吗？如果是这样，那么决定性的因素就是引起流感的微生物，无论肖普如何阐述这件事，任何细菌都只是继发感染。不管怎样，肖普始终未能在人类身上证明他的理论。他的批评者表示，猪就是猪，人就是人。然而，再顽固的流感研究者也无法完全无视肖普的工作。他的理论被束之高阁，但没有被遗忘。

秋季浪潮的头几天，古德帕斯丘在尸检中发现，尽管死因显然是呼吸衰竭，但有若干受害者的肺部完全没有细菌。有什么东西从根本上使得肺泡的壁变得粗糙，并将肺部从充满空气的活海绵变成了充满稀薄血腥液体的囊袋。流感生物或毒物的攻击通常仅限于从喉咙伸入肺部的空气通道的主干和主要分支，但有一种可能是，它一直延伸，甚至到了终端的芽，即肺泡。[28]

如今我们知道，流感病毒不是真的在身体内部传播，而是在呼吸道的内表面传播。因此，抗体和白细胞（即人体的民兵）只有在炎症过程中用液体充斥感染区之后才能接触到入侵的病毒，通过这些液体，抗体可以从内部岗位转移到真正的战斗地点。显然，1918年的病原体在身体能够以这种方式调动其防御能力之前，就已经在呼吸系统内壁的广阔范围内传播了。

非细菌性流感性肺炎的病例，如古德帕斯丘等人在1918年看到的那些，直到1957年的世界大流行之前，在世界范围内都没有再次出现足够多的数量以引起科学界关注。1957年暴发的疾病被称为"亚洲流感"，其致命性远低于西班牙流感。但也有一些患者死亡，其中20%的患者死于非细菌性肺炎。在这些死者的尸检报告中，可以看到从气管到细支气管末端都遭到了病毒破坏。这本身就足以破坏肺部功能并导致死亡。除此之外，这种情况还为食腐细菌提供了生长环境。因为流感病毒已经扫除了呼吸系统的第一道防线，即其表面的纤毛黏膜。1918年，跟在流感病毒"狮子"后面的"鬣狗"通常是法伊弗氏杆菌，平常它会游荡在人体组织表面和内部，没有危害。在1957年的大流行中，"鬣狗"的角色被平常出现在皮肤表面的葡萄球菌取代。[29]

几乎可以肯定，1918年真正的元凶是某些极具扩张性的流感病毒，它们要么单独行动，要么担当细菌的探路者。（是一些病毒，而不是一种病毒，因为病毒在大流行期间肯定会不断变异；否则，病毒在特定人群中传播一次就能够产生足够的群体免疫，阻断反复出现的机会）。但是为什么这些病毒会如此轻易地杀死青年人？为什么20至40岁的人对这些流感病毒的抵抗力不会像对其他流感病毒一样强呢？

这个问题目前还没有完全令人满意的答案，或者说可能永远不会有答案。澳大利亚的麦克法兰·伯内特爵士提出了一种假设，他是 20 世纪首屈一指的流感和免疫学研究者，也是 1960 年诺贝尔生理学或医学奖的获得者。

伯内特认为，1918 年的流感病毒是种非常剧烈的毒株，当时地球上几乎很少有人接触过。因此，人类对它的抵抗力非常弱，它成功侵入了所有年龄段大量人群的呼吸道。

但是，为什么西班牙流感更容易杀死婴儿、青年和老人，而不是年龄较大的儿童和中年人？婴儿（除非他们从母亲那里获得了抗体）和老人几乎对所有类型的传染病都很易感，因为前者还不能很好地掌控生命，而后者已逐渐力不从心。不难理解，1918 年两者的死亡率异常高。但可以肯定的是，20 至 40 岁的青壮年，其生命力是相当强的。为什么这个群体在大流感中遭受的损失几乎与婴儿和老人相当，甚至更为严重？

伯内特认为，与其归咎于病毒，不如说是青壮年的身体对病毒的自我防御机制的问题。当一种全新的疾病或旧有疾病的新菌株袭击一个群体时，在理论上，这个群体的所有年龄段都会受到同等影响。但是他们的身体反应有所不同。所有感染部位都会出现炎症，通过炎症，一定数量的血液、体液、抗体和白细胞会注入受到入侵的组织。受感染的身体产生炎症反应，就像国家遭到入侵时动员一样重要。但是，不同年龄段的人会出现不同的炎症反应。

孩子的任务是学习如何成为真正的成年人。这既是教育的目的，也是免疫的目标。没有得过传染病的孩子，必须学会应对诸多全身性感染。在北温带地区，常见的儿童疾病包括流行性腮腺炎、麻疹、水痘和百日咳等。如果儿童的免疫系统反应，尤其是炎症过程，通常与面临的危险相当，那么儿童可以生存下来。炎症通常不会超过必要的程度；与之相对的是，例如，花粉症患者的不舒服的炎症，会对无害的、漂浮的花粉采取完全不合理的防御姿态。

到了青年时期，身体经历了常见的全身性感染后获得了免疫力。此时它是强壮有力的。它不再是学习者的身体，而是行动者的身体。在人生的大部分时间里，炎症并不是为了应对整体性的伤害，而是为了应对局部损伤，例如骨折、韧带撕裂和创伤。伯内特说，这就是年轻人产生强烈局部炎症的特殊能力的原因，这正是处理局部损伤需要的反应。

但是在 20 至 40 岁的人身上，当刺激扩大范围时，当流感病毒从气管扩散到肺泡时，强烈的局部炎症就变成了强烈的全身炎症。严重的炎症反应使肺部被液体的潮涌淹没了。在 1918 年和 1919 年，士兵、护士和工人都对流感的威胁反应强烈，炎症最终反噬了他们。超过

40 岁，人体产生极端炎症的能力下降，经历局部损伤后更难存活，但经历全身性感染后更容易活下来。这种状态一直维持到老年时的全面退化。[30]

当然，我们并不想在人类身上检验这一理论，但已经有了确实的证据。通常来说，儿童疾病对成人比对儿童更危险。如果某种疾病在未得过这种病的人群中传播，即在以前完全不受该疾病影响的人群中传播，例如 14 世纪中期英国的黑死病，那它有时更容易杀死青年而非儿童或中年人，零星的数据似乎表明了这一点。[31]但这一证据并不明确，也只适用于与西班牙流感和其受害者的病患关系类似的情况。类比推理提供了调查路径，但其本身并不提供证据。

我们会再次经历杀伤力巨大的大流感吗？我们并不真正了解 1918 年发生了什么，因此我们不能为乐观主义辩护。自第一次世界大战以来，我们研发了一系列抗生素来保护流感患者免受细菌性肺炎的侵袭，但是西班牙流感的肺炎并发症往往只是看起来是细菌性的，事实上，在许多情况下，肺炎根本就不是并发症，而是一种毒性特别强的病毒株对人体肺部的损伤。

对流感保持谦虚而非傲慢是明智之举。亚洲流感于 1957 年 2 月首次出现在中国贵州省。7 月，它横扫中东。8 月，自麦加返回的朝圣者将它带到西非。同月，它出现在热带美洲、南非和智利。秋天，它在北美洲和欧洲蔓延开来。这种流感的发病率高达 30% 至 80%，但死亡率通常低于 0.1%。

　　自 1918 年以来，为报告所有新的流感疫情和新的流感病毒株而建立的世界性卫生体系，以及两代人在全世界密集研究中积累的知识，使人类能够比历史上任何时候都能更详细准确地记录 1957 年的大流行，但在其他方面却无能为力。一种在某种程度上有效的疫苗被设计出来，并被用来保护几个国家的非常必要的或不稳定的健康人群。

　　在 1889 年和 1918 年的流感大流行期间，科学能够告诉人类，它正在被一种几乎不可抵御的自然力量攻击掠夺。1957 年，在病毒学取得巨大进展后，科学能够通知几亿人，即人类中的大多数，他们即将遭受这种攻击。但与 1918 年不同，这股 1957 年的自然力量与 1889 年相似，并没有杀死很多人。我们对其原因知之甚少。[32]

第十二章

萨摩亚与阿拉斯加

哪些群体最容易得西班牙流感，哪些群体死亡比例最高？若能回答这两个问题，当此类疾病再次出现时，我们就了解该如何应对了。

西班牙流感的感染者和死者有别于典型的传染性疾病。与结核病、伤寒和性病不同，它并不偏好食不果腹、衣不蔽体、居无定所的穷人。有时，流感和肺炎并发症与拥挤的生活环境之间存在可见的关联，这是因为呼吸道病毒显然在狭小空间中更易传播，而穷人的住所往往比富人的更逼仄，但总体而言，富人与穷人都很容易染病死亡。[1]

怀孕和流感致死有关联，在煤矿工作和流感致死也有关联。但这些相关性并不能指引我们更进一步。孕妇只有一套肺，却要供应两个身体，而煤矿工人经常过度劳累，肺部往往不能有效供应身体。完全能料想到，孕妇和煤矿工人中会有更高比例死于西班牙流感、心脏病或其他可能对人体造成额外压力的疾病。[2]

在大流行期间，移民的流感和肺炎死亡率高于美国本土出生的人。出生于加拿大、奥匈帝国、波兰和俄国的移民死亡率高于出生于英国、爱尔兰和德国的移民。这场大流行在美国诸城市的"小意大利"街区肆虐，意大利裔美国人是整个社会中死亡率极高的群体。[3]

我们能从中了解到什么？或许只不过是有些移民群体负担得起更宽敞的住所；相较于早期赴美移民，新近抵达的群体中有更高比例的人处于最易患肺炎并发症的年龄段。或许不同群体的习俗差异导致了死亡率不同。大流行期间，霍默·韦克菲尔德医生在新泽西州工业区工作，负责诊治外国出生的移民。他隔离病人的努力往往付之东流，对意大利人尤甚。韦克菲尔德抱怨说，在流感患者的病床边围着 4 到 12 名访客，他们似乎对传染的原理一无所知。[4]

印第安人在这场大流行中遭受了可怕的痛苦。根据印第安事务局的统计，从 1918 年 10 月 1 日到 1919 年 3 月 31 日，保留地的印第安人有 24% 感染了流感，病死率为 9%，大约是美国大城市人口病死率的 4 倍。所有美国原住民中有 2% 在大流行中死亡。[5]

那个时代的达尔文主义者将这样惊人的死亡率归咎于印第安人的基因缺陷。例如，阿拉斯加的威廉·拉姆齐医生解释了他所在地区的印第安人和因纽特人的高死亡率，称他们只是更容易得病，"是原始种族"。[6]

但如今我们更看重这样一个事实：在征服者施加的压力下，美国原住民的社会文化在分崩离析，他们迅速有效地组织起来应对紧急情况的能力也在崩溃。当然，一个有大量人口为酗酒所苦的民族也对流行病毫无抵抗力，这并不奇怪。

要是我们认为遗传因素对西班牙流感的易感性比环境因素更重要，那么就得承认，美国黑人的基因比印第安人和白人都要优越。束缚在贫困阶层的美国黑人，其呼吸道疾病的死亡率始终比白人高得多，只有西班牙大流感时期例外。1918年秋天，在军队中，黑人的流感发病率和相关死亡人数均低于白人，而这两个群体的待遇大致相同；在平民中，黑人的发病率和死亡人数也低于白人，而美国黑人的居住、饮食和医疗服务条件显然不如白人。根据大都会人寿保险公司的记录，1918年黑人女性的产褥期死亡率和20至45岁黑人的全死因死亡率都低于相应的白人群体，这可能是美国历史上唯一的一次。[7]

这是为什么？是因为非裔美国人对流感和肺炎有遗传上的抵抗力吗？似乎不太可能，这个民族的祖先来自非洲，而且在1918年之前，他们对呼吸道疾病的易感性比白人要高，自那以后也一直如此。实际上，非洲的黑人是1918年全球死亡率最高的群体。也许真正的原因是：美国黑人也极易感染西班牙流感，换言之，相较于白人，也许有更多黑人在温和的春季浪潮中感染了流感，因此在致命的秋季浪潮中具备了抵抗力。[8]

也许本书到目前为止选取的流感受害者的样本太小，无法得出有价值的一般规律。所幸，扩大样本并不需要离开美国的管辖范围，在内战后的半个世纪里，美国已经获得了一些海外领土，并将其纳入美利坚帝国的版图。从北冰洋上的巴罗角到萨摩亚群岛最南端的图图伊拉，相比葡萄牙等国，其领地并不引人注目，但确实包括了各种各样的种族和除沙漠外的主要气候类型，因此为流行病学家（和追随其脚步的历史学家）提供了人类在1918年至1919年大流行经历的一个切片，即便片面，但足够深入。

美利坚帝国海外领土的大多数居民都生活在温暖潮湿的热带地区：加勒比海地区的波多黎各和巴拿马运河区，以及太平洋地区的菲律宾和夏威夷群岛。如果气候是1918年至1919年大流行的决定性因素，那么这四个地区的经历应该非常相似。这四个地区的确都经历了两波划分明确的流感：第一波是在春夏，比较温和；第二波是在秋冬，比较危险。在大流行期间，波多黎各的125万人口中有超过25万人患上流感，第二波流感蔓延得如此迅速，估计有10万波多黎各人同时患病。死于流感及其并发症的总人数为 10 888 人，如果没有低估患病人数的话，这个病死率非常高。（波多黎各在 1918 年还经历了一次地震和一次海啸，这是该岛的苦涩之年。）[9]

巴拿马运河区的人民只受到 1918 年流感的轻微影响。这场大流行到达了巴拿马——毕竟，运河区是世界的十字路口——流感在 1918 年取代疟疾成为运河区员工的主要疾病。事实上，每千人流感病例数增加了一倍多；但总死亡率和疾病死亡率都比前一年低。运河区卫生官因而报告称，截至 1919 年 6 月 30 日，运河区的健康卫生状况"保持良好"。[10]

菲律宾群岛的流感发病率和死亡率的统计数字是不可靠的。根据不同机构的统计，该群岛人口介于 900 万至 1 050 万之间。大约有 40% 的菲律宾人感染了这种疾病，有 7 万至 9 万人死亡。即便按照最保守的估计，大流行也造成了 2% 的感染者死亡。在最糟糕的日子里，许多村庄没有足够多人手来埋葬死者。这场大流行似乎在偏远地区造成了最严重的破坏，例如棉兰老岛上的哥打巴托省，那里有 95% 的人患病。[11]

西班牙流感给菲律宾和波多黎各带来了灾难，而夏威夷群岛的情况则与巴拿马运河区类似。第一波流感于 1918 年夏天到来，迅速席卷瓦胡岛；第二波于 12 月和次年 1 月到来，随即蔓延到全部岛屿。在截至 1919 年 6 月 30 日的一年中，夏威夷卫生局收到的传染病病例报告比前一年多了 1.2 万例，这一增长几乎完全是流感造成的；但死亡人数只比前一年增加了 41 人。[12]

　　显然，气候（至少是温暖潮湿的气候）对西班牙流感的杀伤力影响甚微。为什么在美利坚帝国的这几个领地，大流行的死亡率差异如此显著？简言之，我们不知道答案，我们甚至没有足够的信息来进行有效推测。20世纪初的科学家很快提出，这种差异是种族差异导致的，但无论当时或现在，谁能定义普通波多黎各人或夏威夷人的"种族"？对波多黎各士兵的记录表明，有许多因素在起作用。这些士兵驻扎在自己的家乡岛屿或是附近的巴拿马运河区，他们在 1918 年的病史本应与他们的同胞手足相似。事实上，在波多黎各平民大量死亡的同时，这些士兵的呼吸道疾病总发病率也是美国军队中最高的。但他们的死亡率却远远低于波多黎各平民的死亡率，也低于军队整体的死亡率。[13]

　　疾病接触史、营养水平、医疗护理和居住条件——任何一个因素或几个因素共同作用或相互抵消，都可能导致巴拿马运河区人口的死亡率极低、波多黎各人口的死亡率极高。任何对主要人口聚集区的推测都站不住脚，因为有太多因素在起作用了，有些是已知的，更多是未知的。

　　如果有地区符合以下条件，我们就能做出更有效的推测：人口少、种族单一，影响因素数量有限，以及大流行的影响足够极端，可以表明有比随机性更重要的因素在起作用。这就让我们想到了太平洋岛屿。这些岛屿的人口很少，而且与菲律宾和波多黎各不同，它们几乎与世隔绝，只有特定情况下偶尔会与外界接触。

在1918年大流感期间，地球上没有哪个民族比太平洋小岛上的原住民遭受更严重的痛苦。他们的高死亡率是否缘于基因缺陷，是否是与大部分人类及常见疾病隔绝了许多代的产物？也许如此，但这种假设不是唯一的解释。在1918年，居住在太平洋的环礁和火山岛上的人在一生中几乎完全与人类世界及常见呼吸道疾病隔绝，这足以导致流感袭击的是一个没有免疫力的人群，大多数感染者都会同时病倒，而且个体的病情会相当严重，一连好几天，被感染的村庄里几乎没有健康的人能为无助者提供最基本的生活必需品。可以想见，这些族群的发病率和死亡率都很高。

举例来说，1918年10月26日，美国运兵舰"洛根"号从马尼拉抵达关岛时，船上暴发了流感。岛上95%的美国海军人员感染了流感，但军队的组织和纪律得以维持，而且，许多海员在美洲大陆上生活多年，显然对所有呼吸道疾病都产生了一定的抵抗力。只有一名海员死亡。与此同时，几乎所有关岛人都感染了这种疾病，但他们既没有严格的组织，先前也没有广泛接触过大量呼吸道疾病。他们中有800多人死亡，占总人口的4.5%。

"纳武阿"号从流感肆虐的旧金山出发，在 11 月 16 日停靠塔希提岛，船上出现了流感病例。在接下来的几周内，3 000 名塔希提人患病，500 至 600 人（远远超过人口的 10%）在 25 天内死亡。[14]

这些船只中最致命的瘟疫携带者是"塔卢恩"号轮船，10 月最后一周，它从新西兰出发，当地的大流行特别严重，在毛利人中尤甚。船上很快就出现了流感，"塔卢恩"号在斐济群岛停靠，那里的 16.3 万人口中有 5 000 多人死亡；在汤加群岛，有 1 000 至 1 600 人死亡，某些岛屿的死亡人数达到总人口的 10%。11 月 7 日，在从斐济群岛到汤加群岛的途中，这艘船停泊在阿皮亚，也就是乌波卢岛上最大的定居点和西萨摩亚的首府。随后发生的可能是这次西班牙大流感中最致命的疫情。[15] 为了理解阿皮亚和附近的美属萨摩亚发生的事情，我们至少应当了解萨摩亚群岛及其人民的历史。

在 1722 年欧洲人到来之前，这些岛屿完全与人类居住地隔绝，岛上只有萨摩亚人，可以想象偶尔也会有来自波利尼西亚其他群岛的航海者。到了 19 世纪，这些岛屿与外界的接触依旧很少，并且，他们接触到的船只总归是在海上航行了数周，在此期间，像流感这样病程较短的流行病已经结束了发病期。就这样，萨摩亚人抵御了流行病——不是靠血液中的抗体，而是靠太平洋的距离。

　　萨摩亚群岛距离旧金山只有 4 000 英里，距离欧洲不到地球周长的一半，不可能逃脱帝国主义。关于萨摩亚归属权的帝国竞争在 1889 年达到了高潮，当时英国、德国和美国的海军舰艇剑拔弩张的对峙因台风的到来无疾而终。最终，这三个大国通过谈判解决了分歧，决定了萨摩亚的未来。英国撤离该群岛并接受了其他地方的领土补偿。德国和美国分割了这些岛屿，德国得到了若干平方英里的大部分土地，但美国得到了图图伊拉岛，包括帕果帕果和数千英里内最好的港口。这种任意分割的结果便是，大流感中，美属萨摩亚几个岛屿的人民安然无恙，而西萨摩亚的人民则损失了五分之一的人口。

　　1914 年，当德皇的军队进入比利时后，英国对德宣战并对所有德国港口严密封锁。德国因在比利时的军事行动切断了自己与太平洋属地的联系，澳大利亚、新西兰和日本的军队很快就在浩瀚的大洋上东奔西走，抢占德国的岛屿，就像小男孩抢夺对手破裂袋子里的弹珠那样。1914 年 8 月，一支新西兰远征军在罗伯特·洛根中校的指挥下，没有流血冲突就占领了德属萨摩亚。当然，美属萨摩亚仍然在美国的控制之下。[16]

　　除了行政长官的国籍变化和物价的波动，这些赤道以南的大洋洲人民并没有受到战争的严重波及。（日本人占领岛屿上发生的故事在本记述中完全略去。）与之相对，大流感则对这些民族的许多人产生了巨大影响，其严重程度主要取决于是哪个帝国主义政权控制了这个岛屿或群岛。

在1918年的秋季流感浪潮抵岸之前，澳大利亚就建立了严格的海上检疫体系，这一体系直到1919年冬天都坚不可摧，这样就有两个月左右来削弱疾病的毒性。此外，该检疫局为所有离开其港口前往太平洋其他岛屿的船只制定了严格的检疫程序。因此，那些只靠澳大利亚的船只往来与世界相连的岛屿，包括吉尔伯特群岛、埃利斯群岛、新赫布里底群岛、诺福克群岛和所罗门群岛，以及原德属新几内亚和法属新喀里多尼亚在内，都躲过了大流行虚弱尾声的反手一击。新喀里多尼亚和塔希提这两个法属岛屿的命运对比，说明大洋洲人民得要感谢澳大利亚检疫局。西班牙流感直到1921年才到达澳大利亚间接保护下的新喀里多尼亚，当时那里有很多人患病，但几乎没有人死亡。1918年11月，大流行就到达了塔希提岛，保护它的只有自身的公共卫生机构，有数百人死亡。[17]

与澳大利亚不同的是，新西兰遭受了秋季浪潮的全面打击，却迟迟没有采取措施来保护受其监管的汤加和萨摩亚群岛的人民。结果，他们遭受了可怕的痛苦。[18]美属萨摩亚人民与澳大利亚保护下的岛屿居民一样，安全度过了1918年和1919年，仿佛大流行从未发生过。

如果说美属萨摩亚人有什么抵御流感的护盾，那必然是政治层面的保护。他们和其他萨摩亚人都知道，自己的身体抵御外来传染病的能力相当薄弱。流行病像太空中的流星一样突降，从海岸登陆后一次又一次肆虐。最严重的是麻疹、痢疾和流感。1830 年，流感随同第一批基督教传教士首次到来，讽刺的是，传教士乘坐的是一艘名为"希望使者"的双桅船。当时的发病率非常高，不过死亡率很低。[19]

在整个 19 世纪，流感不时卷土重来，尤其是 1891 年，西班牙流感之前的最后一次大流感感染了萨摩亚的许多居民。范妮·史蒂文森与她患有结核病的丈夫罗伯特·路易斯·史蒂文森一起定居在西萨摩亚的乌波卢岛，那里对他的肺部健康有好处。1891 年 11 月 22 日，她记录道，居民中很少有白人死去，但许多原住民都濒临死亡。史蒂文森夫妇的萨摩亚仆人拉法埃尔"对这种疾病怕得要死，乞求不要派他去阿皮亚办事"。[20] 拉法埃尔和所有萨摩亚人都相当清楚流行病的危险，并知道保护自己免受其害的方法是避免接触患者。如果有合适的领导，大多数人都会充分有效地合作，努力抵御流感侵袭。

洛根中校，西萨摩亚（原德属萨摩亚）的新西兰行政长官，似乎没能察觉到流感对萨摩亚人特别危险，而任何一个长期居民都对此心知肚明。他显然没有及时了解大流行在全世界和太平洋岛屿的进展情况，尽管有信息表明夏威夷、菲律宾和新西兰已经经历了夏季的流行病。

不过，后来发生的事情并不完全是他的错。在新西兰和萨摩亚，那些有责任警告他西班牙流感即将到来的人都闭口不言。在载着流感患者的可怕的"塔卢恩"号抵达阿皮亚之前，流感在新西兰的奥克兰已经达到了流行病的程度，该船就是从这个港口起航的，但那里没有人用无线电通知他这一危险。"塔卢恩"号离开奥克兰后曾停靠过两个港口，这艘被视为"疾病携带者"的船接受了检疫隔离，尽管无济于事，但船长并没有将这一事实告知阿皮亚的医疗官。医疗官还是从船上的乘务员那里得知了真相，并注意到有几个乘客和船员病倒了，但他也没有采取任何行动。

1918 年 11 月 7 日，"塔卢恩"号停泊在阿皮亚港。在该年年底前，西萨摩亚在不到两个月内就有 7 542 人死于流感及其并发症，约占总人口 38 302 人的 20%。这一流行病使采购、分配和准备食物的常规程序瘫痪，因此，仅仅饥饿就在许多起死亡事件中起了重要作用。1919 年的头几个月，死亡率仍然居高不下，据估计，疫情总死亡人数最终上升到 8 500 人，占人口的 22%。[21]

直到 12 月初，西萨摩亚才得到外界援助，一艘澳大利亚船只带着 4 名医生和 20 名医护人员抵达，那时当地的疫情已经在快速消退。在最糟糕的日子里，美属萨摩亚的总督用无线电通知美国驻阿皮亚领事："如果需要我

们提供任何服务或支援，请通知我。"这个消息传给了洛
根中校，但他没有理会。一群医务人员在美属萨摩亚闲
着，而在仅有半天航程的地方有数千人死亡。疫情过后，
洛根说，他以为"提供帮助"针对的是领事生病的妻子，
而非西萨摩亚人。他对美属萨摩亚采取的唯一行动是在
一段时间内切断了与其首府帕果帕果的无线电通信，因
为美国对来自西萨摩亚的邮件实行检疫措施，这一新政
策显然激怒了他。[22]

1900 年，美国海军全面接管了美属萨摩亚及其居民，
当时其人口刚刚超过 5 500 人。在海军温和但绝对的权威
统治下，人口在 18 年内增加了近 40%，海军可不想因流
感或其他疾病失去 20% 的居民。美国政府和海军都没有
向美属萨摩亚发出任何关于大流行的官方预警，但其治
理者确实阅读了每日《无线新闻》中流感的新闻，并得
出了自己的结论。[23]

在流行病期间，民主可能是相当危险的治理模式；
这时候需要一个掌握流行病学基本原则的强大的中央权
威。美属萨摩亚总督约翰·波耶中校有这样的权威和知识；
在他听闻西萨摩亚的惨状之前，甚至在"塔卢恩"号抵
达萨摩亚之前，他就制定了一项抗流感计划。1919 年 11
月 3 日，"索诺马"号从旧金山经檀香山抵达帕果帕果，
比"塔卢恩"号在阿皮亚停靠要早四天。在航程中，"索
诺马"号上有 14 个流感病例，有 1 人死亡，至少有 2 人

还在遭受肺炎并发症的折磨。这 2 人在海军医务室被严格隔离，前往帕果帕果的 3 名乘客被居家隔离了 5 天。他们要每天测量体温，给个人物品熏蒸消毒，在最终证明自己健康后才被释放。

在 1918 年，这些措施往往不能阻止大流行，但为美属萨摩亚抵御了"索诺马"号上的疾病，并持续发挥着作用。也许这一成功更多是因为"索诺马"号上的流感菌株相对温和，229 名乘客和船员中只有 14 个病例，这表明感染力很低——但必须说，在流行病学上，好运往往青睐那些主动追击的人。[24]

11 月 23 日，波耶总督得知西萨摩亚的恶劣情况后，下令对所有来自阿皮亚和乌波卢岛全境的船只严格检疫，并禁止所有前往该岛的航行："他们现在的麻烦已经够多了，不能再有更多人过去让他们照料。"显然，正是这一命令触发了与西萨摩亚行政长官的矛盾。人人都习惯了美属萨摩亚和西萨摩亚之间的自由通行；就在刚过去的 10 月，包括总督在内的一大批美国人在阿皮亚参加了为美国红十字会举办的慈善音乐会，所以洛根中校很可能把这一隔离措施看作忘恩负义之举。[25]

在巡回邮船抵达美属萨摩亚的那天，洛根派了一艘船到帕果帕果去收寄邮件。美国人告诉船主（似乎是洛根自己的船），只有在经过五天的绝对隔离后才允许上岸——不幸的是，到那时邮船已经离开。船主问是否可以把邮件送到船上但不上岸。波耶总督在距离这艘新西兰船只两艘船距的地方回答说不行，但凡邮船还在港口的管辖范围内，他就要对乘客和船员的健康负责。洛根的船带着过期的邮件回到了阿皮亚。很可能是这艘无功而返的邮船惹恼了洛根，他暂时切断了与帕果帕果的无线电联系。12 月 7 日，洛根收到美国人的要求，让他拒绝放行所有从西萨摩亚到美属萨摩亚的船只，直到最后一个流感病人康复的十天后再恢复通行。这无疑是火上浇油。这是美国孤立主义最无礼的表现。[26]

然而，真正的危险并不是官方纵容船只从流感肆虐的岛屿到无流感的岛屿通行。真正的危险是萨摩亚人，那些小船的船主。他们很可能无视阿皮亚或帕果帕果的政府部门发出的任何禁令，径自从西萨摩亚驶向美属萨摩亚。一些来自美属萨摩亚的人在西萨摩亚感染了流感；难道他们，外加逃难的西萨摩亚原住民，不会轻轻松松向东航行 40 英里到美属萨摩亚吗？他们如果在光天化日之下驶入帕果帕果港，将会被隔离，甚至被拒之门外；但如何防止他们在夜晚乘着潮水越过礁石，在任何可能的地方上岸？

萨摩亚人的特点是，他们对家庭和社群的认同感很强，而在欧洲人及其后代所处的竞争激烈的环境中，这种美德早已被个人主义的推进淹没。在 1918 年，萨摩亚人对社群的忠诚再加上对流行病的历史性恐惧，挽救了他们当中一千多人的生命。波耶总督呼吁图图伊拉岛的萨摩亚首领阻止所有来自乌波卢岛的船只登陆。因此，人们建立了一个巡逻系统来执行这一禁令，这个巡逻系统一定得是由萨摩亚人负责的，因为很少有美国人可以胜任这样的工作。萨摩亚首领如此大方地合作，总督甚至向威尔逊总统建议，给其中三位颁发奖章。[27]

　　波耶总督和美国海军不遗余力地防止流感的输入，最终设计了一套防御和阻拦系统，只有那些受到致命流行病直接威胁（或由军队直接指挥）的人才能通行。例如，当"文图拉"号从旧金山抵达帕果帕果时，在美属萨摩亚登陆的四名乘客接受了仔细的体检，并被命令在若干天内每日报告体检情况。当局要求"文图拉"号提供一份文件，列出从旧金山出发前不久检查的每一位乘客和船员的体温。检疫人员在帕果帕果测量了每个船员的体温，以确保船舶在萨摩亚水域不会发生自发的流感肆虐。这些常规措施有些全无用处，但都被认真地应用于该船、货物以及与之接触的每个人：邮件熏蒸消毒两小时；在船上和码头上装卸货物的每个人都必须戴口罩；全体船员和所有接触该船及其货物的码头装卸工都必须接受医学检查并往鼻喉喷药物。[28]

　　海军甚至向美属萨摩亚寄送了流感疫苗，到1919年10月，已有5 594名萨摩亚人接种了疫苗。这种例行公事没有任何医学意义，但或许能使海军和萨摩亚人相信情况得到了控制。[29]

情况如此继续。检疫警戒一直维持到 1920 年中期，那些负责管理美属萨摩亚的人仍在忐忑不安地将目光从美国转到澳大利亚和新西兰，这取决于哪个半球正在过冬、处在呼吸系统疾病的季节。西班牙流感病毒最终一定会传入图图伊拉岛，但它将是老化和减弱的毒株，对萨摩亚人没有特别威胁。[30]

萨摩亚群岛的居民确信，如果有哪个帝国主义国家能够以这种方式为其帝国主义辩护，那就是 1918 年和 1919 年的美属萨摩亚。伦敦传教士协会的成员（第一次将流感带到这些岛屿的正是他们的"希望使者"号）从流感肆虐的阿皮亚写信，表示他们"深深感激波耶总督和美属萨摩亚全体医务人员，多亏他们迅速采取积极应对手段，阻止了西班牙流感在美属萨摩亚地区传播"。[31]

当波耶总督于 1919 年 6 月离开该岛时，他的继任者向众多萨摩亚人宣告，即将离任的总督的巨大成就包括兴建水利工程和新高中，以及最重要的，对西班牙流感的严格检疫："他救了你们的命，救了你们的兄弟和妻子的命；多亏他的智慧，你们现在不会因为子女的死亡而低垂落泪。"在十七响礼炮的轰鸣声中，这位出色的总督登上了"索诺马"号。[32]

萨摩亚人自身也公开表达了感激，在一个以殖民地叛乱为特征的世纪，这令人震惊。在议会日 *，来自美属萨摩亚各地的代表会就岛屿治理问题向美国海军当局提出建议，而原住民首领没有任何抱怨。他们不仅与可怕的大流行擦肩而过，而且他们的椰肉，即岛屿唯一的出口产品，卖出了有史以来最高的价格。[33]

1919 年年初的一个晚上，旧金山的罗斯柴尔德公司的一名代表无意中听到他的公司的船员躺在帕果帕果港用萨摩亚语唱着《星条旗之歌》的旋律，这特别奇怪，因为这些人都来自西萨摩亚的乌波卢。[34]

> Oi ai le motu i le Pasifika saute Tutuila ma Upolu,
>
> A o Tutuila oi ai fu'a Meleke, a o Upolu le o Niusilani.
>
> ...

听者尽可能准确记下这些话，并连同粗略的翻译一起寄给了波耶总督：

> 南太平洋有两个岛屿，图图伊拉和乌波卢。
>
> 图图伊拉悬挂美国国旗，乌波卢悬挂新西兰国旗。

---

* Fono Day：Fono 是萨摩亚当地的议会。美属萨摩亚议会（American Samoa Fono）是美国海外领土美属萨摩亚的立法机关，实行两院制，由美属萨摩亚参议院和美属萨摩亚众议院组成。每届议会的任期为 4 年。——译者注

上帝给世界降了一场疾病，

所有的土地都充满了痛苦。

这两个岛相距 40 英里，

但在新西兰的乌波卢，许多人死了，

而在美国的图图伊拉，没有一个人死。

为什么？在图图伊拉岛，他们爱他们村庄的人；

在乌波卢岛，他们注定要受到惩罚和死亡。

天上的神保佑美国总督和国旗。

　　在大流行发生后的几个月里，萨摩亚人在整个群岛唱起了这个版本的《星条旗之歌》。这样的歌声在殖民地不可能再听到了，甚至在平静的萨摩亚也再没有过。

　　西班牙流感在大洋洲人民中获得如此意外的结果，其原因可能是他们半隔绝的状态。他们很少接触外界，但也不至于在 1918 的瘟疫年中完全封闭。无论是持续几代人还是仅仅几年的隔绝，都会使人体失去适应其微观敌人的机会。身体变成了远离达尔文生物竞争的世外桃源，当凶猛的入侵者最终跨越原本隔绝的距离时，已经没有经验丰富的免疫民兵能举起武器了。即使在气候不利于呼吸道疾病传播的南太平洋，其结果也是可怕的。在阿拉斯加，也就是萨摩亚东北方向很远很远的地方，那里的气候使肺炎变得普遍而致命。孤立起初保护了印第安人、阿留申人和因纽特人，然而，孤立在 1918

年不再有效，这些原住民的死亡率比美利坚帝国的其他族群都高。

在 1918 年，阿拉斯加是美国最偏僻的大陆领土。它距离加拿大人口稠密的中心地区和美国的大城市都很遥远。即使是加拿大的育空地区（与阿拉斯加一样人口稀少且未开发），距离朱诺和费尔班克斯*也相隔数英里的山区，沟谷纵横。19 世纪 90 年代在育空地区发现的黄金，以及几年后在诺姆海滩上再次发现的黄金，吸引了外界关注和移民，但到了 1918 年，这一切都没入历史尘埃，世界已经遗忘了阿拉斯加。

在阿拉斯加人眼中，世界被一分为二——阿拉斯加和其他地方（简称为"外界"，Outside）。[35] 连接阿拉斯加和外界的是一支小船队，它们在阿拉斯加港口和西雅图及其他低纬度港口之间的沿海水域航行，向南运送鱼和毛皮，向北运送制成品，也运送往来的乘客。在阿拉斯加和外界之间，几乎所有对人类重要的东西都靠这些船只运输。

1918 年是阿拉斯加历史上的某种低谷，离开此地的人比迁入的多 9 909 人。人口总数比 1910 年减少了近 1 万，只有大约 3.2 万名白人和 2.3 万名阿拉斯加原住民。总督称，整个人口中参军的比例十分惊人，达到了 12%，

---

*　两地分别为阿拉斯加的首府和内陆地区最大城市。——编者注

还有许多人漂泊到更低纬度地区的 48 个州，在造船厂之类的地方工作。专业人才极其稀缺：例如，育空河畔的努拉卡只有一名医生，那也是该河两岸 500 英里内唯一的医生。[36]

阿拉斯加和加拿大育空地区居民即将面临的命运，取决于西班牙流感和严寒哪个先到来。寒冷天气将封冻港口，从而阻隔从南方运来瘟疫的轮船；同样也将冻结河流，阻止小型轮船沿着河流将疾病传播到内陆。10 月中旬，河流已经结冰，实现了自然隔离。严寒迫近，10 月 22 日发生了每年此时通常会发生的：育空河上从加拿大一直延伸到白令海的所有商船都停运了。[37] 这样就有足够的时间，至少可以尝试保护内陆地区的人民免受大流行的影响。

阿拉斯加总督小托马斯·里格斯并没有美属萨摩亚总督波耶的权威，他的辖区也没有岛屿的优势，在大流行期间没能取得后者那样的成功；但这并非由于他缺乏远见和努力。在截至 10 月 12 日的一周内，西雅图有 75 名居民死于流感和肺炎，里格斯总督意识到事态严重，要求所有轮船公司检查所有北上的乘客，并拒绝任何有流感症状的乘客通行。里格斯警告说，流感患者和所有直接接触者都将在登陆港一起被隔离。他委派医生去接应船只并执行他的指令。[38]

到 10 月底，大流行在西雅图已经造成了 350 人死亡，一些阿拉斯加的卫生官开始拒绝让流感患者登陆，即便患者需要治疗，而唯一的医生在岸上。尚不清楚这是否属于总督的官方政策，但轮船公司指责他并大吐苦水。他们称，"法拉格特上将"号就像"飞翔的荷兰人"号*一样，从苏厄德漂泊到瓦尔迪兹，再到科尔多瓦，再到塞尔多维亚，不断寻求让病人上岸的许可，但总是被拒绝，船上至少有一人死亡。轮船公司威胁说，除非取消禁令，否则将取消所有前往阿拉斯加的航行，这样做实际是让阿拉斯加困在世界尽头孤立无援，这很快带来了预想中的结果。

10月末，官方出现了一些混乱，而这无可厚非。总督当时正在林恩运河指挥，"索菲娅公主"号在大风中全船沉没，超过350人遇难，这是该地区史上最严重的海难。1918年对阿拉斯加来说是个凶年，在这一年担任其总督也是时运不济。[39]

当然，无论防流感政策在理论上或实践上是什么，它都没起作用。阿拉斯加，特别是其长达400英里的狭地，离外界太近了。感染流感的乘客或船员如果看上去非常健康，很容易就能在西雅图或温哥华上船，他可能在海上待一天或更长时间都没有出现疾病的症状，在抵达凯

---

*　传说中一艘永远飘流在海上的幽灵船，四处航行，却始终无法靠岸。——编者注

奇坎或朱诺时仍然具有传染性，例如，他在被当地卫生官拒绝登陆时，可能会把流感传给对方。

实际上，南方来的旅客当中很可能有无临床症状的流感患者。他们没有表现出任何症状，毫不知情地将疾病带上了岸。1934年，阿拉斯加的巴罗角曾发生一起流感疫情，除了在疫情暴发前八天有三个看似健康的人乘飞机抵达外，巴罗角在很长一段时间内都与外界完全隔离。[40]

到1918年10月14日，西班牙流感已经在朱诺登陆。尽管学校、教堂、剧院和台球厅颁布了常规禁令，到10月底，流感还是沿着海岸迅速蔓延。朱诺市政府能提供给市民的最好建议是"尽可能避免社交"。朱诺市的威洛比街和达菲尔德街的本杰明·布里格斯医生建议他的病人用肥皂和水冲洗鼻腔。里格斯总督给西雅图发了电报，请求提供流感疫苗，在接下来一年多时间里，每个愿意伸出胳膊的阿拉斯加人都接种了疫苗。在阿拉斯加育空河沿岸的科克赖恩斯，巫医下令在村子前面和通往村子的小路两边种植"药树"。[41]

苏厄德半岛诺姆市的例子说明，想要阻止海上传来的流行病，无论多么明智的措施、多么认真地执行，都可能完全没用。在本季前往诺姆的最后一艘船，"维多利亚"号离开西雅图之前，船医检查了每个打算出航的人。为了以防万一，另外两名医生也分别单独检查了乘客和船员。有任何疾病体征的人都被拒绝登船。"维多利亚"号随后起航，于 10 月 20 日抵达诺姆，在航行中没有出现过一例病症。然后，该船所有上岸的人都在岸上的医院里隔离了五天，所有运载的邮件和货物都熏蒸消毒过。

尽管如此，"维多利亚"号很可能是白令海的"塔卢恩"号。西班牙流感出现在了诺姆，而在"维多利亚"号的船员和乘客上岸后，在流感的正常潜伏期内，诺姆显然没有与西班牙流感流行的地区有过其他直接或间接的接触。几天内，该地居民及卫星村的因纽特人中有很大一部分人生病或死亡。在"维多利亚"号返回西雅图的航行中，船上有 153 人感染了西班牙流感。有 47 人在抵达后立即被送往医院。其中 30 人在 11 月底前死亡。[42]

在流感登陆后，阿拉斯加的港口城镇又持续了一段时间的海上检疫措施；检疫可能有助于减缓疾病的发展，当然，它确实使一些特别孤立的沿海定居点免遭 1918 年瘟疫的毒手。但总体而言，海上检疫来得太晚了。到 11 月，从北部的诺姆和圣迈克尔（"维多利亚"号在返回西雅图的航程中唯一停留的地方）到南部的朱诺和凯奇坎，都出现了流行病疫源地。除了阿拉斯加大陆西南角和阿留申群岛（那里的居民直到春天才感染流感），阿拉斯加湾和白令海沿岸的人民面临的，可以说不再是如何躲避和抵御的问题，而是赤手空拳的搏斗。

事实证明，定居点的人口数量以及与外界接触的频率，都直接关系到当地居民与流感的搏斗成功与否。相对密集的人口以及与美国和加拿大的旅行者的频繁联系，也意味着居民当中有很高比例是高加索人，而非印第安人、阿留申人和因纽特人。因此，可能有某种遗传因素在发挥作用。更可能的解释是，至少在人口、城市、医生和医院最集中的狭地，人们更有能力照顾病人。他们拥有物资、技能、开阔沿海水域的良好交通系统，以及能够利用这些优势的政治和公共卫生机构。城镇和村庄在本地设立了检疫所，创建急救医院，埋葬死者；一些城镇和村庄向附近不太幸运的定居点提供了帮助。11月初，里格斯总督获得美国公共卫生署军医署长的授权，开始雇用医生，将他们派往最需要的地方。即使是阿拉斯加东南部与世隔绝的印第安人村庄，人们或许认为那里的死亡率会很高，但由于外界可以向他们提供帮助，这些村庄也顺利地度过了这场危机。[43]

　　遥远的西雅图和旧金山也为阿拉斯加东南部提供了帮助，尽管姗姗来迟。11月22日，美国公共卫生署的克鲁利什医生、其他9名医生和一些护士抵达阿拉斯加，这支医疗工作队很快就在狭地开展任务，包括凯奇坎、凯克、基利斯努、锡特卡、奇恰戈夫、特纳基、胡纳、朱诺、彼得斯堡，向西最远至科迪亚克。这些美国公共卫生署的雇员在提供科学知识的同时，还开出了古老的希波克拉底式的休息和清淡饮食的处方，这无疑挽救了生命。[44]

阿拉斯加狭地跟西雅图和旧金山一样，顺利度过了大流行，但在更北和更西的地区，在更小和更分散的定居点，有些社区的死亡率很高。这是为什么？最重要的影响因素是疾病在特定社区的传播速度。在库克湾上游的苏西特纳有大约 250 人，其中大部分无疑是阿拉斯加本地人。11 月 16 日，西班牙流感在苏西特纳出现，除二人外，所有阿拉斯加本地人都患病了。八天后才有来自外部的帮助。在此期间，苏西特纳的医务人员只有当地原住民儿童学校的教师，凯瑟琳·G. 凯恩。（在阿拉斯加的村庄里，像她这样的老师也是印第安人事务局的代表，粗略地说是政府对原住民的监护者）。有几十个病人同时进入了疾病的危险期，凯恩在小木屋之间疲于奔命，花费了巨大精力，每天只能对病人做两轮随访。

她很快就没法控制病人的情况了。第一批死者吓坏了原住民老人，凯恩越来越难以应付他们疯狂的恐惧。一些发烧的病人不听从她的指示，在穿不暖的情况下跑到外面去，据她说，有几个人回到屋里后"马上就死了"。

几乎所有人都同时病倒了，很少有人能够从事维持日常生活的工作。没人有力气砍柴劈柴。幸运的是，苏西特纳有一间旧木屋可以拆开，当作木料塞进当地人的炉子。饥饿成了直接的威胁，并在流感过后持续了很长时间，因为康复的男人们太虚弱了，无法穿上雪鞋开始一年一度的捕猎，捕获在新雪中跟跄挣扎的驼鹿。女人们也没有精力去制作通常用来交换食物的篮子和鹿皮靴。她们任由小木屋变得脏兮兮，害虫在杂乱的环境中滋生。

1918 年 11 月 15 日，苏西特纳还是一个有活力的社区。一个月后，约 250 名居民中有 29 人死亡，还有许多人患病。疫情结束了，但苏西特纳成了需要被赈济的地方。[45]

时机至关重要。如果流感恰好在冬季来临之前出现在某个社区，那么就会在没有外界干预的情况下肆虐。这一年的最后一艘轮船将流感带到了科迪亚克岛，而那里没有住院医生。强风暴切断了该岛与阿拉斯加其他地区的联系，两个月内都没有救援人员到来。约 50 名白人和 500 名阿留申人被遗留此处。流感袭击了数百人，47 人死亡。如果没有美国联邦法警卡尔·阿姆斯特朗，死亡人数可能会更多，他阻止了阿留申人互相走动，在一定程度上减缓了疾病的传播；他还亲自护理了一些病人。[46]

有效的领导往往能很好地替代医生和医院。缺乏领导力的地区，就像缺乏其他必需品一样，肯定会出现死亡。凡是领导有方的地区，其领导者都是白人，或是接受过白人培训的本地人。白人和他们的门徒一开始就掌握了绝大部分权力，而流感的发展速度太快，如果当局领导者失败了，根本来不及建立新的指挥系统。另外，说得直白点，有效的领导层几乎必须是白人或受过白人培训的人，因为流行病是在俄国人和美国人到来后，才真正

成为阿拉斯加的威胁；阿拉斯加人的文化中，有很多在
严酷环境中谋生的手段，但几乎没有任何在西班牙大流
感期间生存的方法。事实上，一些最珍贵的习俗和传统
反而为流感推波助澜。

因此，里格斯总督在 1918 年 11 月 7 日发出的《致
所有阿拉斯加原住民》的指令，实际上是建议他们放弃
社区传统和好客习惯：留在自己的村庄，拒绝所有的
访客；避免在村子里互相拜访；实际上，要避免所有
聚会，甚至包括那些对他们自尊心最重要的聚会。"绝
对禁止举行夸富宴*，任何试图操办的原住民都会被检
举。"最荒唐的是，总督告诉他们要给家里通风，鼓励
空气流通。[47]

从诺姆穿过诺顿湾，对岸是哈密尔顿，这个地方的
学校教师的报告虽然带着怒气，并受到文化偏见的影响，
但确实告诉我们，一个没有科学态度的民族在受到一种
陌生的、传染性极高的致命疾病侵袭时，是多么无能为力。
起初，哈密尔顿的因纽特人很少留意流感警告，在几乎
所有人都生病后，他们的反应相当迷信、几乎是自取灭
亡般的淡定：

---

* potlatch，也译为"散财宴""赠礼宴"，是北美洲西北海岸印第安人的
 一种民俗，多在冬季举行。东道主会在宴席上展示、赠予、甚至销毁自
 己的财物，而受礼者必须回赠以价值更高的礼物，否则就是受辱。——
 编者注

> 他们拒绝自救，宁愿坐在地上等死。我为他们
> 做了一切：提供木材和水，劈柴，刨花，生火，做饭，
> 送饭，甚至还充当送葬者和灵车司机。显然，当地
> 人对死者毫不关心，反而感到恐惧。我经常要从啃
> 食尸体的狗那里救出尸体。[48]

那年秋天，在抗击流感的斗争中，良好的领导取得了成功，领导不力或缺乏领导造成了悲惨的失败，这些例子比比皆是。育空三角洲的芒廷村尽管位于被"维多利亚"号传染的区域，却在1918年完全躲过了流感。11月初，一收到流行病的消息，学校教师就通知了当地的领导人，包括白人和本地人，并派人把这一消息和如何控制治疗流感的所有信息送到其他村庄。在与全体居民举行了几次会议后，芒廷村的隔离措施开始生效，会议上，领导者耐心且充分地解释了流感和隔离的相关事项。尽管有古老的传统，当地的捕猎者和渔民显然既不寻求也不接受村外的任何款待，所有接近的外人都被要求保持距离。"这对原住民来说是件难事，"这位教师写道，"但为了确保其家人的安全，他们打破了祖祖辈辈的风俗习惯。"流感传到了距离芒廷村仅19英里的地方，但因缺乏寄生宿主而止步不前。[49]

即使在未能避免西班牙流感传入的村庄，良好的领导也能防止灾难发生。苏厄德半岛的玛丽冰屋在流感到

来后实行了严格的内部隔离，尽管致命的疾病在村庄的下半区杀死了88人，但它从未到达只有1 000英尺（约305米）远的上半区。在阿拉斯加中南部威廉王子湾的埃拉马尔，疾病在全村蔓延；100人，也就是小村庄的几乎所有人，都患上了流感，但只有3人死亡。一位不愿透露姓名的教育局雇员牢牢掌控局势并创造了奇迹，有效地处理了这场危机，"就像在管理良好的社区和军营一样"。[50]

在苏厄德半岛的特勒，西班牙流感到来后迅速击倒了当地的领导者，随后便从容不迫地夺走生命。最先病倒的是福索牧师，然后是当地的翻译，当然他和村里其他大人物一样重要，他的妻子和孩子也死了。接下来，教师J. 艾因斯托特得了肺炎，村里的掌权者只剩下福索夫人还在与流感斗争。她在照顾4个月大婴儿的同时，也尽了最大努力。一些小木屋里只有孩子还活着，尸体开始在屋内堆积；没人有足够的力气把死者拖到外面的寒风中。在特勒的大约150人中，总共只有80人在1918年幸存。[51]

或许，纯粹的好运也相当重要。流感可以像雾气穿过纱门一样穿过隔离区，所以芒廷村和玛丽冰屋也许既有好领导，也是被眷顾的。当地的细菌环境对流行病有决定性的影响，特别是流感，通常只有在其他病原体的共同作用下才能致死。在1918年的阿拉斯加，人口中心是分散的，每个人口中心都可能产生自身独特的微生物选种。也许埃拉马尔的流行病不像特勒的那样凶猛，只因为当地的病原体相对温和。但总而言之，低死亡率和良好管理之间确实存在关联。

在诺姆，凡是可能出错的事情都出了差错。显然，带来了西班牙流感的"维多利亚"号是这个季节的最后一艘船，诺姆和整个苏厄德半岛不得不在没有任何援助的情况下与流感斗争。这种疾病迅速蔓延，甚至在制定出控制它的方法前，疾病就已经泛滥了；当地的领导层一定程度上因流感而陷入混乱。西班牙流感对诺姆和苏厄德半岛的影响，就像黑死病对 14 世纪欧洲的影响一样。

"维多利亚"号于 1918 年 10 月 20 日停泊在诺姆，在短短几天内，当地居民就开始遭受流感带来的第一波苦难。白皮肤并不能抵御这种疾病。一份报告称，在诺姆过冬的 500 至 600 名白人中有 300 人感染了流感。到 11 月 24 日，其中 25 人已经死亡。一些倒下的人本可以在阿拉斯加和诺姆的大流行防治中发挥重要作用。阿拉斯加的教育学监沃尔特·希尔兹是首批死者，而他负责领导在原住民村庄担任重要职务的教师们。诺姆唯一的医生丹尼尔·S. 纽曼尽全力抗击流感，却染上了肺炎并两次复发。附近戴维斯堡的伯森医生是该地区唯一还能派上用场的医生，但他的病人已经超过了他能有效管理的范围。11 月，该军队哨所的 85 名士兵中有 75 人患了流感。[52]

在 11 月 1 日前后，病毒抵达了诺姆及周边地区传播疾病的最佳媒介，即该市的因纽特人村庄。几乎没有因纽特人逃过一劫。在 8 天内，他们中有 162 人死亡。一些因纽特人被迷信的恐怖所扰，在小木屋之间逃窜，把疾病和恐慌传给了越来越多的人。温度降到了冰点以下，救援人员闯入那些不再生烟的小木屋，发现许多人，有时是整个家庭，因为病得太重而无法生火，已经冻死了。为了让因纽特人能够得到有效的照料，一些人从各自的小木屋中被召集起来，被安置在一个大的建筑物中。其中几人显然认为自己被关押在了死亡之屋，便上吊自杀了。[53]

其中一位病逝的因纽特人是 25 岁的"劈风者"，他被称为阿拉斯加有史以来最伟大的雪橇人。他曾在北极深处为著名探险家维尔希奥米尔·斯特凡松做过向导，经历了难以置信的艰难困苦，在没别的可吃时，他就吃雪鞋的鞋带。但现在，他与苏厄德半岛的其余 750 名因纽特人一起，死于西班牙流感。[54]

受西班牙流感打击最严重的不是诺姆这个边境大城市，而是其北部的小村庄。在北美洲最西端的威尔士，教师阿瑟·纳戈兹鲁克向华盛顿发送了一份那里发生的情况的完整报告，其总结陈词为这些绝境中的人类遭遇画上了尾声。由于当地几乎没有任何对西班牙流感的警告，威尔士的居民自由地参加了为一个男孩举行的葬礼，这个男孩在约克（沿小路向南的下一个城镇）病故，他的父亲把他带回了威尔士安葬。两天后，父亲也病倒了，流行病就此暴发。外界一连数天都无法提供帮助：这个季节的最后一艘船早就走了，诺姆在 160 英里外的冰天雪地中，而流行病杀死了约克的所有人。威尔士的绝大部分居民都是因纽特人，一生都生活在几乎与世隔绝的环境中，而这场流行病不啻一场爆炸。在那位父亲发病后的几天内，除了少数人外，所有居民都染上了流感，没有能力互相帮助。唯一幸免于难的家庭是通过远离所有其他家庭来实现的——这在流行病学上合情合理，但对其他人几乎没有帮助。疾病也袭击了领导层，包括本地的护士诺戈兹鲁克和他的妻子，并使领导层陷入瘫痪。

1918 年 12 月 13 日，威尔士总共 310 名居民中，有122 人患病，157 人死亡。最终，死亡人数上升到 170 人，其中包括 5 名在流行病期间出生并死亡的婴儿。[55]

联邦和地区政府尽全力采取的措施，无论是海上检疫、宣传控制治疗的标准方法，还是派遣医生和护士，都没有达到预期效果。秋季的流感浪潮沿着阿拉斯加沿海地区从凯奇坎蔓延到威尔士亲王角，距离超过 1 500 英里。在东南部和诺姆首次出现流感后，甚至一直到 11 月，沿海地区的陆路和海路通行仍然很频繁，这使得西班牙流感不可避免地感染了成千上万沿海的阿拉斯加人。但是，流感向内陆的渗透并非不可避免。

育空地区的诗人罗伯特·瑟维斯称内陆地区的冬天是"白茫茫的土地，像鼓面一样紧绷"，但问题是它还不够闭塞。狗和驯鹿拉的雪橇运不了太多东西，但能够以每天 20 到 30 英里的速度沿着冰冻的河流前行，还会携带流感病毒。对那些在阿拉斯加和加拿大育空地区的内陆过冬的当地人和白人来说，严寒往往使疾病成为一种死刑判决，为了他们着想，原本就客流稀疏的冬季出行将被禁流。

在阿拉斯加的疫情初期，对北方有多年一手了解的里格斯总督，尽管没有足够的资金来执行他的命令，但还是武断地停止了所有到内陆的旅行。他命令所有村庄建立隔离区，并在所有路线上建立一条防疫封锁线。起初，他几乎得到了充分合作，正如一个内陆城市居民所说："在费尔班克斯以外的健康状况改善之前，我们可以靠自己生活。我们甚至不需要邮递服务。"可悲的是，在一些仅通过邮件与朱诺和总督相连的村庄，西班牙流感可能已经随着他的命令抵达。在约克、威尔士、特勒、所罗门、戈洛文、玛丽冰屋，也许还有其他地方，邮递员恰恰就是传染源。[56]

防疫封锁线中最重要的一环是位于奇尔库特山口和怀特山口脚下的斯卡圭，这里是通往育空地区的入口。在这种情况下，流感杀手必须通过的门户是美国，但潜在的受害者是加拿大。这该怎么做？从 1918 年 11 月 1 日开始，斯卡圭实行了长达数月的严格的海上检疫，每个前来的乘客都要被隔离五天，才允许继续前进。里格斯总督写信给加拿大道森的地区专员麦肯齐："检疫费用约为每月 500 美元……鉴于育空地区是斯卡圭实行检疫的最大受益方，您能否帮助我们摆脱财政困难，支付已产生和未来产生的一半费用？"

加拿大确实补上了斯卡圭公共卫生官的工资。至少到次年春天的 4 月中旬，斯卡圭的检疫措施，再加上加拿大人自身的努力，成功保护育空地区免受流感侵袭。[57]

位于阿拉斯加中南部的科尔多瓦是防疫封锁线与海岸相接的另一个重要港口。科尔多瓦是科珀河和西北铁路的终点站，这条路线是冬季进入阿拉斯加内陆的主要通道，也是一条潜在的感染路径。科尔多瓦海滨的严格检疫阻止了大流行在阿拉斯加的高峰期（11 月）上岸，但在接下来的 12 月，检疫被取消了。次年 1 月，流感疫情暴发，像火一样沿着导火线奔向科珀森特和上通西纳的原住民村庄，沿着北部路径奔向阿拉斯加中部重镇费尔班克斯。

代理总督戴维森向费尔班克斯的卫生官发出电报，要求立即在南下的小路上设立检疫站。"在度过危险之前，别让任何人因为商业利益或其他原因说服你放松……让公众信任你，得到他们的支持，因为你将需要每一个人，甚至是孩子的帮助。"[58]

内陆人民确实迅速行动起来，设立了检疫站，将西班牙流感拦在了从海岸到费尔班克斯中途的格尔卡纳。流感在科珀森特、上通西纳和科尔多瓦偃旗息鼓，科尔多瓦的检疫站得以恢复，卫生官们重新占据了最近被敌人抢占的战壕。[59]

位于阿拉斯加内陆中心的费尔班克斯，天然拥有最出色和最复杂的防御。它的防线距离城市边界有数英里远，由医生和美国联邦法警把守。在大流行最危险的日子里，塔纳诺河以西的尼纳纳和库斯科克温河西南方向的麦格拉斯都设有检疫站：这些检疫站保护费尔班克斯免遭来自苏厄德半岛和库克湾地区的传染。北边的育空堡和东边的伊格尔的哨所阻挡了流感沿育空河岸传播的通道。这些哨所保护费尔班克斯远离大流行弯曲的触角——它有可能绕行至加拿大北部地区，并通过其后门进入阿拉斯加。南下到科尔多瓦途中的"急流"检疫站（可能是阿拉斯加山脉山口处的布莱克拉皮兹）险些被大流行侵袭，但它也守住了。为了进一步保护内陆地区，美国法警及其他官员阻止了所有原住民的迁移，劝阻了所有白人的不必要出行。一切寄往费尔班克斯的邮件都由该市出资接受熏蒸消毒，尽管专家建议没有必要这样做。[60]

在村庄一级，防疫封锁线事关动员所有居民仔细检查自己和彼此的健康状况，以便能够立即隔离流感病例。

还要在村外一两英里处设立营地，配备守卫和厨师，任何旅行者必须隔离五天或更久后才获允继续前行，否则会被拒之门外。村庄越小，采取的措施就越具有边疆色彩。在沙克图利克，镇议会主席斯蒂芬·伊万诺夫任命了两名男子为守卫，每人每月工资为 4 头鹿。村子里停止互相拜访。孩子们被禁止成群结队玩耍。违反其中任何规定的惩罚是向镇上交纳半堆至两堆木材，"锯断，劈开，码好"。[61]

到 1919 年 2 月中旬，大流感在阿拉斯加那些严格控制的地区已经消退了，所以除了斯卡圭，其他地区的隔离措施都取消了。现在，阿拉斯加政府最紧迫的问题是如何支付所有账单。雇用检疫警卫的费用为 2.1 万美元，医疗用品为 2 000 美元，运输费用为 7 000 美元。还需要数千美元来处理疫情的余波：像往常一样，流感使年轻的父母比他们的孩子更早死亡，因此有数百名遗孤需要照顾。遭到特别严重破坏的村庄的幸存者比蹒跚的康复者好不了多少，他们必须得到食物，否则死亡率将重新攀升。在一个村子里，当地人杀了 30 条狗，把它们吃掉了，这无疑是最迫切的需求的迹象。[62]

1 月，教育局在不情愿的情况下为诺姆、玛丽冰屋、奇尼克、所罗门和威尔士的全部原住民人口提供食物。在阿拉斯加的许多地区，原住民被禁止旅行、捕猎和贸易，他们在冬季惯常的谋生手段要么被叫停，要么受到严重阻碍。因此，许多原住民不得不接受政府的临时资助，要么就只能挨饿或打破隔离。埋葬死者的费用极其昂贵；地面必须先解冻，而煤炭往往是唯一的燃料，每吨要 36 美元。到冬天结束时，仅安葬费用就超过 1.1 万美元。[63]

国会拨给美国抗击大流行的 100 万美元，早在阿拉斯加可以求助之前，就几乎已经全部花光或留作特定用途，而且阿拉斯加的收入因战时人口迁出而急剧减少，但里格斯总督在秋冬时候一马当先，在检疫、救济和医疗用品上花费了数万美元。"我在授权照顾原住民和白人方面逾越了我的权限，"他承认，"严格按照法律来说，这是刑事犯罪，可能被判处六个月的监禁。但无论后果如何，我不能眼睁睁看着我们的人民像苍蝇一样死去，而不去尝试改变他们的境况。"[64]

1919 年冬天，总督前往华盛顿特区，以期获取一笔专项拨款来支付应对流感的费用。他需要克服重重阻碍：对阿拉斯加普遍的无知和冷漠；担心大流行的救济可能会变成无休止的慈善活动；以及众议院和参议院没有一位阿拉斯加议员的事实。面对众议院的阿拉斯加和波多黎各流感小组委员会主席、来自密西西比州威诺纳的托马斯·西森斯，他始终无法充分说明流行病在阿拉斯加的玛丽冰屋是什么情况。当一位政客在得知阿拉斯加有多少人居住时，里格斯无力动摇华盛顿舆论的真正根源突然暴露了："该死，我们在路易斯维尔一个选区里的人比这还多。"[65]

里格斯总督要求拨款 20 万美元。参议院批准了，但将其削减到 10 万美元。众议院连这一要求也拒绝了。他确实说服红十字会提供了 2.5 万美元的救济金，但其中大部分用于支付已经欠下的债务，或已经"承付"的款项。[66]里格斯几乎空手而归，担心着旧的债务、当下的义务，以及当春天来临，西班牙流感发动对阿拉斯加的第二次攻击时会发生的事。

1919 年 3 月 23 日，斯卡圭有 40 个新的流感病例，其中包括卫生官。检疫隔离一直在继续，但出现了扣留希望离开的旅行者的合法性问题。人们以前经历过这一切，希望恢复常态。一个月后，科尔多瓦出现了 15 个病例，所有前往内陆地区的旅行都被禁止了。但这种情况还能持续多久？尤其是在阿拉斯加领地刚花光了资金的情况下，检疫费用只能由当地社区自行承担吗？ 3 月 24 日，里格斯总督写信给美国参议院和众议院，说他不愿再次作为阿拉斯加唯一抗击大流行的官方机构而承受压力，"除非我的权力和授权得到明确规定"。他观察了两星期左右的灾难阴云，然后，他感到心灰意冷，"外出了几个星期去猎熊"。[67]

神奇的是，当隔离措施解除后，流感并没有涌过斯卡圭和科尔多瓦造成严重破坏。11 月时，流行病在内陆地区还一触即发，到了次年 5 月却一点苗头都没有了。

为什么？猜测是没有用的。西班牙流感本应在 1919 年春天肆虐育空河和亚纳纳河的大山谷，却延后了几个月。当流感真正来袭时，许多人病倒了（例如三分之二左右的费尔班克斯人），有些人死亡，但此时病毒已经大大减弱，这场流行病只是 1918 年灾难的苍白续篇。[68]

阿拉斯加的西南部，即布里斯托尔湾和阿留申群岛，在 1918 年秋季被库克湾和育空三角洲的致命流感疫情两面夹击，但由于恶劣的天气和冬季的及时到来，两地没有受到任何影响。里格斯总督特别担心的是，随着从美国本土驶来开采阿拉斯加渔场的制罐船到来，西班牙流感会在春天来到这个偏远的角落。[69]

里格斯总督的担忧应验了。1919 年 5 月，努沙加克暴发了一场流行病，并蔓延到整个布里斯托尔湾沿岸。大约在同一时间，流感在阿留申群岛的乌纳拉斯卡暴发，该岛是群岛最大的岛屿之一，也是离大陆最近的岛屿。[70]

这次春季浪潮的过程与秋季相似：疾病爆炸性传播；全部的村庄人口几乎同时被击倒了，破坏了维持生活的正常事务；疾病和忽视结合在一起变得凶险，许多人因此死亡。春季的流感受害者有个很大的优势，那就是冰现在融化了，外部援助可以到达他们那里——也许来得太迟，只是杯水车薪，但至少可以抵达。

海岸警卫队和海军前来救援，首先完全依靠其自身力量提供医疗、护理和后勤服务，之后才有姗姗来迟的红十字会医疗队。参与救援的船只有"乌纳尔加"号快艇，船长道奇；"维克斯堡"号炮舰，海军少校里尔登；以及"大理石"号巡洋舰，船长塔兰特。[71] 乌纳拉斯卡大约有45人死亡，而布里斯托尔湾人口较多，且救援来得较晚，死亡人数估计为250人，甚至可能高达400人。在一些村庄有20%、30%，甚至50%的人死亡，阿拉斯加西南部地区的春季死亡率可能比苏厄德半岛的秋季死亡率更高。[72]

天气越来越好，外界的帮助也越来越多，为什么死亡率这么高？似乎天气对西班牙流感的影响比通常的呼吸道疾病要小，而且即使有帮助，也是不充分的。流感在阿拉斯加和其他处女地（如西萨摩亚）人群中的爆炸性传播，可能是其最危险的特征。西班牙流感征服社群的方式与征服个人身体的方式相同，即大规模的攻势。

1918至1919年的大瘟疫已经结束。1918年10月至1919年4月期间，阿拉斯加患西班牙流感的总人数超出了最大胆的预测。约有150名白人和1 500至2 000名印第安人、阿留申人和因纽特人死亡。尽管西班牙流感没有到达普里比洛夫岛或圣劳伦斯岛，或威尔士亲王角以北，也没有渗透到阿拉斯加内陆，还是有多达8%的原住民人口死亡。里格斯总督说："当地人表现得完全没有抵抗力。"[73]

秋季的西班牙流感给阿拉斯加地区政府留下约9万美元的债务，春季的流感又增加了几千美元，用于照顾赤贫的当地人和几百名孤儿。里格斯总督再次向华盛顿特区呼救，但再次徒劳无功。他向红十字会提出的请求日益愤怒，最终被一条简短的答复终结了，该组织的主席目前正"沉浸在哈佛捐资筹款活动中"。[74]

里格斯总督在提交给内政部部长的年度报告中表示，他相信这场大流行对阿拉斯加的打击比对地球上任何地方的都要严重："我怀疑世界上是否存在类似的情况——北极地区的严寒，要靠狗群长途运输，活着的孩子挤在亡父亡母身边，父母已遭狼狗啃食。"他说，那些本应提供帮助的高级官员"都太专注于欧洲的苦难，以至于无法留意阿拉斯加的病人，他们看似受到与俄国签订的郑重条约的保护，却在北方的黑暗夜晚接二连三死去。"[75]

生物统计学家若能得到 1918 年和 1919 年美国本土和各个领地的流感经历的准确完整数据，无疑可以从中挤出许多影响发病率和死亡率的微妙因素的证据。历史学家既缺少准确完整的数据，又不精通定量研究方法的微妙之处，就只能清楚地看到两点。其一，孤立人群中往往会有绝大多数人同时患上西班牙流感的情况。病人的数量超过了护理人群。因此，病人缺乏水、食物和适当的照护，这导致了非常高的死亡率。其二，有效的领导对降低死亡率至关重要。如果自满、无能、疾病或厄运削弱了领导者有效应对大流行的能力，那么西班牙流感就会像黑死病一样致命。

第十三章

病毒的研究、挫折与分离

> ？流感？
>
> 如果我们知道
>
> 流感的起因
>
> 以及它从何来，该怎么办，
>
> 我想你还有我们这些人，
>
> 就不会心烦意乱。
>
> 你觉得呢？

《伊利诺伊州健康新闻报》，

第 9 期（1918 年 11 月），第 203 页。

　　第一次世界大战结束时，众人皆知战争和流感是人类亟须解决的重疾。政治家和外交官前往巴黎解决第一个问题，而世界各地的医生、流行病学家和细菌学家在西线停火时就已经在研究第二个问题。巧合的是，1933

年希特勒成为德国总理，标志着前者的失败；而史密斯、安德鲁斯和莱德劳在这一年分离出了流感病毒，标志着后者取得了相对的成功。

自1918年起，尽管政府对生命科学项目的大规模资助还遥遥无期，但用于流感研究的公共资金和私人资金更多了，各国都有大量渴望从事此类工作的熟练科学家，比史上所有类似研究都要多。在西班牙大流感发生后的十年间，科学界有4 000多种关于流感的图书和文章问世。[1]

1918年，人们似乎有无穷尽的问题，所有这些问题都涉及根本，几乎没有答案。普通感冒和流感到底有什么区别？西班牙流感与先前的流感大流行是同一种疾病吗？与其他流感相比，西班牙流感是继发性感染的产物吗？正确的答案来自知识的日积月累，绝非某项实验就能将所有误解与迷思一扫而空。临床医生更加明确地区分了流感与普通感冒的症状。病理学家撰写报告并进行比较，更加清晰地界定了流感的病变与普通肺炎的差异。流行病学家收集统计数据，完善研究方法，更加精确地定义了流感疫情的特征，而细菌学家逐渐使流感病毒接受科学方法的严格检验。

1884年，细菌学家的楷模罗伯特·科赫制定了一套法则，用来验证一种可疑的微生物是某种疾病的病因。这些假设被称为"科赫法则"（Koch's Postulates），在医学细菌学中的作用犹如犹太教和基督教中的十诫；它们是一种理想条件，虽然不是总能实现，但科学家还是希望能尽力达到：

1. 该微生物必须存在于某种疾病的所有病例中，且能够解释受损组织的损伤。

2. 必须从常见宿主体内分离出该微生物，并在体外进行纯培养。

3. 将该纯培养物接种给健康生物后，必须能引起同种疾病，其特征与自然发生的疾病相同。

4. 所有在实验中发病的宿主体内应能重新分离出该微生物。[2]

但流感不可能这么轻易就范。在流感性肺炎的病变中会发现一整个微生物大观园，包括法伊弗氏杆菌、链球菌、肺炎球菌和葡萄球菌。真正的元凶，即流感病毒，永远无法被"发现"，因为在大流行之后的多年间，细菌学家的设备还不足以看到如此微小的生物。他们的处境无异于海底捞针，那些看得见的针并不是他们要寻找的东西，但没有人知道。

至于纯培养微生物，他们也没有如今这样方便的病毒培养技术。细菌是微观世界的巨人，只要找到它们喜欢的食物，把它们放进去或放在上面，就可以大量培养。

然而，病毒是纯粹的寄生物，只能在活细胞内增殖。如今，科学家可以轻松地在鸡蛋和细胞中培养病毒，而这些细胞完全是在体外人工培养的。第一次世界大战期间和20世纪20年代，细菌学家只能在活的动物体内培养流感病毒；但显然，并非所有人都知道他们在寻找的是一种病毒，也没人知道除了人类之外，它还能在哪种动物体内生存。

由于缺乏合适的实验动物，多年来所有追查流感元凶的努力屡屡受挫。在20世纪初，家禽中暴发了某种流感，尽管已经证实这是一种病毒性疾病，但它被称为"鸡瘟"（fowl plague），直到半个世纪后才被识别为流感。第一次世界大战时期的科学家们一致认为，人类是唯一容易感染流感的生物，也是所有可能的动物中最不适合用来做实验的。[3]

人类不可能按照实验室科学家的安排进行繁殖，因此人类的遗传背景通常是个谜。除非在极其特殊的情况下，人类不会专门吃细菌学家想要的东西，也不愿被注射危险的病原体或药物；人类也不可能心甘情愿接受活体解剖或被杀死，以便科学家在实验结束时检查其内脏器官。最糟的是，人类生活在社会之中，因此不断接触到各种微生物，其中就可能有细菌学家想在控制条件下检测的那种。

正是这最后一项缺陷，使得1918年和1919年将人类作为实验对象的流感传播研究都以失败告终。1918年

11月和12月，在马萨诸塞州波士顿鹿岛的美国海军训练站，62*名海员自愿成为研究西班牙流感传播的实验对象，当时马萨诸塞州有数千人死于流感，其中无疑有他们在军队中同寝共食的伙伴。绝大多数志愿者都因各种罪行被监禁，如果自愿参加实验就会得到赦免，但这并不能改变一个事实：他们明知如此还是将生命置于极端危险之下。

大流行在9月和10月席卷了海军训练站，但其中39人从未感染流感。实验开始后，所有志愿者都被转移到波士顿港盖洛普岛的隔离检疫站。这些志愿者多次接种了不同数量的流感患者的血液和呼吸道分泌物，以及13种法伊弗氏杆菌（即流感嗜血杆菌）菌株，其中一些是在尸检时从流感死者的肺部获得的。这些所谓的感染性物质（infective material）的提供者都明确患有流感，或是最近死于流感性肺炎。其中一些人来自美国军舰"亚科纳"号，这艘船有85%的船员患有流感，可能是海军中情况最严重的。大流行在新英格兰地区依旧猖獗，在该地区人民中活跃的病毒，其毒性也毋庸置疑。但是无论接种了何种物质，这些志愿者都没有得病。

为了接近实地条件，10名志愿者被带到切尔西海军医院的流感病房，每个人都接触了大量呼吸道疾病微生

---

* 原文为69人，此处疑为作者笔误，原始资料记载为62人。——编者注

物。这10人与10名流感患者一对一，握手、坐在病人床边、交谈、在两英寸距离内吸入患者正常状态下以及咳嗽时的呼气。但在10名志愿者中，只有1人患上了某种呼吸道疾病，而且他的病情很轻，可能并不是流感。[4]

1918年11月和12月，旧金山进行了一次类似的流感传播大规模实验。来自耶尔瓦布埃纳海军训练站的50名海员自愿参加。他们在岛上被绝对隔离了一个月，在此期间没有出现一个流感病例，为了继续实验，他们被带离耶尔瓦布埃纳，在天使岛隔离检疫站隔离。其中一人承认，就在他到达海军训练站之前，在10月曾有过一次重感冒。另外，在那个月里，耶尔瓦布埃纳的所有人员都接种了抗流行病疫苗，包括法伊弗氏杆菌、三种类型的肺炎球菌和一种链球菌。志愿者们以不同方式接种了刚从流感患者身上获得的感染性物质，其中3人在不久后得了扁桃体炎。但50人中没有人患流感。

在这场世界历史上最严重的大流感期间，美国公共卫生署和美国海军能够争取到的最好的科学家都无法让志愿者染上流感；与此同时，社区费尽千辛万苦来避免疾病的传播，却无法将其拒之门外。为什么这些志愿者对流感有如此离谱的抵抗力？这些感染性物质的提供者**真的**把流感传给他们了吗？试图传播疾病的方法是否可能杀死流感的微生物？在39名据称没有流感病史的波士顿志愿者中，有多少人是在撒谎，希望能当上小白鼠从而出狱？又有多少波士顿志愿者最近曾接触过流感，并对其产生了短暂但强烈的抵抗力？答案可能是所有人。

但那些旧金山的海员又如何呢？他们在实验前被隔离了一个月。没错，但是在隔离开始之前，旧金山湾区就出现了第一批西班牙流感病例。还有那个感冒的海员——他的不适仅仅是感冒吗？还是感染了症状温和的流感病毒，又把病毒传给了他的所有战友？那种混合疫苗的效果到底如何呢？它是在什么条件下生产的？它可能含有哪些不知名的、未知的微观杂质？[5]

人类是最糟糕的小白鼠。若想发现1918年大流行的罪魁祸首，研究人员只有找到某种易患流感的动物，并且从出生开始就完全控制其生命，才能取得真正的进展。他们需要的是这样一种生物：体内适合流感病毒生存，体型小到可以关在笼子里，且完全没有公民权利。但显然，除非科学家缩小被视为流感病因的微生物范围，否则很难合理展开搜索，因为大部分微生物对传统实验动物都有致病性。

不幸的是，当时许多科学家自以为知道流感的病因，他们相信在25年前就有了答案。在19世纪90年代初，第一次世界大战之前的最后一次大流感引起了理查德·弗里德里希·约翰内斯·法伊弗的关注。法伊弗是最受尊敬的细菌学家，正直无私；他是柏林传染病研究所调研部门的负责人，与科赫等细菌学巨擘共事，该研究所是当时世界上设备最先进、最负盛名的机构之一；他还对霍乱、伤寒等疾病做了出色的研究。无足轻重的人可能会犯下无害的错误，无害是因为错误会被忽视。相比之下，像法伊弗这样的人犯的错误，就会因其本人的声望而成为权威性路标，但指向了错误的方向。[6]

法伊弗研究中的缺陷现在看来很明显——也就是他事后诸葛亮的倾向。1890年春季大流行期间，法伊弗在流感患者的痰液中首次看到了以他名字命名的这种细菌，并拍下了照片。然而，直到1891年11月，也就是在大流行的高峰过去之后，他才真正开始研究流感。这立即引起了怀疑，我们不能确定他在1891年和1892年研究的微生物是否真的与大流行有关。

话虽如此，他从疑似流感患者的上呼吸道提取了感染性物质，在其中发现了大量法伊弗氏杆菌，这正是科赫法则的第一条要求。接下来，他按照第二条假设的要求，在实验室中进行了纯培养，这项操作相当困难，但并没有难倒这位杰出的专家。

第三条假设规定，法伊弗必须将这种杆菌的纯培养物引入易感动物体内，且该动物必须明确出现相关疾病的症状。在这一步骤，法伊弗遇到了困难，即没有已知的实验动物会感染流感。他尝试了许多动物——小鼠、大鼠、豚鼠、猫、狗——但只有猴子和兔子取得了成功（如今我们知道兔子是不易患流感的物种）。猴子患上了呼吸道疾病，但这种疾病并不能明确是流感。法伊弗说，他的杆菌对猴子的呼吸道造成的损害让他**想起了**流感的病变。换言之，他不能也没有明确指出法伊弗氏杆菌在猴子身上引起的病变与人类流感的病变相同。他无法满足科赫第三条假设的要求。

如果法伊弗氏杆菌的剂量足够大，兔子也会生病甚至死亡，但尸检并没有发现典型的流感病变，而且肺部的杆菌生长有时是孤立的，菌群规模也并不大。他也不能完全满足第四条假设的要求。法伊弗部分解释了这点，他推测真正的病原体是杆菌产生的毒素，而不是杆菌本身，这有助于解释为什么在流感性肺炎死亡病例中，法伊弗氏杆菌少得令人费解。[7]

法伊弗谨慎地阐释了他的理论，但许多人并没有留意他表达中的限定条件和存疑之处，而是将其当作事实。法国的细菌学家对此有所保留（可能是由于拿破仑三世向普鲁士人投降的原因，向科赫法则低头也一样），其他国家的细菌学家也是如此；但科学界大体上接受了法伊弗的观点。无论如何，流感还没重要到需要苦苦纠结的地步。美国人汉斯·津瑟在其 1919 年版的《细菌学教程》中相当自信地宣称："通过大量研究，我们已经明确了被称为流感或流行性感冒的临床疾病与法伊弗氏杆菌的关系。"[8]

但也有一些棘手的数据。在 1892 年后的小规模流行病中，有时在临床上具有流感症状的患者鼻腔和喉部都没有发现法伊弗氏杆菌。也许大流感与两次大流行之间的流感是两种不同的疾病。有时，法伊弗氏杆菌会出现在百日咳或其他疾病患者的喉咙里，最反常的是，在没有生病的人的喉咙里也能检测到。1918年10月5日，《美国医学会杂志》警告称，"流感的'影响'仍然笼罩在神秘中"。此时，美国医学界首次意识到这场从波士顿向南和向西肆虐的大流行的严重程度。[9]

来自1918年的证据既强化了法伊弗氏杆菌是流感病因的说法，也提出了质疑。这种杆菌确实广泛存在。在波士顿北部的切尔西海军医院，第一批西班牙流感死者有80%在尸检中发现了法伊弗氏杆菌；在德文斯营也随处可见，大多数观察者因此认为它是大流行的病因，没有任何争议。但是，随着大流行的发展，在一些没有发现法伊弗氏杆菌的地方也报告了大量广泛传播的疾病（肯定是流感）病例。芝加哥库克县医院的J. W. 努兹曼坚称，在1918年9月23日至10月29日期间，医院一共收治了2 000名大流行患者，其中31%死于西班牙流感及其并发症，但从患者身上获得的培养物中只有8.7%检测出了法伊弗氏杆菌。世界各地都传来了类似的报告，直接反驳了法伊弗氏杆菌和流感不可分割的惯常印象。人们在流感病灶中发现了各种各样的微生物——链球菌、葡萄球菌、肺炎球菌，其数量往往比法伊弗氏杆菌还要多。

一些病例中根本就没有发现这种杆菌，这种现象甚至让法伊弗本人也感到困惑。[10]

但是在西班牙流感的时代，法伊弗的流感病因理论并不缺乏支持性证据和拥护者。例如，在阿肯色州派克营经历秋季流感期间，尤金·L. 奥佩、弗朗西斯·G. 布莱克、詹姆斯·C. 斯莫尔和托马斯·M. 里弗斯在 23 个明显无并发症的流感病例中发现了法伊弗氏杆菌。他们给猴子接种了这种杆菌，结果猴子得了类似流感的疾病。

也许用于接种的物质中隐藏着流感病毒。也许使用的法伊弗氏杆菌的菌株毒性特别强。这种微生物几乎可以感染身体的任何组织，在肺部、耳朵、眼睛、关节、脑脊膜，甚至在心脏瓣膜上引发疾病，但它并不会引起任何特定的疾病。这只不过是拿着答案找问题。[11]

1921 年，奥佩、布莱克、斯莫尔和里弗斯共同出版了《流行性呼吸道疾病》，并在书中指出，他们的研究完全支持法伊弗的说法，即法伊弗氏杆菌始终存在于流感病例中。他们宣布，这种杆菌"极有可能"是大流感的起因。他们的研究方法似乎无懈可击，其结论也合乎研究的逻辑。45 年后，里弗斯已是美国极富声望的资深科学家，他爽快地承认："好吧，我们百分之百错了，我希望自己从未写过这一章。"[12]

一些科学家解释了某些流感和流感性肺炎的病例中没有法伊弗氏杆菌的原因。他们认为，这种杆菌有时能有效破坏人体对抗呼吸道感染的防御系统，使其他种类的微生物得以入侵，盖过疾病最初的肇因。或者说，流感患者肺部只存在少量法伊弗氏杆菌，并不表明这些杆菌对死亡原因无足轻重，而意味着它们产生的毒素威力巨大——这呼应了法伊弗的旧观点。一位研究者从流感性肺炎患者的痰液中分离出了五株法伊弗氏杆菌，人工培养后进行过滤，这种过滤器的滤孔极细，无法通过任何细菌，再把纯滤液接种给兔子。兔子死了，该研究者认为法伊弗氏杆菌产生了一种滤过性毒素；而如今我们会认为，这表明某种病毒通过了过滤器并杀死了兔子。[13]

　　法伊弗氏杆菌病因说的支持者热衷的观点是：有些研究者之所以在从流感病人身上获得的感染性物质中发现这种杆菌，是因为他们的实验室技术不佳。无论在过去还是当下，这种杆菌都是一种很难处理的微生物。它不会在实验室用于培养细菌的一般培养基上生长，除非加入加热的血液、制成那种俗称"巧克力琼脂"的培养基。还有一个问题是，法伊弗氏杆菌经常与链球菌和肺炎球菌同时存在于病人的喉咙里，这些球菌会抑制前者的生长。它们很可能会彻底击溃流感嗜血杆菌（法伊弗氏杆菌的现称），因此很难培养该杆菌的纯培养物。[14]

　　为了找寻培养法伊弗氏杆菌的便捷方法，人类历史上最伟大的偶然发现——青霉素诞生了。这个故事值得偏题一会儿来讲述。亚历山大·弗莱明是一位细菌学家，第一次世界大战期间在英国陆军服役，他强烈地意识到，需要找到某种物质来阻止人类伤口感染扩散，也需要发现并控制引起流感的微生物。就第二个问题而言，除非找到能抑制所有球菌生长的物质，使法伊弗氏杆菌的纯培养物得以生长，不然对法伊弗氏杆菌的研究显然将受到严重阻碍。在20世纪20年代末，弗莱明无意中将一些葡萄球菌的培养皿暴露在空气中，遭到了污染。他注意到，在一群不请自来的青霉菌周围，所有的葡萄球菌都死亡了。他很快发现，青霉菌杀死了所有常见球菌，但法伊弗氏杆菌却安然无恙。

　　这番经历使得弗莱明发现了所有抗生素中最神奇的一种，他还发表了一篇不显眼的小文章：《论青霉菌培养物的抗菌作用，特别是在分离流感杆菌时的作用》。弗莱明在文章中指出，这种霉菌"有助于分离流感杆菌"，还"可能是一种有效的抗菌剂，感染了对青霉素敏感的微生物后，可以涂抹或注射到患处"。[15]

　　获取和培养法伊弗氏杆菌的技术逐渐改进，但这种杆菌在流感患者中的检出率仍然不够高，无法平息人们的质疑。有一件事特别令人费解：在1919年的英国和1920年的加拿大多伦多，同样的人使用同样的技术，在英国几乎所有流感病例中都发现了法伊弗氏杆菌，而多伦多只有在24%的病例中找得到。[16]

　　支持者仍然可以把这一切归咎于法伊弗氏杆菌难以

驾驭的性质，也确实如此。然而，理论和实践却都支持那些怀疑者。从理论上讲，某一流行病就是某种微生物的产物，而且是该微生物某一菌株的产物。换言之，大流感理论上始于某一微生物个体的突变，这大大增强了该微生物对人体的毒性。它比其他种类的微生物，甚至是它的近亲都更成功地获得了在人体内繁殖的手段；因此，它和它的"直系后代"以爆炸性的速度繁殖并传播给其他人类宿主。如果一位细菌学家在检查流行病的主要病原体，而非次要的感染原，他就会发现所有从流行病患者身上得到的微生物都来自同一菌株。

但这一理论没法解释美国军队在抵达英国后出现的第一批秋季流感病例。他们都是从美国乘坐同一艘运兵舰来的，有些在船上发病，有些在抵达后不久就发病了。这些流感病人被送往英国的多所美军医院。鉴于流感是在公海上才暴发的，这场流行病的源头很可能是某些患病的士兵或海员，甚至是同一个人。因此，如果1918年的技术可以恢复主要的感染原，那么在绝大多数患病士兵的喉咙和肺部应该都能发现同一种微生物，甚至是该微生物的同一菌株。在第29后方医院，每一个尸检病例中的主要微生物都是4型肺炎球菌。在第33后方医院，检查的病例中有一半出现了溶血性链球菌。在其他医院，除4型肺炎球菌外，也出现了其他类型的肺炎球菌和葡萄球菌，在两个病例中通过纯培养得到了脑膜炎球菌。

在大多数医院，尽管法伊弗氏杆菌是喉咙中的常客，但只有一家医院发现它是多数病人体内最普遍的微生物。[17]

好吧，这一切其实都很容易解释。那些微生物都是次要的入侵者，当然了，法伊弗氏杆菌除外。像往常一样，这种杆菌在纯培养中的罕见程度令人不安，但也可以解释为：在这些医院中寻找法伊弗氏杆菌的六名或更多的细菌学家，大概（事实上很可能）技术欠佳。

1918 年，在大西洋西岸，纽约市卫生局的威廉·帕克和同事开始核查据称在他们的大陆引起流行病的法伊弗氏杆菌菌株；在大西洋另一侧，未来的青霉素发现者亚历山大·弗莱明和美国陆军医疗队的弗朗西斯·J. 克莱明杰，也在伦敦圣玛丽医院展开了同样的研究。这两个团队都具备最专业的技能。

纽约的研究小组首先从同一个小型社区的九份杆菌样本着手调查，该社区很可能受到某个单一源头的感染。这些样本全部来自尸检；帕克和他的同事们认为，比起可能或已经康复的流感患者，来自死者的样本更适合代表纯正的大流行菌株。他们仔细检查了这些样本，结果十分明确，也相当令人失望。九份样本明显不同，帕克得出结论："这些尸检菌株都是个体自身的流感杆菌。"换言之，并不是流感杆菌将流感带给了某个个体，而是死者本身携带着流感杆菌，从而加重了疾病。

最终，纽约市卫生局检测了一百多个流感病例，尝试找出法伊弗氏杆菌的样本。事实再次证明，异质性是常态，相似性是例外。与此同时，弗莱明和克莱明杰从布洛涅、埃塔普勒和伦敦分别收集了这种可疑杆菌的菌株。如果法伊弗氏杆菌确实是大流行的主要原因，那么所有样本即使不完全相同，也应该是相似的。然而，它们也有很大差异。伦敦小组证实了纽约小组的经历，帕克用冷静的不可知论陈述了两个团队的评估结果："因此，我们的最终结论是，尚未确认造成这一流行病的微生物。"[18]

这本该彻底打垮法伊弗氏杆菌的名声，但只不过是蚍蜉撼大树。汉斯·津瑟在1922年说，像帕克和他的同事那样仔细又有经验的研究者，报告了许多不同的法伊弗氏杆菌的凝集菌株，而这些菌株原本应该只有一种，那么"我们首先想到的不是这些菌株是不同的，而是这些凝集菌株由于某种原因（也许是因为微生物太小了，以及特殊的表面关系）并不是特异性凝集"。[19]换言之，津瑟更倾向于怀疑这个实验，而不是接受实验结果。

不过，津瑟也并不是傻瓜。关于流感有太多模棱两可之处，令人费解，以至于不断出现支持错误假说的证据。给动物接种法伊弗氏杆菌的实验结果并不明确，罗素·L.塞西尔和弗朗西斯·G.布莱克对此感到不安。他们推断，这种杆菌在活体外培养时会迅速丧失毒性。因此，为了恢复并增强该杆菌的毒性，他们给一只白鼠接种了杆菌，再从白鼠体内重新分离得到杆菌，并以这种方式在另外

10 只白鼠身上继续接种。也就是说，他们接连为 11 只白鼠接种了法伊弗氏杆菌。该菌株最初来自一个患有流感和肺炎的儿童，起初对小鼠没有毒性，但第 11 只小鼠却死亡了。研究人员再次从小鼠体内找到了这种微生物。塞西尔和布莱克说，他们接着将杆菌连续传播给 13 只猴子，产生了经常在大流行的罹难者身上看到的"湿肺"。他们是否在动物之间同时传播了法伊弗氏杆菌与流感的真正源头？他们的技术是否存在缺陷，导致有肺炎球菌或其他病原体完成了从儿童到小鼠再到猴子的连续旅程？或者，他们在连续传播的过程中真的创造了一株法伊弗氏杆菌，至少在猴子身上确实引起了类似流感性肺炎的病变？还是说，在实验室的桌子上，在那些撑开的肋骨之间，他们看到的是他们认为自己应该看到的东西？[20]

直到 1929 年，著名科学家 W. S. 斯科特在为英国权威出版物《医学相关细菌学体系》撰写关于流感的章节时，仍然坚称进一步研究法伊弗氏杆菌将最终解开流感大流行之谜。他抱怨说，支持或反对这种杆菌已经造成"双方不必要的狂热"和"信仰高于理性"的立场之争；他接着写道，在流感疫情中发现了不同的法伊弗氏杆菌菌株，这的确削弱了这种杆菌是病原的理论依据，但实际中未必如此。斯科特初步提出的解释是，在许多死亡病例中找不到这种杆菌，是因为该杆菌在死亡并消失时会释放出某种毒素，杀死了宿主。杆菌越少，释放的毒素越多，就越容易致死。[21]

不过，在大流行期间和之后，越来越多人对法伊弗氏杆菌产生了怀疑。但这些持怀疑态度的细菌学家并没有都去追寻流感的真正原因——病毒。一些人花了数年时间来驳斥法伊弗的理论；而另一些人则追寻其他所谓的元凶，其中不乏那个时代许多杰出的科学家，他们耗费了无数人力物力在艰辛徒劳的工作中，最终证明自己是错误的。

如果法伊弗氏杆菌不是流感的肇因，那会是庞大的微生物家族的其他成员吗？比如链球菌？早在法伊弗的研究之前，就已有人推测链球菌是可能的病因；在1918年，马里兰州米德营检测的110个流感病例中有87%发现了链球菌。无论德文斯营和其他地方的情况如何，链球菌在米德营是最常见的肺部病原体，发现这一情况的科学家乔治·马瑟斯上尉本人也死于流感，使情况获得了重视。[22]

在大流感期间和之后的两年里，美国德高望重的科学家、梅奥基金会的实验细菌学教授爱德华·C.罗斯诺用从流感患者身上获得的微生物（主要是链球菌）做了大量实验。他认为，自己能够使用链球菌在豚鼠身上引发1918年流感患者普遍出现的症状和病变。他甚至研发了一种含有葡萄球菌和链球菌的疫苗，这是一个典型的例子——面对来势汹汹的流行病，本该小心翼翼的研究人员不得不病急乱投医。更令人困惑的是，罗斯诺的疫苗获得了可喜的结果。这或许表明，如果你在流行病快要结束之时将任何东西注入人体，哪怕只是蒸馏水，统计结果都将显示预防成功。[23]

链球菌作为流感病因的观点并不完全成形。很少有研究人员能像罗斯诺一样，用这种微生物在动物身上引起明确的流感。和流感一样，扁桃体炎和普通感冒的病例中也频频出现链球菌。暴发流感的某个地方发现了链球菌，但在另一个地方却又没有。在芝加哥，细菌学家在 1918 年的流感中很容易找到这些微生物，但当 1920 年冬天流感再次暴发时，同一批观察者用同样的方法却根本找不到它们。[24]

与其他疾病有关联的其他微生物，例如肺炎球菌和葡萄球菌，也被说成是流感的肇因。大流行期间，在某些地方，这些细菌是流感患者喉咙中的主要微生物；但无论采取何种手段，它们都无法引起一例明确的流感病例。更可能的是，病因不是任何常见的微生物，而是某种完全未知的、小到迄今为止所有显微镜都看不见的东西。

自 1918 年可怕的 11 月起，四年来，著名的洛克菲勒医学研究所的彼得·K.奥利茨基和弗雷德里克·L.盖茨一直在追踪他们的候选细菌——害肺杆菌（如今被称

为害肺小杆菌）。这种从流感患者身上获得的微生物虽然
不是病毒，但非常微小，足以通过任何孔径的细菌过滤器。
事实证明，害肺杆菌的培养非常困难，但奥利茨基和盖
茨学会了如何培养，然后将纯培养物注入兔子和豚鼠的
气管。这些动物都病了，轻度发热。研究人员将它们杀
死后检查，在其肺部发现了大量的疾病迹象。奥利茨基
和盖茨说，兔子比豚鼠的实验结果更令人满意，因为兔
子出现的症状和病变与人类患流行性感冒时的现象非常
相似。两位研究人员能够从这两种患病动物的肺部重新
分离出害肺杆菌。科赫法则的四条假设都得到了满足。[25]

　　但是其他科学家的实验能否证实奥利茨基和盖茨的
假设呢？可惜，有英国研究者给人类被试接种了害肺杆
菌，但没得出什么定论。还有德国研究者用他们的候选
细菌喷洒自己的喉咙，但没引起任何结果。最残酷的打
击来自英国的三个破坏者：H. B. 梅特兰、玛丽·L. 考恩
和 H. K. 德特韦勒。他们在实验动物身上重现了与奥利茨
基－盖茨实验中相同的病变，但有些动物接种了人类流感
患者分泌物的滤液，有些则没有。三人最终发现，这些
动物的肺部之所以产生病变，是因为进行内部检查时杀
死动物的手法。如果猛击后脑勺来杀死动物，即各地实
验室常用的手法，那么心脏会继续跳动 5 分钟，肺部会
产生病变。如果用剪刀剪开动物的胸壁和心脏，奥利茨基－
盖茨实验中的病变就不会出现。[26]

奥利茨基和盖茨的追踪一直持续到1923年，他们甚至制造了一种疫苗。这一年，德国的 A. 霍廷格发表了一篇论文，介绍他通过将简单的盐溶液注入动物的气管，成功引发了奥利茨基－盖茨病变。[27] 显然，洛克菲勒研究所的两位专家发现的是一种人类呼吸道细菌，无论这种细菌具备怎样的特性，都没能引起奥利茨基和盖茨声称的病变或者西班牙流感。

此外，美国的大众媒体在1923年终于注意到了害肺杆菌，并宣布奥利茨基和盖茨发现了流感的病因。这两个人从没发表过这样明确的说法，但在往后的日子里，两人不得不解释这个所谓的权威声明。[28]

20世纪20年代，害肺杆菌被当作凶手的生涯告一段落，该微生物作为人类呼吸道一个不起眼的寄居者，似乎没有引起任何疾病。它不再被当作西班牙流感的元凶，但这没有阻止人们去寻找同样小的，甚至更小的、更神秘的东西。

人们相信可能存在一种如此微小、难以捉摸的微生物，它甚至能从现有最强大的显微镜的物镜下溜走，但仍然有自我增殖能力并引起流感。这令人困惑，但也算不上歪理邪说。1914年，德国科学家瓦尔特·克鲁泽将普通感冒患者的鼻腔分泌物放入一个细菌过滤器，再把滤液滴入完全健康的人的鼻腔中，这似乎将普通感冒传染给了他们。两年后，美国陆军医疗官乔治·B. 福斯特在哈佛医学院再现了克鲁泽的实验。于是，流感也可能是由某种能通过过滤器的物质引起的假说开始萌芽。例如，1916 年 1 月，波士顿医生 M. J. 罗西瑙（日后参与了盖洛普岛的流感传播实验）在马萨诸塞州联合卫生委员会举行的流感和肺炎研讨会上提出，"根据维也纳的克劳泽［原文如此］的研究"，流感的起因可能是一种滤过性病毒（filterable virus）。[29]

1918 年 8 月，西班牙流感在塞拉利昂、布雷斯特和波士顿爆发性蔓延。波士顿是西半球重要的医疗中心，在那里，流感的感染原可能是亚微观的假设已经在流传。幸运的是，罗西瑙是切尔西海军医院的实验室主任，这所医院收治了许多来自联邦码头的病危海员，许多人正以可怕的速度死去。眼下，取得流感研究的重要突破已经万事俱备：这种疾病处于早期最纯粹的形式，对其病因的正确假设，以及熟悉该假设并掌握着试验人员和设备的科学家。

在大流行肆虐之时，罗西瑙和 J. J. 基根中尉开始检验这一假设，即流感是由滤过性病毒引起的。他们从两名流感患者身上获取了鼻咽分泌物，过滤后将滤液注入来自鹿岛训练站的 9 名海军志愿者的鼻腔中。在那时，鹿岛训练站仍然完全没有流感。罗西瑙和基根密切观察了志愿者 10 天，远远超出了流感通常的潜伏期。志愿者们没有出现流感的体征。因此，在 1918 年 9 月 28 日的

《美国医学会杂志》上，基根中尉以细菌学家的身份发表了一篇文章，声明西班牙流感"不是由滤过性病毒引起的"。[30] 接下来的几个月里，世界各地的科学家不断重复这一实验，结果往往是相同的。

罗西瑙和基根也受困于前文中提到的种种难题，特别是人类不适合作为实验动物这一点。提供分泌物的患者果真是流感病例吗？当西班牙流感的温和变种在 1918 年春夏席卷全球时，这 9 名志愿者在哪里？鹿岛果真没有受到不远处波士顿疫情的污染吗？在流感首次出现在联邦码头的几天内，海军医院几乎所有人都肯定接触过它，也包括罗西瑙和基根；在接种之前，他们是否与志愿者接触过？隔了多久？是否间隔了很久，使得这 9 名志愿者可能感染过无症状的流感，并产生了免疫力？

问题，问题，问题。但凡是人体实验，其结果就会遭到怀疑。但凡是在大流行期间尝试做实验，一旦疾病真正从四面八方涌来，席卷了实验者和受试者，结果将极不可靠，几乎是荒谬的。细菌学家在大流行期间做人体实验，就像一个人在酒吧斗殴时试图制作瓶中船一样。

对于那些在 1918 年和 1919 年"成功"用滤液传播流感的科学家，人们唯一能给予的赞美是：他们的假设是正确的。不幸的是，他们用来证明自己正确的实验经常存在技术问题。一些人可能只是恰好得出了正确结论。因此，他们的研究和出版物并没能阐明西班牙流感的病因，反而模糊了问题。

1918 年，德国人塞尔特将流感病人用来漱口的液体过滤后，喷洒到他和他助手的喉咙里，产生了"类似流感"的症状。这发生在大流行期间，因此不能确定受试者是否仅仅由于滤液而患上流感——前提是他们真的得了流感。他们没有尝试培养感染原，也没有进一步传播感染原。

在战壕的另一边，法国巴斯德研究所的尼科勒和勒巴伊在一系列复杂实验中，将流感病人痰液的滤液经皮下接种到一个人身上，并在另一个人身上进行静脉注射。第一个人在六天内产生了轻症流感，第二个人没有出现任何症状。这同样是在大流行期间，因此无法确定一号受试者的真正病原。此外，通过皮下注射感染性物质来传播呼吸道疾病的方式值得怀疑。这样感染流感的可能性很小，甚至几乎不可能。[31]

在世界另一端，日本的山内保、坂上弘藏和岩岛十三从 1918 年 12 月到 1919 年 3 月做了一系列艰苦的实验。实验内容包括：将流感病人痰液的滤液注入 12 名健康人的鼻腔和喉咙，将流感病人的血液滤液注入 6 名健康人的鼻腔和喉咙，将流感病人痰液的滤液皮下注射给 4 名健康人，以及将流感病人的血液皮下注射给 4 名健康人。作为对照，他们还给 14 名健康受试者的鼻腔和喉咙中注入了法伊弗氏杆菌的纯培养物，法伊弗氏杆菌、肺炎球菌、链球菌、葡萄球菌"和其他在流感患者痰液中常见的类似微生物"的混合制剂。

除了那些已经有过明显流感症状的受试者，所有接种了各种感染性物质滤液的受试者都患上了流感。却没有一个人在接种了法伊弗氏杆菌和混合制剂后发病。

津瑟提及这三位日本科学家时说："如果人们毫不怀疑地接受他们的实验，那么流感病毒的可过滤性将成为既定的事实。"但津瑟并不同意，如今的科学家也是一样。谁又能确定那些受试者先前没有接触过流感呢？到1919年1月底，日本有数百万人感染了流感，数万人死亡。参与实验的受试者大多是医生和护士，肯定已经接触过这种疾病。怎么会有人通过皮下接种而感染流感呢？怎么会有14人在遭受法伊弗氏杆菌和细菌混合物的狂轰滥炸后，却没有一人生病，就连喉咙痛都没有呢？别的姑且不论，人们至少会对完美的实验结果感到惊讶。[32] 他们百分之百证实了这个滤液假说——不是95%或99%，而是100%。活体生物是难以捉摸的，在研究其相互作用时，如此绝对明确的结果必然会引发质疑。

并非所有科学家都犯了使用人类受试的错误，也就是说，他们还会犯别的错。在1918年和1919年初，流感研究者开创的细菌学分支——病毒学——还很新、很不成熟，他们的主要贡献甚至就是犯下大错并公之于众，从而使其他人不必重蹈覆辙。

吉布森、鲍曼和康纳分别是英国、加拿大和澳大利亚医疗队的军官，大流行在法国军队中最为严重的时期，他们在阿布维尔做了一系列精心设计的实验。[33] 由于1918 年流感在人类中盛行，这三位科学家明智地选择了动物做实验：猴子、狒狒、兔子和豚鼠——在靠近前线的地方，这么一群实验动物可非同寻常。他们分别将流感患者未经过滤的和过滤后的痰液注入这些动物的鼻腔，在这两种情况下，动物都出现了与人类流感病例"类似"的病变。就这样，三人似乎找到了一种能通过过滤器的微生物，用他们的话说，"很可能是当下流感的源头"。

然而，实验动物在接种滤液后虽然出现了流感的其他症状，如虚脱和毛发耸起，但它们的体温没有上升。不会引起发热的流感——这无疑是熟悉人类流感症状的人意想不到的现象。三位研究人员在尸检时发现，这些动物的呼吸系统严重受损，但它们活着时只有轻微的流感症状。他们对这种落差感到困惑："我们对肺部可能的受损程度大为震惊，没有任何明显的临床症状或体征表明这些动物有什么不对劲的。"梅特兰、考恩和德特韦勒发现，若击打实验动物的后脑勺就会引发肺出血，这使人们愈发怀疑这种病变原因的判断是错误的。

科学家和普通人一样，也会受到连带责任的影响。不幸的是，吉布森、鲍曼和康纳向英国皇家陆军医疗队的 J. A. 威尔逊上尉展示了他们的发现，而后者当时也在从事同样的研究："他认为我们的微生物与他自己的微生物相同，在查看了他的载玻片之后，我们达成了一致。"[34]

威尔逊与约翰·R. 布拉德福德和E. F. 巴什福德这两位颇具声望的资深医生合作，在法国埃塔普勒地区的第20号和第26号综合医院研究流感问题。这项研究艰苦漫长，从1918年6月西班牙流感的第一波浪潮开始，一直持续到致命的秋季流感，再到1919年2月席卷法国的第三波浪潮。他们使用了多种动物，包括猴子、兔子和豚鼠。三位科学家获取了流感患者的痰液样本，对其过滤后，培养出能通过过滤器的"微生物"，再为20只动物接种，一部分接种了滤液，一部分接种了纯培养物。20只动物中有19只的结果呈阳性，这些实验动物在肺部、肝脏、肾脏和心脏都出现了流感样病变。他们从这些病变中重新分离出了病毒。科赫的四项假设都得到了满足；他们发现、分离并培养了流感的病因。

这个团队还分离并培养了其他微生物，可以引发战壕热和其他11种疑难杂症。威尔逊、布拉德福德和巴什福德要么是像伽利略、牛顿和爱因斯坦那样的巨人，要么就在某些地方犯了错误。

一位严厉的细菌学家J. A. 阿克赖特试图复现他们的实验。他采用了他们在试管中培养病毒的方法，却得到了被葡萄球菌严重污染的液体。威尔逊试图为自己和两位同事辩护，他从自己收集的培养物中挑了两管拿给阿克赖特。阿克赖特发现它们也爬满了葡萄球菌。在威尔逊、布拉德福德和巴什福德的研究中，威尔逊显然是实验室操作规程的主要负责人，他直面现实，承认了自己的错误。

布拉德福德和巴什福德已经是享有盛名的杰出科学家，他们幸免于这一耻辱，并在《古今世界科学名人录》这部记录伟人事迹的万神殿中，获得了极有分量的身后评价。威尔逊则沉入无名之地。也许他更值得同情而非责难；在那篇声称发现了流感病因的文章中，威尔逊对主要助手表达了诚挚感谢，读者可以从中得出结论："至于实验室助手，也就是二等兵 J. F. 格雷厄姆，他的贡献确实很大。他对细节的认真关注，对努力完善培养基的自豪，以及他的热情，使我们得以在法国综合医院的困难条件下工作。"[35]

研究还在继续，世界各地的数百名科学家撰写了数百篇论文，得出了否定性或可疑的结论。他们一点点完善了细菌学的技术，并发明了病毒学的研究方法。他们一个个屈服于流感研究中最具吸引力的错误可能性，并证明它们是错的。整个 20 世纪 20 年代，寻找流感病因的工作一直在继续，即使只是以极慢的速度进行。[36]

一些科学家猜测，绕远路最终或是解决流感之谜的捷径。他们建议，找到一种与流感相似的动物疾病，解开它的谜团，或许就会发现终于触及了流感的核心。哈佛大学和洛克菲勒研究所的细菌学家西奥博尔德·史密斯在 1921 年提出，发现犬瘟热病因的人也许能够解开流感之谜，他不是唯一这么想的人。[37]

1921 年，隶属于英国政府的医学研究委员会决定对犬瘟热展开调查，希望这种研究能对人类流感和普通感冒等类似疾病有所启发。委员会成员也期盼"有可能缓解或预防犬瘟热，并减少这种疾病给国家造成的巨大经济损失；当然，就其个人立场而言，这只是次要目标"。[38]

犬瘟热不是流感，但在临床上是相似的。词典上说，它是一种"狗的传染性黏膜疾病，特征是发烧、食欲不振、眼鼻有分泌物"。这种病可能是致命的，猎狐爱好者们试图使他们的猎犬群恢复到战前水平，但受到了阻碍，因此他们希望找到犬瘟热的治疗方法，并愿意为之付费。他们在《野外》等狩猎和射击杂志上发出呼吁，在十年内，英联邦和美国的爱狗人士为支持医学研究委员会的这一项目共捐款 3.7 万英镑，是英国政府拨款的两倍多。[39]

在英国米尔山的国家医学研究所，人们在农场实验室开展了对犬瘟热病原体的研究。距离其他建筑物几百码远的地方建有一个大院，周围完全被铁栅栏包围，栅栏高出地面 6 英尺，深至地下 3 英尺。围栏内是犬舍，彼此间隔 15 码至 20 码。用于实验的动物是由最健康的亲代繁殖的，并在成熟后与其母亲分开。两个"犬舍保姆"住在院内的平房里，负责照料这些动物。所有用于喂养和照顾动物的物品都会煮沸消毒，或是用高压蒸汽灭菌。

所有进入大院的人（很少有人被允许进入）都要经过一栋小楼，在那里脱衣服、洗澡并穿上无菌服。实验楼、解剖室和实验室也同样要求在无菌环境下操作。[40]

不到五年，爱狗人士投入的财富和努力就得到了可观的回报。1926 年，G. W. 邓金和帕特里克·普莱费尔·莱德劳分离出了引起犬瘟热的病毒，并很快研发出了疫苗。该疫苗在达尔弗顿犬、帕克里奇犬和沃里克郡犬等名称美妙的犬群身上进行了实地试验，并证明能有效抵抗该疾病。到 1929 年，犬瘟热疫苗已进入商业生产阶段。

在医学研究委员会看来，对米尔山的投资也收获颇丰。制服犬瘟热推进了对其他病毒性疾病的研究进展，例如银狐的瘟热、牛的牛瘟、人类的黄热病，以及所有疾病中回报最大的——流感。[41]

20 世纪 30 年代初，人们已经积累了相当多关于流感的知识，至少有两个国家的合作竞争的研究团队即将分离出其病因，也就是流感病毒。1931 年，美国人似乎最接近这一目标：哥伦比亚大学医学院的 A. R. 多切兹、K. C. 米尔斯和小耶尔·尼兰报告他们成功分离出了普通感冒病毒，并将其传染给人类志愿者；而洛克菲勒研究所的理查德·E. 肖普和保罗·A. 刘易斯则分离出了猪流感病毒。[42]

1933 年初，英国暴发了一场明确的流感疫情。威尔逊·史密斯、C. H. 安德鲁斯和 P. P. 莱德劳推测病毒是这次流行病的原因，并做了一系列实验来验证这一理论。当流感患者出现明显症状后，他们第一时间取得了患者的咽漱液并过滤，再用这些滤液去感染不同种类的动物。和之前的众人一样，他们并没有成功。但他们又尝试了雪貂。

雪貂是黄鼠狼在旧世界的尖牙亲戚，人们不会选它们作为实验动物。在一个有豚鼠和兔子的世界里，没有哪个细菌学家愿意尝试把针头扎进雪貂的身体。但在20世纪20年代中期，米尔山的研究人员发现，在疾病研究方面，雪貂比狗更有优势。雪貂非常容易感染瘟热，在感染后通常会死亡，研究人员就能避免在不知情的情况下尝试感染那些已经获得免疫力的动物。此外，与狗不同的是，雪貂在狭窄的空间中，比如在笼子里，会感到舒适愉悦。这三位流感研究者想，为什么不在它们身上试试流感呢？[43]

史密斯、安德鲁斯和莱德劳给两只雪貂注射了流感滤液。三天后，这些动物发烧了，看起来病恹恹的，躺在地上像是肌肉无力，鼻子还滴着水。

这项初步工作是在实验室外部受污染的大环境中完成的。现在，调查显示了希望，于是实验被转移到米尔山的无菌微观世界进行，在那里，所有缜密规程被再次实施起来，以确保实验的严格控制和有效性。流感研究所用的雪貂都被安置在一个特殊的建筑中，该建筑经过专门设计,甚至能阻止最具传染性的疾病传播。在那里,实验人员及其助手遵循着最严格的操作规程,以保护这些雪貂不受污染,而这些人还有剩余的时间用于工作。该建筑只能从一个通道进入,通道的地板上有三英寸深的来舒消毒液。所有工作人员和访客都穿着橡胶靴和橡胶外套,进入时都要用消毒液冲洗。该建筑内部有一个中央大厅和若干隔间,每个隔间都与其他隔间和大厅完全分开。每只雪貂都被放在一个特殊的笼子里,而每个笼子放在一个隔间里。工作人员在进入隔间之前,要用消毒液擦拭身体,离开时再擦一遍。

整套流程相当烦琐,且费用很高。为了节省开支,实验人员只能集中精力研究他们获得的感染性物质中的一个菌株,这个菌株是由威尔逊·史密斯本人提供的,很可能有一只生病的雪貂朝他脸上打了喷嚏,使他感染了流感。这是流感病毒最早也是最古老的实验室菌株,至今仍与我们同在,以代表其来源的首字母缩写广为人知:WS。[44]

在米尔山,史密斯、安德鲁斯和莱德劳发现,他们通过将滤液注入健康雪貂的鼻腔(其他接种途径都不起作用),或者仅仅是把健康雪貂与生病雪貂放在同一个笼子里,就能在雪貂之间传播所谓的流感。解剖表明,病毒在雪貂体内造成了与流感类似的病变。这些科学家无法培养病毒,似乎也没有尝试过,但他们确实通过滤液将疾病传给了26只雪貂，每只雪貂在不久后都出现了流感的症状，他们再将其鼻腔分泌物过滤后传给下一只雪貂。

　　健康人、普通感冒患者或流感康复者的咽漱液都无法使健康的雪貂生病。从雪貂和人类身上获得的多种细菌被灌入健康雪貂的鼻腔里，但从未引发流感。法伊弗氏杆菌与通常的滤液一起施用时引发的疾病，与单独使用滤液引发的疾病只有微小的差别。从流感中康复的雪貂在几个月内都对流感有稳定的免疫力。流感康复者的血液中也发现了抗体，能够抵御从患有流感的雪貂身上提取的感染原。[45]

　　史密斯、安德鲁斯和莱德劳分离出了流感的感染原，并在过程中对细菌污染的危险性和知识的模糊性非常关注，甚至连法伊弗的信徒汉斯·津瑟也在1934年给予了他们应有的评价："就其本身而言，他们的研究成果似乎很有说服力，从参与这类实验的工作人员的经历来看，他们的报告无疑是准确的。"[46]

　　但关于流感的老问题依旧悬而未决。雪貂之间传播的果真是流感吗？该实验并没有完全满足科赫法则，因此，只有通过多年来其他类似和相关实验的积极结果，才能充分验证史密斯—安德鲁斯—莱德劳实验及其解释。在他们成功的两年后，莱德劳最接近胜利的欢呼也只是："我相信现在已经逐渐证实，流行性感冒的**首要**感染原是一种滤过性病毒。"即便如此,他还是继续说明:"许多观察者仍然认为法伊弗氏杆菌(即流感嗜血杆菌)是该病及其并发症的主要原因。"[47]

证据的积累通常来自细致的研究,比如洛克菲勒研究所的托马斯·弗朗西斯,他在1934年分离出了从波多黎各获得的一株流感病毒,但有时也是幸运的偶然事件。1936年春天,在英国还**没有**流感疫情时,一只生病的雪貂对着英国杰出的细菌学家C. H. 斯图尔特-哈里斯打了个喷嚏,而它继承了连续传染196只雪貂的人类流感菌株。45个小时后,斯图尔特-哈里斯出现了典型的流感发作,但他很兴奋,显然自己成了这个菌株第197个记录在案的感染者。[48]

1933年以后,关于流感仍然有很多需要了解的知识。史密斯、安德鲁斯、莱德劳、肖普、弗朗西斯、伯内特、斯图尔特-哈里斯、索尔克,以及其他许多人都将花费人生中大部分时间才会认识到,比起巴斯德-科赫那一代细菌学家戏剧性征服的疾病及病原体,流感及其病毒要复杂得多。事实证明,病毒不是单独的个体,而是一群蛋白质生物,其多样性和可突变性能够有效抵抗疫苗。流感病毒的特质能够很好地防御化学疗法;它大部分时间都停留在宿主的呼吸道上皮细胞内,因此只有破坏这些细胞才能进行有效攻击。

但毫无疑问,在1933年,史密斯、安德鲁斯和莱德

劳的确在流感研究领域有了重要突破。流感的奥秘并没
有在那一年全部解开，至今也没有全部解开。但是，一
些对解决问题必不可少的东西取得了进展。所有谜团的
焦点，也就是无比微小的流感病毒，被找到了。1933 年，
这三个人在干草堆中找到了这根看不见的针，此后的科
学就能专注于这根针而不是干草堆了。自那时发生的事
情则是要用几卷本的厚书来探讨的主题了。

第十四章

1918年的流感向何处去？

正如麦克法兰·伯内特爵士所言，流感研究的目标是"弄清楚1918年大流感的发生条件，确立必要的防线"。[1]人类大可以忽视普通流感的病毒，比如威尔逊·史密斯亲自培养的那类，只会让人痛苦两天、虚弱两周，因而得名"快乐咆哮"；但是，1918年的病毒引发的疾病使人们变成了湿灰一般的颜色、溺死在自身的体液中，因而得名"紫色死亡"。无论史密斯、安德鲁斯和莱德劳的发现多么出色，都只是关于1933年的病毒，而1918年的病毒才是他们和全体同行真正关注的对象。半个多世纪以来，从事流感研究的科学家一直梦想着获得西班牙流感病毒的标本；但也只有时间胶囊这样不太可能的东西才办得到了。

在1918年及往后的若干年，有关流感为数不多可以确定的事情是，在实验室之外，它完全是一种人类的疾病。

有一种流传数百年的传统认知，即各种驯养动物（如马、牛、羊、狗、猫）都很容易感染流感。1894年，查尔斯·克赖顿在他的巨著《英国流行病史》中称，在1657年至1659年、1688年、1727年、1732年、1737年和1760年的人类流感流行之前或期间，也出现了马的呼吸道流行病，当时也有其他学者这样认为。[2]但在第一次世界大战期间，科学家都不想被批评因循守旧，也很少会关注这种老掉牙的观念。

这并不是说1918年就没有动物患流感或其他类似的疾病。4月，法国陆军一家兽医院的医生注意到，有大量马匹患上了名为马腺疫的呼吸道疾病，其症状类似于流感。巧合的是，法国兽医中心的人员中似乎出现了很多非常早期的流感病例。那年春天，美国军队的兽医在波尔多也看到了肯定是马腺疫的病例，并简单称之为"马流感"。这种疾病在法国比往年更为普遍和严重。这种家畜流行病（epizootic）在8月和9月达到高峰，在11月期间明显下降。上了年纪的法国兽医还记得，1889年大流感席卷法国时，当地也曾暴发过马腺疫。

法国陆军的两位细菌学家，奥尔蒂科尼与巴尔比耶研究了这个问题。他们惊喜地发现：马腺疫和人类流感一样，都是由一种滤过性病毒引起的；从患有马腺疫的马身上提取的血清对西班牙流感患者有治疗作用。[3]其他一些人也沿着同样的思路思考。美国陆军卫生队少校乔治·A. 索珀于1919年初在《纽约医学杂志》上发表了一篇文章，题为"马流感与人流感"。他在文章中指出，这种疾病在两个物种间有诸多临床和流行病学上的相似之处：突然发病、发烧、咳嗽、肌肉和关节疼痛的体征、有时会在整个大陆上爆炸性地蔓延，等等。他最后提出了一个建议，如今看来极为明智：

> 由于流感在马和人类身上有惊人的相似性，深入了解马的流感或许能得出极有价值的信息。[4]

但当时人们没能接受索珀的建议或类似提议，其中一个原因是，1918年有大量关于羊、鹅和其他各种动物患流感的故事，很多都是虚构的。在南非和马达加斯加，数百只猴子和狒狒被发现死在路边，显然是流感和肺炎并发症的受害者。在加拿大安大略省北部，樵夫在清理灌木丛时发现了许多死驼鹿，也是流感的受害者。1919年冬天，在怀俄明州流传着黄石国家公园出现野牛流感疫情的谣言，据称有31头野牛已经死亡，还有更多命悬一线。公共卫生署军医署长开展调查后得知，并没有野牛死于流感，但负责照顾野牛健康的人却病死了。[5]

科学家囿于成见，而外行人极尽夸张之能事，都严重阻碍了人们去研究流感在人类与动物之间传播的情况。1927年，埃德温·O. 乔丹在书中直截了当地指出，人类流感和动物流感"除了在临床和流行病学上有很大程度的相似性，我们没有理由假设这两者存在因果关系或者有关联"。[6]他的著作在当时和现在都是关于 1918 年大流行最好的一本书。

然而，至少有一块尖锐的现实无法被共识的棉絮掩盖，它与美国中西部的猪有关。1918 年，这些猪群中明确出现了一种新疾病。它最先在艾奥瓦州锡达拉皮兹市举办的猪业展览会上引起了骚动，该展会从 9 月 30 日持续到 10 月 5 日，病猪随后被送回各自的农场，将疾病传染给数百万头猪，造成数千头猪死亡。

畜牧局猪瘟控制处的检查员 J. S. 科恩观察了这种流行病，仔细记录了疾病的特点和传播情况。该病在猪群中迅速蔓延：病猪会发高烧、剧烈咳嗽、肌肉酸痛、鼻涕和眼泪直流，要么死亡，要么在"死到临头时"开始恢复。经常有报告说养猪人从猪身上感染了这种疾病，反之亦然。科恩称其为流感，这立刻激怒了农民和肉联厂主，他们担心他的口无遮拦会把公众从猪肉和熏肉柜台前吓跑。但科恩诚实且顽固，他为《美国兽医杂志》写了一篇关于这次流行病的文章，在结语明确提出："它看起来像'流感'，表现出与'流感'相同的症状，结束方式也类似'流感'，在证明它不是'流感'之前，我将坚持这一诊断。"[7]

科恩如此结束文章，堪比沃尔姆斯大会上站在皇帝面前的马丁·路德，但此后几年间，他的推论对流感研究的进程影响甚微。1919 年秋天，猪流感（不管人们如何称呼它）卷土重来，此后每年都是如此，尽管严重程度和地理范围不尽相同，但从未消失超过九个月左右。1928 年，三位美国人麦克布莱德、奈尔斯和莫斯基证明，若将患有流感的病猪血液注射给健康的猪，并不会传播疾病，但黏液分泌物和肺部组织则会传播。他们还自信地证明，若将所有可见细菌从感染性物质中滤除，得到的滤液**不会**引发流感——这一结果表明，他们像许多研究人类流感的同行一样，在某个地方犯了错。[8]

　　这正是理查德·E. 肖普着手研究该问题时的情况，肖普跟科恩一样都是艾奥瓦州人，而该州养猪的数量是其他州的两倍。1928 年，他在新泽西州普林斯顿的洛克菲勒研究所动物病理学实验室工作，在保罗·A. 刘易斯的指导下，他被派回家乡调查猪瘟。在那里，肖普转向了对猪流感的研究，他翻出科恩那篇被遗忘的文章，凭直觉意识到，对猪流感病因的研究可能会导向人类流感的病因。回到普林斯顿后，他向刘易斯讲述了来龙去脉，刘易斯完全赞同这个年轻人的行动，并与他一起寻找自第一次世界大战以来，每年秋冬季节中西部地区有许多猪生病的原因。

　　他们开始时就有两个优势，任何从事人类流感研究的人都会羡慕不已。第一，他们自动拥有了一种优良且廉价的实验动物：猪。第二，得益于实验动物和实验地点，他们解决了如何应对流感传染性极强的问题。艾奥瓦州的所有猪都可能或已经接触到了猪流感，但该病显然还没在新泽西州流行，而且新泽西州的猪也相对少得多。在普林斯顿，他们很容易将实验对象完全与外界隔离。

像往年一样，在接下来的秋天，猪流感在艾奥瓦州暴发了。肖普以最快速度赶到那里，"发现到处都是病猪"，并收集了死猪的肺组织用于检查。回到普林斯顿后，他和刘易斯在肺组织中发现了大量的法伊弗氏杆菌。为了遵守不得妄下结论的专业规范，他们将其称为"猪流感嗜血杆菌"（*Hemophilus influenzae suis*），用"suis"表示其来源是猪而非人类。

就在那时，正当曙光似乎要照亮猪流感之谜、可能还将揭晓人类流感之谜时，肖普和刘易斯发现，他们给健康的猪接种了法伊弗氏杆菌的纯培养物后，几乎没发生什么——绝对不是流感。像1918年和1919年的诸多人类流感研究者一样，他们发现有一种微生物似乎总是存在于疾病的病变组织中，但将其注入健康实验对象的呼吸道后，并不会引起该疾病。

1929年，保罗·A. 刘易斯前往巴西调查黄热病，于当年6月死于这种疾病。肖普独自继承起解开猪流感之谜的责任。秋天，猪流感在艾奥瓦州如期暴发，他获得了新鲜的组织样本。肖普尝试将感染性物质通过细菌过滤器，再把滤液接种给猪。结果呈阳性，但简直比阴性结果更令人困惑。接种的猪只出现了非常轻微的疾病。他成功分离出了病毒，但引发的是什么病？

他又给健康的猪同时接种了滤液和法伊弗氏杆菌，这些猪都患上了典型的猪流感。难道肖普研究的这种疾病有两个病因吗？

猪流感的流行病学提出了额外的难题。人类流感不受日历的支配，但猪流感却会受影响。每年秋天它都会出现，持续大约三个月后，在接下来的九个月左右消失。为什么猪流感是周期性的，而人类流感不是？按理来说，人类流感会从特定的病源地以同心波的方式在人与人之间传播，但自 1918 年以来，猪流感似乎总是在整个中西部地区同时暴发。尽管相隔很远，且几个月没有与其他同类接触，许多猪群还是会同时患病。[9]

接下来的二十年里，理查德·肖普用一系列无比出色的实地调查和实验室研究，拼凑出一个几乎完全可以验证的猪流感周期理论，解释了上述所有谜团。猪流感是猪的呼吸道中同时存在的两种微生物的协同产物：法伊弗氏杆菌和流感病毒。单独存在时，它们几乎不会造成任何麻烦。法伊弗氏杆菌是许多猪体内的永久居民，但流感病毒显然不是。和人类的情况一样，流感病毒在猪体内似乎来去匆匆；但与人体内的病毒不同，它有一个时间表。每年秋天它都会出现，每年 12 月或 1 月它都会消失。在这段时间以外，流感病毒是绝对检测不到的。

猪，就像从巨鲸到细菌的所有生物一样，会受到寄生虫的侵扰。其中之一是猪肺线虫，它会在猪的肺部产卵。这些虫卵被猪咳出并吞下，随粪便排出体外。然后，蚯蚓会吃掉这些虫卵，虫卵在蚯蚓体内孵化，寄生虫会经历其生命周期的第一个幼虫阶段。猪是一种非常喜欢用鼻子拱土觅食的动物，它吃蚯蚓，同时也吃下其中的幼虫。幼虫在猪体内经过进一步的发育阶段，穿行于猪的身体到达肺部，在那里变为成虫产卵，结束生命周期并重新开始。

这个周期与流感病毒的生命周期重叠并交织在一起。在秋季，流感病毒寄居在猪的呼吸道细胞内，如果没有外因推波助澜，它只会引起轻微的疾病。然后，病毒转移到肺线虫的细胞中，将这种生物当作一种运输工具，它就可以自由地从猪去到蚯蚓再回到猪身上。在蚯蚓体内的肺线虫幼虫和蚯蚓本体内都无法直接检测到病毒，这很遗憾，因为若在那里检测到病毒，将完全证实肖普的研究，但病毒的这种"消失"在病毒学中并非罕见。

当病毒找到合适的宿主细胞时，它就会脱去外壳，将其核酸注入细胞内部。在那里，病毒往往在相当长的一段时间内不会造成任何麻烦。它已经成为"隐匿性感染"（多奇妙的字眼儿），潜藏在细胞内的核酸中，静静地等待数周、数年，甚至是永远等待某种东西来刺激它再次独立行动。正是病毒的这种繁殖活动破坏了细胞，而细胞所在的动物就会将其视为疾病。

隐匿性感染的典型例子便是人类的唇疱疹（又称发热性疱疹），也就是不舒服时嘴角或鼻孔周围长的小疹子。它们是由单纯疱疹病毒引起的，患者通常在年幼时就感染了这种病毒，但直到某种刺激（如疟疾、感冒，甚至像吃奶酪这样的小事）触发病毒活动后，才会出现疱疹。[10]

肖普发现，在每年9月，中西部地区的猪的呼吸道至少遭遇了两个不速之客：一个是可能携带流感病毒的肺线虫，另一个是常见的法伊弗氏杆菌。但这些猪一开始还好好的，再一两个月后，猪就病了。是什么刺激了流感病毒摆脱潜伏状态，与法伊弗氏杆菌一起疯狂繁殖，使宿主动物病重甚至死亡？多次注射法伊弗氏杆菌确实可以使流感病毒现身、使猪流感发作，但那只是实验室会用的技巧。

肖普认为猪流感出现的关键因素包括：感染中西部的猪肺线虫，注射法伊弗氏杆菌。他将普林斯顿健康的实验猪置于这两者的组合之下，然后用冷水喷洒实验猪。这些猪病得很重，患上了典型的猪流感。看来，携带流感病毒的肺线虫、法伊弗氏杆菌、再加上艾奥瓦州秋季的天气，就得到了猪流感。[11]

肖普的猪流感理论解答了该疾病的所有谜团。猪流感只在秋冬季节流行，因为它是由寒冷潮湿的天气引发的。疫情会在整个中西部地区同时暴发，因为该病不需要传播；它原本就潜伏在猪体内，只需要刺激即可发作。

理查德·肖普相信自己不仅发现了猪流感的病因，还找到了对1918年大流行的合理解释。西班牙流感比以往任何一次流感都更可怕，因为它也有一个协同原因：流感病毒和法伊弗氏杆菌。很容易理解肖普为什么会采取这种观点。他已经证明流感病毒和法伊弗氏杆菌共同导致了猪流感，这其中，流感病毒被科学界认定为流感病因，法伊弗氏杆菌在1918年大流行的历史记录中则是极为普遍的微生物。而在1918年秋天第二波最致命的西班牙流感到达中西部之前，猪流感一直不为人知。这两者极有可能是1918年大流行的起因。

他是这样还原西班牙大流感的：第一波，即温和的春夏之交，单纯是流感病毒感染引发的流行病。调查人员在那年春夏没有发现法伊弗氏杆菌。在这一波浪潮中，全世界人类被播下了流感病毒的种子，就像肖普研究中的肺线虫。到了秋天，恶劣的天气和法伊弗氏杆菌的传播激发了病毒的活动，这两种生物协同导致了致命的流感浪潮。[12]

但是，还有些西班牙流感死亡病例，在其肺部或喉部并没有发现链球菌、葡萄球菌或其他菌类，甚至什么也没有发现。这又是怎么回事呢？此外，8月的波士顿、布雷斯特和弗里敦的天气真的很恶劣吗？在北半球的大部分地区，这个月可都是阳光灿烂、天气炎热的，而这时却暴发了大流行？

自肖普最初的工作以来，证据的积累情况又如何呢？这些证据虽然没有直接否定他的理论，但却使其越来越失去光彩。20世纪30年代，肖普与米尔山实验室的史密斯、安德鲁斯、莱德劳进行了交流，并把自己从病猪身上获得的流感病毒和法伊弗氏杆菌的样本寄给了他们。事实证明，这种病毒与三人正在研究的WS病毒株相似。感染了猪流感病毒的雪貂患上了流感，康复后在一段时间内对WS病毒株有很强的免疫力。但是，给雪貂同时注射法伊弗氏杆菌和猪流感病毒后，其患病情况并没有改变。这些英国科学家断定，"就目前而言，对雪貂的研究结果与人类流行性感冒主要由病毒感染引起的观点是一致的"，此后，绝大多数动物流感和人类流感研究者也同意这一结论。[13]

肖普关于1918年大流感的构想在今天并不被看好，但这并不是要否认其合理性。并没有别的理论大量使用了当年第一波和第二波流感的数据，或是合乎逻辑地阐明这两波流感之间的差异，也没有别的理论如此简单地解释了为什么秋季流感在波士顿和孟买在同一周内达到高峰。[14]

也没有其他理论家能证明肖普理论的有效模式，比

如反复出现的猪流感疫情。肖普的理论就像托马斯哲学或
辩证唯物主义：它可能是错误的，但确实为最常提出的
问题提供了合理的答案，也容易理解。它或许错了，但
那些拒绝接受的科学家既不会嘲笑它，也没有忘记它的
作者。肖普找到了造成经济损失的动物疫情的原因。他
是第一个分离出流感病因的人（发现禽流感病因的人除
外，他们不知道自己在研究的是流感），这个举动极大地
鼓励和指导了其他病毒学家。他也打破了流感仅仅是人
类疾病的传统教条，并启发其他人进行实验，这些实验
表明许多生物（如雪貂、猴子、仓鼠、小鼠、马、鸭子等）
都容易患流感，或者可以人为使其感染。

　　动物携带流感的理论认为，病毒在两次大流行期间
潜伏在生物体内，而肖普的研究使这种古老但富有成效
的理论重新焕发生机。1968年被称为"香港流感"的人
类流感病毒感染了美国、中国台湾和欧洲的猪，并被证
明与导致马匹"咳嗽"的病毒密切相关；人们已经对其
做了大量的研究，并将继续进行。还没有人能够把香港
流感提供的线索结合起来，以对大小规模流感的周期做
出全面的描述，但是肖普的研究可能为这种描述提供了
雏形。[15]

　　流感病毒在大流行前播种的观点（顺便说一句，这
并非肖普一个人的想法，但他做了大量的宣传）不再埋
没于故纸堆。例如，1957年夏天，美国暴发了许多小规

模的亚洲流感，包括国际童子军大会上的一次，这种场合为呼吸系统疾病的广泛传播提供了完美的机制。但直到 10 月，大流行才在美国全面暴发。如果病毒没有在夏天播种，那么到底发生了什么？[16]

肖普最激动人心的胜利是，他确实找到了 1918 年人类流感病毒的直系后代。1935 年，史密斯、安德鲁斯和莱德劳三人组发现，经历过 1918 年大流行的伦敦成年人，其血液中对肖普的猪流感病毒有很高的抗体水平，似乎表明过去曾接触过该病毒。但这些伦敦人几乎不可能与病猪有任何接触。更令人兴奋的是，三人发现伦敦 10 岁以下儿童的血液中根本没有可测定的猪流感病毒抗体，这与流行病学统计完全吻合，数据显示西班牙流感在 20 世纪 20 年代中期（也就是这代人出生前后）消失了，不再具有显著性。[17]

次年，肖普亲自检测了 123 名美国人的血液样本，发现 12 岁以上受试者血液中的猪流感病毒抗体水平很高，其中有 25 人声称自己从未患过流感。所有 12 岁以下受试者的猪流感病毒抗体水平都很低，只有新生婴儿例外，他们可能仍然受益于母亲的抗体。[18]

很快就有人怀疑，对猪流感病毒的高水平抗体并不是因为接触过 1918 年至 1925 年间的西班牙流感，而是反复接触各种病毒株后对所有流感病毒产生了普遍抵抗力。这种怀疑从未完全平息，但随着 1918 年大流行的远

去，那些猪流感病毒抗体水平最高的受试者的平均年龄
越来越大，争议也逐渐偃息。例如，1953年，托马斯·弗
朗西斯检测了1 250人的血液样本，发现29岁以下的人
甚至无法测出猪流感病毒抗体，而35至38岁的人（即
1915年至1918年间出生）的抗体水平最高。另一个例
子是1962年对阿拉斯加村庄居民血样中猪病毒抗体水
平的调查。有些村庄在1918年被流感席卷，其居民中
1920年前出生的人的抗体水平非常高；而有些村庄完全
未受大流行波及，其所有年龄段的居民的抗体水平都非
常低。[19]

　　世界各地进行的这类调查一再表明，不仅是1918年，
所有流感疫情都留下了踪迹，用C. H. 斯图尔特-哈里斯
的话说是"留在我们血清中的脚印"。最引人注目的是，
一些调查揭示了80岁以上的人有时在1957年大流行到
来之前就有了亚洲流感抗体。可见，他们是在接触1889
年至1890年俄国流感病毒后产生了这种抗体，而这两次
大流行尽管相隔约70年，其病毒却非常相似。流感大流
行的病毒是否存在每70年左右重复一次的变异周期？如
果是这样，那么也许可以预测这些变异，并准备有效的
疫苗来抵御大流行的发生。[20]

　　"血清中的脚印"并非全然清晰。1936年，圣赫勒
拿岛（一个完全躲过西班牙流感的岛屿）在经历了流感
疫情之后，一些居民不仅产生了对同时期病毒株的抗体，

还突然具备了对猪流感和 1918 年流感病毒的抗体——为什么会这样呢？这些异常个体表现出了老一辈人特有的抗体，而理论上，他们出生的时代无法形成这种抗体——这又该如何解释？病毒的蛋白质外壳会直接刺激（宿主）产生仅针对它自身的特异性抗体，这种蛋白质外壳是否比想象中更复杂？它的某些部分是否比其他部分变化得更快，因此，流感病毒株和特异性抗体之间会不会**并非通**常想当然认为的一对一、A 导致 B 的关系？[21]

　　血液是羊皮纸上的重写本，上面的旧事件逐渐模糊，被新近的记录改写。因此，我们不能把肖普关于猪流感病毒就是西班牙流感病毒的说法当作绝对真理。证据逐渐支持他的观点，但最终能说服或至少驳倒批评者的证据却从未出现。在寻找 1918 年流感病毒的过程中，人们持续倾注了巨大精力和聪明才智。

　　例如，科学家在 1951 年曾试图直接撬开西班牙流感之谜。那年 6 月，来自肖普的母校艾奥瓦州立大学的科学家阿尔伯特·麦基、约翰·胡尔廷和杰克·莱顿飞到了费尔班克斯，在那里与阿拉斯加大学的古生物学家奥托·盖斯特会合，继续前往位于苏厄德半岛荒凉海岸的特勒传教区。特勒在 1918 年的大流行中失去了约一半的人口，这些罹难者在北极的永久冻土中安息了 33 年，没有受到打扰，完整地保存了下来，同时保存下来的还有杀死他们的微生物。四位科学家挖开了几个坟墓，从肺

部切下组织样本，还从肾脏、脾脏和大脑中提取了少量
样本。

这四位科学家想做的事情——找到并复原 1918 年
的致命病毒——与其说像食尸鬼，不如说像浮士德。他
们小心翼翼地在自己和尸体上做了现代防腐程序的记号。
他们亲自挖掘，并且不允许任何人进入墓地，为操作器
械和手套消毒，戴着外科口罩——这跟冻土的环境很不
协调。他们将组织密封在装满干冰的金属容器中。

回到艾奥瓦州立大学后，他们成功复活了一些法伊
弗氏杆菌和肺炎球菌，但尽管使用了各种复苏技术，西
班牙流感病毒依旧死气沉沉，不给活人提供明智建议的
机会。对西班牙流感最直接的攻击已经失败 *。[22]

我们可能永远不会发现西班牙流感致命的秘密，因
为这涉及两个相互制约的因素之间的平衡，即病毒的毒
性和宿主的脆弱性。引发西班牙流感的环境可能像昨日
之海的波涛一样不复存在。但如果我们果真发现了其中
的秘密，这探索之旅可能得从在 11 月将无菌拭子捅进
可怜的艾奥瓦州猪的流水鼻孔说起，而 J. S. 科恩与理查
德·E. 肖普的幽灵则会微笑着望向我们。

---

* 在 1997 年，已经 72 岁的胡尔廷回到阿拉斯加，从一具因纽特女性的
  遗体中提取了组织样本。研究人员从这份样本中成功鉴别出了 1918 年
  流感病毒的遗传物质，并相继测出了流感病毒的完整基因序列。——
  编者注

第五部分

后 记

第十五章

人类记忆特质探究

　　研究美国人在 1918 年和 1919 年的记录，就像站在高山上，看着一支由许多船只组成的舰队驶过一股险流，而水手们却没怎么留意。他们紧握舵柄，注视罗盘，尽职尽责保持航线。从他们的良好视野来看，航线似乎是笔直的，但我们可以看到，隐秘的水流正将他们冲向下游远处。汹涌的水流淹没了许多船只，水手也溺死了，但其他船只却没有察觉。其余水手仍专注着维持自身的航线，坚定不移。

　　关于西班牙流感的一个重要的、几乎不可理解的事实是，它在一年或更短时间内杀死了数百万人。未曾有过其他传染病，或战争和饥荒，在这么短时间内夺走了这么多生命。然而，它从未引起畏怯，在 1918 年及之后、在美国及其他地区的公民中都没有。人们不知如何应对他们的疑惑和恐惧，但这不能归于信息匮乏。在 1918 年

没有陷入混乱状态的每一个技术先进的国家，西班牙流
感造成的破坏都被记录在大量公布的统计数据中。

　　这场流感以一己之力将 1918 年推回 19 世纪。美国
陆军在 1918 年死于疾病的人数比 1867 年以来的任何一
年都要多。自 19 世纪 90 年代以来，新奥尔良、芝加哥
和旧金山的死亡率都没有这么高；费城 1918 年的死亡率
超过了 1876 年伤寒和天花疫情以来的任何年份。[1]

　　西班牙流感大流行使得美国 48 家人寿保险公司中的
37 家不得不减免分红。在 1918 年 10 月 30 日那周，美
国恒信人寿保险公司收到的死亡索赔数比 1917 年同期高
出 7.45 倍。1918 年 10 月 1 日至 1919 年 6 月 30 日期间，
大都会人寿保险公司处理了 6.8 万份死亡索赔，总金额比
精算师预期的多出 2 400 万美元。[2]

　　1918 年底，美国精算学会主席亨利·莫伊尔估算，
这场大流行造成的死亡人数为 40 万。人寿保险公司提供
的数据表明，流感死者的平均死亡年龄是 33 岁，而保户
通常的死亡年龄是 55 至 60 岁。他判断每个流感患者的
平均寿命损失为 25 年，于是美国社会损失的寿命总计为
1 000 万年。而此时，西班牙流感还有一波还没来到。[3]

　　因这场大流行，许多人都呼吁对流感开展全面研究、
大规模扩大公共卫生部门的规模和权力，并自信地预测
政府将为此慷慨拨款。美国医学会前主席维克多·C. 沃
恩称，医生对流感的了解并不比 14 世纪佛罗伦萨人对黑

死病的了解更多，既然"我们已击退德国人"，就应当把力量转向呼吸道疾病，"直到有所成就为止"。军医署长布卢呼吁成立一个集中的国家卫生部门，其权力应当远超美国公共卫生署之前或之后的权力。生物统计学大师雷蒙德·珀尔预言，这场大流行将激励全球卫生学家提出类似拯救凡尔登战役的口号：决不让敌人通过（Ils ne passeront pas.）。[4]

1918年11月《美国公共卫生杂志》的一篇社论称：

> 为抗击敌人提供了150亿资金的美国人民，将很容易看到适当资助抗击这种疾病是明智的，它在两个月内杀死的美国人是那些德国人一年内杀死人数的数倍。

美国医学科学院敦促联邦政府拨款150万美元用于查明流感起因。1919年1月，艾奥瓦州得梅因的《新闻报》直言不讳地指出，找到治疗流感的方法关乎成千上万美国人的生命，这样的事情没法靠个人努力，国会应该拨款500万美元支持流感研究。一个月后，俄亥俄州议会向国会提出了同样的要求，要求拨款同等的金额。[5]

同年晚些时候，俄亥俄州议员费斯提议，向美国公共卫生署拨款150万美元，用于调查流感、肺炎及相关疾病之谜。得克萨斯州参议员谢泼德和俄亥俄州参议员哈丁（不久后便入主白宫）提议拨款50万，以找寻流感的起因和治疗方法，财政部长卡特·格拉斯表示赞同："这几乎是联邦资金最有效也最有价值的用途了。"[6]

人们花费了大量精力来揭开流感之谜。1918年秋天，在美国公共卫生署的领导下，出现了公共和私人研究的高潮。似乎全国所有的生命科学机构都放下了手头的事情，转而研究流感，许多机构以惊人的速度生产疫苗，但全无用处。随着大流行的消退，联邦政府的各个机构，包括民事和军事机构，或独立或合作，都去收集和分析大流行的统计数据。纽约州州长任命了一个委员会来调查研究西班牙流感的起因、预防和治疗。美国医学会拨出款项，为大流行的流行病学和细菌学的重要总结做准备工作。美国公共卫生协会任命了委员会来调查西班牙流感的细菌学、统计数据、预防措施等方方面面。1918年秋天，大都会人寿保险公司在欣欣向荣之际遭遇了灭顶之灾，作为一项务实的商业策略，它将资金投入了流感研究。[7]

但是，与此后为抗击脊髓灰质炎、心脏病和癌症等威胁所做的工作相比，这一切都微不足道，而且这种努力缺乏协调、资金不足、力量薄弱。国会没有为流感研究提供任何特别拨款。随着人口增长和对公共卫生重要性认识的逐步提高，美国公共卫生署的拨款继续稳步上升，但大流感并没有刺激拨款大幅增长。在 20 世纪 20 年代，公共和私人在医学研究方面的总支出仅为"二战"后的五十分之一。而美国科学家与英国科学家不同，没有构想出计划来哄劝爱狗人士资助那类实际上针对流感的研究。

政府和人民在 20 世纪 20 年代也忽视了流感，一如他们在 1918 年对它极其不重视。大多数政治家，由于要打仗、要确保和平，几乎没有正视过西班牙流感，这忠实地反映了他们选民的意见。大都会人寿保险公司的李·K. 弗兰克尔在 1918 年 12 月抱怨说，最近的有轨电车事故中有几十人死亡，成为轰动一时的头条新闻，而大流行的报道却微乎其微，只上了纽约报纸的头版，而在纽约每天有五六百人因流感死亡。1918 年 11 月，在连续两周里，纽约先后有 5 000 人和 4 000 人死于流感和肺炎，《纽约时报》的一位编辑说："也许这次流感疫情最值得注意的特点是，它并没有引起丝毫恐慌，甚至连骚动也没有。"[9]

如果美国人不曾害怕西班牙流感，那肯定也不会被关于它的记忆吓倒。1919 年至 1921 年，《期刊读者指南》上关于棒球的专栏文章占了 13 英寸的版面，布尔什维主义占了 20 英寸，禁酒令占了 47 英寸，而流感占 8 英寸。[10]20 世纪 50 年代的亚洲流感疫情再度激发了大众的兴趣，但今天人们对任何一种流感都没什么兴趣。1918 年以后出生的普通大学毕业生对 14 世纪黑死病的了解程度甚至比第一次世界大战的大流行还要多。尽管毫无疑问，这些学生有不少年长的朋友或亲戚都亲身经历了这场大流感，如果被问及，他们还可以详述一下经历。在最畅销的美国历史大学课本中，也就是那些由历史学家塞缪尔·埃利奥特·莫里森、亨利·斯蒂尔·康马杰、理查德·霍夫施塔特、小阿瑟·施莱辛格、C. 范恩·伍德沃德和卡尔·德格勒撰写的书中，只有一本提到了这次大流行。托马斯·A. 贝利在《美国盛典》(The American Pageant)中对此也只提及了一句，在这句话的描述中，因流感死亡的总人数至少少了一半。[11]

尤其令人费解的是，在那些将大流行置之脑后的美国人中，有许多是所谓过度敏感的年轻人，即"迷惘的一代"，他们日后创作出了最伟大的美国文学杰作。对许多人来说，第一次世界大战，那个时代的另一大杀手，才是他们人生的核心经历。(顺便一提，在大流行期间，"迷惘的一代"的提出者格特鲁德·斯泰因在法国开救护车。)

1918 年秋天，身为步兵的约翰·多斯·帕索斯乘坐军舰穿越大西洋，船上暴发了西班牙流感，每天都有人死亡。登岸后不久，帕索斯就病倒了，他在家信中说，他的病由以下几种组成："肺炎、结核病、白喉、腹泻、消化不良、喉咙痛、百日咳、猩红热、脚气病，管它是什么。"

然而他在《一九一九年》中只提到过一次大流行。在根据他自身战争经历写就的《三个士兵》中，帕索斯用了几页的篇幅介绍了军舰上的脊髓性脑膜炎流行病，书中只有一处简要提及了流感。[12]

　　西班牙流感挫败了 F. 斯科特·菲茨杰拉德的计划，他原本想参战，观察值得写的东西。1918 年 10 月，他所在的师奉命前往法国，但是担心在公海上暴发流感而推迟了登船。当该师最终登船时，战争结束了，船也就没有出港。他的知己和导师，西戈尼·韦伯斯特·费伊神父，即《人间天堂》中达西神父的原型，于 1919 年 1 月死于肺炎。然而，大流行在《人间天堂》和他的其他小说中却无足轻重。菲茨杰拉德觉得自己是他那个时代的记录者，却对半年内杀死了 50 万同胞的事件未置一词。[13]

　　作家威廉·福克纳喜欢描写阴郁可畏之事，1918 年秋天，他加入了英国皇家空军，并在加拿大皇家空军接受训练，当时他所在基地有四分之一的军官和士兵患上流感，训练计划因此被打乱，但他从未将流感写进小说或故事中，甚至没有将其作为一种手段去影射公正和愤怒的上帝对约克纳帕塔法县*的某种可怕惩罚。欧内斯特·海

---

* 福克纳笔下虚构的乡镇，他的诸多小说都是以约克纳帕塔法县为核心构建的。——译者注

明威还在米兰疗伤时，与他相爱的护士阿格尼丝·冯·库罗夫斯基离开了他，先后去往佛罗伦萨和帕多瓦附近的特雷维索抗击大流行。海明威在《永别了，武器》中使用人物凯瑟琳·巴克莱再现库罗夫斯基，但他也并没有提到流感这个讨厌的情敌"得逞"了。西班牙流感只在他的"一篇有关死者的博物学论著"*中出现过一次："我见到唯一的自然死亡……"[14]

在1918年业已成熟或即将成熟的一代作家，也几乎对西班牙流感漠不关心，只有两个例外。薇拉·凯瑟在小说《我们的一员》中，用了整整几页篇幅描写一艘运兵舰上的流感疫情，但这部爱国主义作品并不太出名，此后她便不再书写这个主题。身为医生的威廉·卡洛斯·威廉斯在大流行期间每天要出诊60次，但与流感的斗争对他的文艺创作几乎没什么启发。显然，就像大多数既非医生也非诗人的美国人一样，这场大流行对他的生活和艺术创作进程毫无影响。[15]

那些更年轻的作家虽然知道发生了什么，也没有受到1918年的胜利和停战的报纸头条干扰，但情况也没好多少。华莱士·斯特格纳在其早期有瑕疵的小说《黑暗平原上》中，把大流行用作一个意外介入扭转局面的事件；而在他20世纪40年代的畅销书《巨石糖果山》中，大

---

* 出现在海明威的小说《死在午后》第12章的故事。——编者注

流感则是一个偶然因素。威廉·马克斯韦尔在 10 岁左右就因 1918 年的流感失去了母亲，他在 20 年后出版的一部精美小说《妈妈走的那一年》中捕捉并保留了这一经历。玛丽·麦卡锡在西班牙流感中失去了双亲，大流行想必在她的自传作品中扮演了重要角色，但她的小说中却很少提及。[16] 大多数在 1918 年还是孩子的人，都像他们的长辈一样，迅速遗忘了这场大流行。

西班牙流感没有给美国文学或文学家留下持久烙印，两个最大的例外是托马斯·沃尔夫和凯瑟琳·安·波特。他们别无选择，只能给予这场大流行应有的承认，因为大流行对他们的心灵打击太大，永远不会被遗忘。

托马斯·沃尔夫的爱兄本杰明·哈里森·沃尔夫患上了西班牙流感，当时托马斯就读于北卡罗来纳大学，在叫他回家的电报抵达之前，哥哥的病情就已经转为肺炎。托马斯经历的这场死亡是他一生中的重大创伤；在他最著名的作品《天使望故乡》第 35 章中，对这段经历的描述几乎没有虚构的成分。作者成功捕捉到了亲人死亡的瞬间，那些爱他的人意识到斯人已逝，宇宙中所有的力量都无法挽回或取代：

> 他们默默无语，惊叹感油然而生。他们想起他一生来去飘忽，孤单寂寞，他们想起一千个早就遗忘的事迹和时刻——有些事现在看来好神秘好古怪，他像

幽灵走过他们的人生；现在他们俯视他灰色的遗骸，有一种相识的兴奋，像人家想起一个遗忘的字眼，或者后人俯视尸体，初次看见一个离去的神明。[17]

凯瑟琳·安·波特也许是比沃尔夫更伟大的艺术家，而西班牙流感对她的伤害也更深。1918年秋天，她是丹佛市《落基山新闻报》的记者。她与恋人（一位年轻的陆军中尉）都染上了流感。人们以为她必死无疑，报纸也拟好了她的讣告。她烧得很厉害，头发变白并脱落；在病危后第一次试图坐起来时，她摔断了胳膊；她的一条腿得了静脉炎，医生说她将永远无法行走。但是六个月后，她的肺部恢复了健康，手臂和腿也在痊愈，头发也长了出来。

这位中尉却去世了。种种回忆在她的脑海中酝酿了多年，关于中尉、关于1918年的美国，以及她与死亡的漫长对话，然后凯瑟琳·安·波特才动笔，写作花了很长时间，比最终作品《灰色马，灰色的骑手》让人感觉需要的时间要长得多。她从一首古老的美国黑人歌曲中摘取了标题——"灰色马，灰色的骑手，带走了我的爱人"——再往前追溯，则出自《圣经·新约·启示录》第6章第8节，其中一个骑着灰色马的人代表死亡，他被赐予权力，"可以用刀剑、饥荒、瘟疫、野兽，杀害地上四分之一的人"*。[18]

这个故事是 20 世纪短篇小说的杰作，但对历史学家来说，它还有其他意义。这部文学作品里有对 1918 年秋天的美国社会最准确的描写。它综合了原本只能通过阅读数百页报纸才能获得的内容：女性刚开始养成抽烟的习惯；禁酒令迫在眉睫，随身酒壶出现；士兵们对政府发放的腕表忸怩不安，因为**真正的**男人以前从未戴过这种表——"'我要揍你的手表'†，一个演杂耍的小丑会装腔作势地对另一个说，而这始终是一句逗人的笑话，永远听不腻"；还有自由公债运动、令人窒息的民族主义，以及对所有德国事物的病态仇恨——"这些下流的德国兵……光荣的贝洛森林……我们的关键是牺牲……受尽折磨的比利时……在遭到伤痛以前一直做出贡献……我们呱呱叫的小伙子在那儿……德国佬的大炮……文明的死亡……德国鬼子"；还有战争，战争的麻木不仁——"'你知道一队坑道工兵干上活儿以后，他们的平均寿命有多长？''我猜很短吧。''只有九分钟……'"

接着，一种没人能搞懂的新威胁出现了，而人们的关注点总是偏离那些送葬队伍。"他们说，这其实是由一艘德国船带到波士顿的细菌引发的……有人说看到一团

---

* 据和合本。——编者注

† 原文为 "l'll slap you on the wrist watch"，化用了习语 "slap on the wrist"（温和的惩罚）。——编者注

奇怪的油污漂浮在波士顿港口……"然后是头痛和呕吐，
医院挤满了人，失去意识，在生与死之间几乎不可言明的
平衡时刻，然后慢慢恢复健康，发现不是每个人都能康复，
所爱之人已经离去。然后是停战协议——钟声、喇叭声、
口哨声，到处喧闹，以及"从卧床不起的老妇人住的病
房到楼下门厅里，都飘起嗓音沙哑、音调不齐的合唱：'为
了你，我的祖国……'"

故事的结尾表达了在独自品尝胜利滋味时，感受到
的战胜德国人和战胜疾病的空虚感。它同样唤起了西班
牙流感后经常出现的令人沮丧的情绪。"不再有战争，不
再有瘟疫，只有大炮声停止后茫然的静寂；拉上了窗帘
的没有闹声的房子、空荡荡的街道、严寒彻骨的明天的
光明。现在是干一切事情的时候了。"[19]*

《灰色马，灰色的骑手》并没有引起历史学家的注意，
或者说，他们只把它当作美国战后文学复兴中一个重要
人物的特色作品。为什么呢？凯瑟琳·安·波特从未像
海明威和菲茨杰拉德那样成为个人崇拜的对象，或许是
因为她的性别，自亚里士多德时代起，男性学者就已宣
布女性的智力成果无足轻重。但是，在文学研讨会之外，
对这个故事缺乏关注的主要原因可能只因为它是关于个

---

* 译文引自凯瑟琳·安·波特著，鹿金等译《灰色马，灰色的骑手》，上
  海译文出版社，1997 年。——译者注

人的创伤性经历，而这段经历是由大多数人忽视的东西造成的：1918 年的西班牙大流感。

这就又绕回了原处：为什么美国人对 1918 年的大流行漠不关心？为什么他们后来彻底遗忘了它？

要做出猜测（也只能是猜测，社会很少会记录人们为何忽视某事），我们必须承认，致命的流行病在 1918 年并不像今天那样出人意料，也就不那么令人印象深刻，至少在技术先进的国家是如此。伤寒、黄热病、白喉、霍乱等可怕的流行病都还留存在人们的记忆中。西班牙流感在更大范围内产生了比美国人以前知道的任何东西都更大的打击，但这种对比只是程度上的差异，而不是本质上的区别。

相较之下，令美国人忽视这次大流行的最重要原因，则可能是战争本身。在这方面，《纽约时报》认为，战争教会我们——

> 或多或少学会了从个人利益及安全之外的角度思考问题，而死亡本身已经如此熟悉，也因此不再严酷，甚至无关紧要。勇气成为一种共同特质。而恐惧，即使存在，也比以前更少被表达出来。[20]

我们或许会怀疑这种尚武的解释，但也得承认，大部分死于流感的人都是青年，与那些战死的人年龄相仿，因此，讣告栏可能已经与伤亡名单混为一体，而大流行对人口的影响无疑会被战争的影响掩盖。

当然，即使正处在大流行期间，战争也很分散人的注意力。随着德皇的军队全面撤退，每天都有新的和平谣言，谁还会留心其他事呢？甚至有些医生也被战争冲昏了头，似乎大流行一结束就将其置之脑后。伯恩斯·查菲、J. M. T. 芬尼和伦纳德·G. 朗特里都曾随美国远征军前往法国，他们都在回忆录中写下了自己的战时经历，但都没有提到西班牙流感。托马斯·W. 萨蒙是精神病学家，本该比其他医生更能抵抗虚假的情感诉求，而他在战争期间写道："目前我们国家只有**一项**任务：打败人类文明有史以来最狡猾的、顽固抵抗的敌人。"[21]

许多人可能认为流感只是战争的一条支线。流感给人们带来了痛苦和死亡，虽然人们身处美国的家中，却像在法国的士兵一样与德国人对战。在1918年的气氛中，给予他们与疾病作斗争以尊严的唯一方法，就是将其归入战争。上文引用的《纽约时报》社论说，大流行是这样一种疾病："遭遇它，征服它，我们正在照顾伤员，就像在法国的士兵与德国人交战后所做的那样。"在马里兰州米德营举行的大流行死难者追悼会上，主持仪式的军官向一众营员逐一宣读死难者名字，当每个名字响起时，其所在连队的中士敬礼并回答："为荣誉而亡，长官。"[22]

这种疾病的性质和流行病学特征使得受其影响的社会很轻松就遗忘了它。它传播得太快，但又来去匆匆，只对经济产生了短暂的影响，不待众人意识到危险有多严重，它就已经消失了。流感的发病率和死亡率存在巨大差距，这往往使潜在的受害者心安。狂犬病和西班牙流感哪个更可怕？前者袭击极少数人，如果没有得到合适治疗，全部都会死亡；后者感染多数人，只有 2% 或 3% 的人死亡。对大多数人来说，更可怕的无疑是狂犬病。

如果西班牙流感病毒成为一种永久的流行病，带来痛苦，那么美国也不会遗忘这种流感。然而大众的感知是，它来了，带走受害者，然后永远消失了。如果流感像癌症和梅毒那样久治不愈，或是像天花和脊髓灰质炎那样留下永久和明显的损害，那么美国就会有成千上万的患病、毁容和残疾的公民，在几十年间提醒人们记得这场大流行。但是，从来没有人被流感折磨数年，使家人和朋友目睹并共同承担这种折磨，然后才死去；没有哪个叫"乔治·华盛顿"的人被流感弄得脸部坑坑洼洼，然后当选总统，也没有哪个叫"罗斯福"的人因为流感导致双腿萎缩，坐着轮椅入主白宫。*

或者，假如流感是一桩深埋在老百姓记忆中的恐怖

---

* 乔治·华盛顿因为天花导致面部有痘痕；罗斯福因为脊髓灰质炎只能坐轮椅。——译者注

事件，那么美国人在 1918 年就会有心理预期，感到恐慌，此后几代人也会追忆和讨论这些情感创伤。美国公共卫生署副军医署长 A. J. 麦克劳克林在 1918 年 12 月抱怨说：

> 大范围发生黄热病流行并造成数千人死亡，将使整个国家陷入恐慌。在某个海港市镇发生十几起鼠疫，也同样会人心惶惶；但不寻常的是，人们普遍对几乎突然失去 30 万［原文如此］同胞感到平静。[23]

如果美国或全球有哪个著名人物死于这场大流行，那也会被人记住。但是流感并没有击倒伍德罗·威尔逊或与之地位相近的人，因为我们的社会是这样构筑的：个人很少在 40 岁之前功成名就。而西班牙流感的特点是杀死年轻人，因而很少影响到位高权重者。它杀死了美国远征军第 26 师爱德华兹将军的女儿，但没有杀死将军本人。它杀死了参议员阿尔伯特·B. 福尔的一儿一女，但不是参议员本人。它杀死了美国劳工联合会主席塞缪尔·冈珀斯的女儿，却让这位美国最有权力的劳工领袖活了下来。[24]

流感还杀死了司戴德，他的同僚称其前途无量，但司戴德 38 岁就去世了，我们自然永远不会知道他若活下来将如何影响全球局势。如何识别出那些在 1918 年死于流感而没有机会在 20 世纪中期变成伟人的人物呢？1918年，海军助理部长富兰克林·德拉诺·罗斯福 36 岁，他乘坐阴郁的"利维坦"号从法国归来，在船上染上流感后发展成双侧肺炎——但他最终康复了，在日后当上了总统。[25]

这场大流行对历史的整体影响，就好像往 1918 年西点军校毕业典礼的茶点中无差别投毒会对"二战"军事史造成的影响一样；换言之，尽管它影响巨大，但毫无逻辑可循，也完全被过去的评论家忽略了。他们有理由不管不顾，若非如此，则将陷入无限猜测的沼泽中。但是，那些为了保持思路清晰而必须忽略的东西可能仍然有很大的影响。

美国人当时几乎不曾在意这场流行病，即便注意到什么也很快遗忘了。当人们为这一奇怪事实寻找解释时，发现了一个谜团和矛盾之处。美国人几乎没怎么理会，也没有回忆——无论是查阅"一战"时期的历史记录、流行杂志、报纸还是政治和军事回忆录，都明显如此，这令人恼火——但如果转向私人叙事，转向那些无权无势者的自传，转向 1918 年秋天在朋友或夫妻之间的信件，特别是，如果询问那些经历过大流行的人的回忆，那么很明显，美国人确实注意到了，他们受到了惊吓，生活轨迹改变了，而且他们对大流行的记忆相当清晰，也经常会承认那段经历在人生中影响极深。

西班牙流感在组织和机构等集体层面影响不大。它确实激发了医学家及医疗机构的众多活动，但这就是全部了。它并没有促使政府、军队、公司或大学的结构和程序发生巨大变化。它也没怎么影响政治和军事斗争的进程，总体而言，流感同等地侵袭了各方势力。民主党人和共和党人都得了病；美国兵、英国兵、法国兵、德国佬全都得了病。相较于伤寒和结核病等其他疾病，流感无视农村和城市、贵族和农民、资本家和无产者的差异，以相似的比例将他们全部击倒。（富人确实有优势，但也微乎其微，而且在很多情况下根本不起作用。）

西班牙流感不是针对集体，而是针对人类社会的原子——个人——产生了永久影响。凯瑟琳·安·波特在谈到这场大流行时说"它只不过简单划开了我的生活，就这样穿过"，她的同代人多数都会同意这一说法。[26]

塞缪尔·冈珀斯获悉女儿死讯之时，他正在都灵试图重燃意大利劳工的战斗精神。萨迪是他离家后去世的第三个孩子，她是一位相当出色的歌手；冈珀斯还记得她歌唱的《玫瑰经》风格独特。他在自传中将它描述为"一首我现在不忍听的歌"。他的孙女认为，他从未从萨迪之死的打击中恢复过来。[27]

在加利福尼亚州奥克兰，瓦尔德罗姆·R.加德纳向法院申请解除他与艾丽斯·加德纳的婚姻关系，理由是他在结婚时因感冒发烧暂时神志不清。在密苏里州圣路易斯，国会议员雅各布·E. 米克在 1917 年与妻子离婚，并将四个孩子的监护权交给了她。他后来患了流感，于 1918 年 10 月 14 日被送进医院。在医生宣布米克不会康复后，这位议员立刻与共事了六年的秘书艾丽斯·雷德蒙结婚。几个小时后他去世了，那天是 16 日。[28]

许多从未感染过西班牙流感的人也深受这场大流行的影响。1889 年毕业于西点军校的查尔斯·哈加多恩上校，他在伊利诺伊州格兰特营指挥了一个月左右，流感开始夺走他手下的士兵。10 月 6 日，当他禁止公布死者名单时，死亡人数已经达到 525 人。哈加多恩的同僚注意到，他因这场大流行而情绪低落、失眠。10 月 7 日晚上，这位上校用手枪朝头部开枪自杀了。[29]

当位于法国第戎的美国陆军医院塞满流感病人时，在该市照顾难民儿童的红十字会护士伊丽莎白·马瑟向第 40 工兵部队伪装部的病人开放了她的托儿所。那些康复的美国士兵把她当成救命恩人。他们送给她一枚铂金戒指和一个路易·菲利普时代的宝石吊坠，都镶着钻石。[30]

1918 年，玛丽·麦卡锡只有 6 岁。她的家人——母亲、父亲和孩子们——于 1918 年 10 月 30 日在西雅图登上前往明尼阿波利斯的火车时就已经感染了流感。一周后她的母亲去世，父亲在此后一天去世。

　　玛丽·麦卡锡父母的去世是否使她成为一位特别的作家和社会批评家？如果他们还活着，很可能她会在一个中产阶级天主教家庭中继续度过安逸的童年，而结果也可想而知："我可以看到自己嫁给了一个爱尔兰律师，打高尔夫球和桥牌，偶尔去度假，订阅一个天主教读书俱乐部。"[31] 她不会在《党派评论》和《纽约书评》上发表尖锐的文章，不会写小说，不会有巴黎的家，也不会有河内之旅。

　　不是只有失去双亲的孩童才会被西班牙流感打上永久的烙印。1918 年，弗朗西斯·罗素 7 岁，住在多切斯特山顶，从那里他可以看到波士顿，以及波士顿港里绘有"Z"字形迷彩的舰队。他参与自由公债运动的方式是购买 25 美分一张的战争节俭邮票（thrift stamps）；他吃没有糖霜的生日蛋糕，这样比利时人就不会挨饿；他吃完桃子留下桃核，烤干后放进桃核收集桶里，这样它们就可以用于制作防毒面罩。他看着出殡队伍从步行山街经过，看着棺材在公墓教堂里堆积如山，看着"小眼睛"马尔维搭起马戏团帐篷，帐篷在风中飘扬，为的是接收源源不断的掘墓人来不及处理的棺材。

　　10 月，学校因流感闭校，他整日玩耍。早晨有霜，金盏花冻得发黑，但下午暖洋洋的，蟋蟀歌唱。有一天，他和两个朋友偷溜进墓地，观看了一场葬礼。一个白发老人把他们赶走了。然后男孩们打了起来，互相扔石子。

　　弗朗西斯当晚步行回家，途中他第一次意识到岁月匆忙，时光不复返。"那时我知道，生命并非永恒的此刻，甚至明天也会成为过去的一部分，在所有未来的日子里，我亦终有一死。"[32]

注 释

前言

1　Burnet, Macfarlane, and White, D. O., *Natural History of Infectious Disease*, 4th edition (Cambridge University Press, 1972); Porter, Roy, *The Greatest Benefit to Mankind: A Medical History of Humanity from Antiquity to the Present* (London: Harper Collins, 1997), p. 491; Grob, Gerald N., *The Deadly Truth: A History of Disease in America* (Cambridge: Harvard University Press, 2002), p. 272.

2　Robert Kenner Films, script of *The American Experience: 1918, the Year of Dying and Forgetting*.

3　Cyranoski, David, "Health Labs Focus on Mystery Pneumonia," *Nature*, vol. 422 (20 March 2003), p. 247.

4　Patterson, K. David, and Pyle, Gerald F, "The Geography and Mortality of the 1918 Influenza Pandemic," *Bulletin of the History of Medicine*, vol. 65 (1991), pp. 4-21.

5　Kolata, Gina, *Flu: The Story of the Great Influenza Pandemic of 1918 and the Search for the Virus that Caused It* (New York: Farrar, Straus and Giroux, 1999), pp. 187-280.

第一章　巨大阴影

1　Fleming, Donald, *William Henry Welch and the Rise of Modern*

Medicine (Boston: Little, Brown and Co., 1954), pp. 91, 131-132, 158.

2   Flexner, Simon, and Flexner, James T., *William Henry Welch and the Heroic Age of American Medicine* (New York: Viking Press, 1941), p. 376; Vaughan, Warren T., *Influenza; An Epidemiologic Study*, American Journal of Hygiene Monographic Series no. 1 (Baltimore, 1921), p. 83; *Chicago Daily Tribune*, 18 September 1918; *Boston Globe*, 23 September 1918; 25 September 1918.

3   The Office of the Surgeon General, *The Medical Department of the United States Army in the World War* (Washington, D.C.: Government Printing Office, 1921-1929), vol. 4, p. 47; Wooley, Paul G., "The Epidemic of Influenza at Camp Devens, Massachusetts," *Journal of Laboratory and Clinical Medicine*, vol. 4 (March 1919), p. 339.

4   *Boston Globe*, 5 September 1918; *Boston Evening Transcript*, 20 August 1918; 17 August 1918; 23 August 1918; 5 September 1918; 9 September 1918.

5   Wooley, "Epidemic of Influenza," p. 330; *Annual Reports of the War Department, 1919*, vol. 1, part 3, *Report of the Surgeon General* (Washington, D.C.: Government Printing Office, 1920), p. 2751.

6   Wooley, "Epidemic of Influenza," pp. 330-337; *Boston Globe*, 23 September 1918.

7   Flexner and Flexner, *Welch*, p. 376.

8   *Boston Evening Transcript*, 27 August 1918; Magnuson, Paul B., *Ring the Night Bell, the Autobiography of a Surgeon* (Boston: Little, Brown and Co., 1960), p. 163.

9   Office of the Surgeon General, *Medical Department U.S. Army*, vol.6, p. 353.

10 Ashburn, P. M., *A History of the Medical Department of the United States Army* (Boston and New York: Houghton Mifflin Co., 1929), p. 318.

11 "Proceedings of the American Health Association," *Journal of the American Medical Association*, vol. 71 (21 December 1918), p. 2099.

12 Office of the Surgeon General, *Medical Department U.S. Army*, vol.6, p. 353; *Annual Reports of the War Department, 1919*, vol 1, part 2, *Report of the Surgeon General*, p. 2165.

13 Vaughan, Victor C., *A Doctor's Memories* (Indianapolis: Bobbs-Merrill Co., 1926), p. 383; Flexner and Flexner, *Welch*, p. 376.

14 Longmore, Donald, *The Heart* (New York and Toronto: McGraw-Hill Book Co., 1971), p. 39.

15 Wolbach, S. Burt, "Comments on the Pathology and Bacteriology of Fatal Influenza Cases, as Observed at Camp Devens, Massachusetts," *Johns Hopkins Hospital Bulletin*, vol. 30 (April 1919), p. 104; Le Count, E. R., "The Pathologic Anatomy of Influenzal Bronchopneumonia," *Journal of the American Medical Association*, vol. 72(1 March 1919), p. 650; Wooley, "Epidemic of Influenza," p. 341.

16 Flexner and Flexner, *Welch*, pp. 376-377.

17 King, James J., "The Origin of the So-Called 'Spanish Influenza,' " *Medical Record*, vol. 94 (12 October 1918), pp. 632-633; Symmers, Douglas, "Pathologic Similarities between Pneumonia of Bubonic Plague and of Pandemic Influenza," *Journal of the American Medical Association*, vol. 71 (2 November 1918), p. 1482.

18 Office of the Surgeon General, *Medical Department U.S. Army*, vol.6, p. 349.

19 Ibid., p. 355.

20 Ibid., vol. 9, p. 138; *Boston Evening Globe*, 27 September 1918.

21 Office of the Surgeon General, *Medical Department U.S. Army*, vol.6, pp. 353-354.

22 Johns Hopkins University Institute of the History of Medicine, William Henry Welch Library, William Henry Welch Papers, Address delivered on the evening of December 27, 1919, at the New Century Club before the Committee of Twenty and invited guests of Utica, New York, pp. 8-10, 14.

第二章　流感病毒的发展

notes

1 *World Almanac and Encyclopedia*, 1919 (New York: Press Publishing Co., 1918), p. 742; Baily, Thomas, *Woodrow Wilson and the Lost Peace* (Chicago: Quadrangle Books, 1963), p. 19.

2 Pitt, Barrie, *1918, the Last Act* (New York: W.W. Norton, 1963), p.12.

3　*The Official Record of the United States' Part in the Great War*, prepared under Instructions of the Secretary of War (n.p., n.d.), p. 36.

4　*Annual Reports of the Navy Department, 1919* (Washington, D.C.: Government Printing Office, 1919), p. 2425; *Public Health Reports*, vol. 33 (April 1918), p. 502; Sydenstricker, Edgar, and Wiehl, Dorothy, "A Study of Disabling Sickness in a South Carolina Mill Village in 1918," *Public Health Reports*, vol. 39 (18 July 1924), pp. 1723-1724; Stanley, L. L., "Influenza at San Quentin Prison, California," *Public Health Reports*, vol. 34 (9 May 1919), pp. 996-998.

5　Harvey, A. M., ed., *Osler's Textbook Revisited* (New York: Appleton-Century-Crofts, 1967), p. 76.

6　*Denver Post*, 11 October 1918.

7　State of Washington, *Twelfth Biennial Report of the State Board of Health for the Years Ending September 30, 1917, and September 30, 1918*, p. 34.

8　Opie, Eugene *et al.*, "Pneumonia at Camp Funston," *Journal of the American Medical Association*, vol. 72 (11 January 1919), pp. 114-115.

9　Vaughan, Victor, "An Explosive Epidemic of Influenzal Disease at Fort Oglethorpe," *Journal of Laboratory and Clinical Medicine*, vol. 2 (June 1918), p. 560; Office Of the Surgeon General, *Medical Department U.S. Army*, vol. 4, pp. 62, 76, 80, 113, 130, 175, 177, 185, 189, 207, 217, 220, 223.

10　Gorgas, Marie, and Hendrick, Burton J., *William Crawford Gorgas* (Garden City: Doubleday, Page and Co., 1924), p. 306; *Boston Evening Transcript*, 16 August 1918, p. 9; Colnat, Albert, *Les Epidémies et l'Histoire* (Paris: Editions Hippocrate, 1937), pp. 182-186; MacPherson, W. G.; Herringham, T. R., Elliott, A. Balfour, eds., *History of the Great War Based on Official Documents. Medical Services, Diseases of War.* (London: His Majesty's Stationery Office, n.d.), vol. 1, p. 370.

11　*War Department, Annual Reports 1918*, Vol. I, *Report of the Secretary of War*, p. 488.

12　*Illinois Health News*, vol. 5 (March 1919), p. 105; Collins, Selwyn D. *et al.*, "Mortality from Influenza and Pneumonia in Fifty Large Cities of the United States, 1910-1929," *Public Health Reports*, vol. 45 (26

September 1930), pp. 2291-2300; Creighton, Charles, *A History of Epidemics in Britain* (Cambridge University Press, 1894), vol. 2, p. 381.

13 *Journal of the American Medical Association*, vol. 73 (19 July 1919), p. 191; Office of the Surgeon General, *Medical Department U.S. Army*, vol. 9, p. 149.

14 Dublin, Louis I., and Lotka, Alfred J., *Twenty-Five Years of Health Progress* (New York: Metropolitan Life Insurance Co., 1937), p. 121.

15 *Weekly Bulletin of the Department of Health, City of New York*, vol. 7, n.s. (30 March 1918), p. 104, (6 April 1918), p. 112; Death Certificate Files of Lowell, Massachusetts; Birmingham, Alabama; Louisville, Kentucky; Minneapolis, Minnesota; San Francisco, California; Seattle, Washington; Collins *et al.*, "Mortality in Fifty Large Cities," *Public Health Reports*, vol. 45 (26 September 1930), pp. 2277-2303.

16 Jordan, Edwin O., *Epidemic Influenza, A Survey* (Chicago: American Medical Association, 1927), pp. 71, 74; MacNeal, Ward J., "The Influenza Epidemic of 1918 in the American Expeditionary Force in France and England," *Archives of Internal Medicine*, vol. 23 (June 1919), p. 675.

17 *Annual Reports of the Navy Department, 1919*, p. 2110; Pressley, Harry T., *Saving the World for Democracy* (Clarinda, Iowa: The Artcraft, 1933), pp. 13, 231, 232.

18 Ashford, Baily K., *A Soldier in Science, the Autobiography of Baily K. Ashford* (New York: William Murrow and Co., 1934), pp. 304-305; Fairchild, D. A., ed., *The Iowa Medical Profession in the Great War* (n.p., n.d.), pp. 8-9, 29; *Annual Reports of the Navy Department, 1919*, p. 2297; "Discussion on Influenza," *Proceedings of the Royal Society of Medicine*, vol. 12 (13 November 1918), p. 27; MacNeal, *Archives of Internal Medicine*, vol. 23 (June 1919), p. 676.

19 MacNeal, *Archives of Internal Medicine*, p. 677, Great Britain, Ministry of Health, *Reports on Public Health and Medical Subjects No. 4. Report on the Pandemic of Influenza, 1918-1919* (London: His Majesty's Stationery Office, 1920), pp. 236-37; *New York Times*, 3 July 1918.

20 MacPherson *et al.*, *History of Great War, Medical Services*, vol. 1, p.
     174; Jordan, *Epidemic Influenza*, pp. 80-81.

21 Jordan, *Epidemic Influenza*, p. 83.

22 Thomson, D., and Thomson, R., *Influenza*, Monograph No. 16, *Annals
     of the Picket-Thomson Research Laboratory* (London: Bailliere,
     Tindall and Cox, 1933 and 1934), Pt. 1, pp. 8-9; *Annual Report of
     the Secretary of Navy, 1918*, p. 1506; *Annual Reports of the Navy
     Department, 1919*, pp. 2079, 2424; MacPherson, W. G., ed., *History of
     Great War Based on Official Documents. Medical Services General
     History*, vol. 3 (London: His Majesty's Stationary Office, 1924), p. 259.
     Toubert, Joseph H., *Le Service de Sante Militaire au Grand Quartier
     General Francais (1918-1919)* (Paris: Charles-Lavauzelle et Cie,
     1934), p. 45; Coffman, Edward M., *The War To End All Wars* (New
     York: Oxford University Press, 1968), p. 219.

23 Ludendorff, Erich von, *Ludendorffs Own Story* (New York: Harper
     and Bros., 1919), vol. 2, pp. 277, 317; Pitt, *1918, the Last Act*, p. 116.

24 Great Britain, Ministry of Health, *Report on Pandemic, 1918-1919*,
     p. 38, tables facing pp. 216, 249, 253, 272; *New York Times*, 14 July
     1918.

25 *London Times*, 25 June 1918, Great Britain, Ministry of Health, *Report
     on Pandemic, 1918-1919*, graphs facing p. 212, diagram facing p.
     40; "Discussion of Influenza," *Proceedings of the Royal Society of
     Medicine*, vol. 12 (13 November 1918), p. 20.

26 Pressley, *Saving the World*, p. 67.

27 Graves, Robert, *Good-bye to All That* (London: Jonathan Cape, 1929),
     pp. 272-277, 316, 340-41.

28 MacPherson W. G. ed., *History of Great War. Medical Services,
     General History*, vol. 4, p. 515; Great Britain, Ministry of Health,
     Report on Pandemic, 1918-1919, pp. 354, 383; Jordan, *Epidemic
     Influenza*, pp. 87-88; Coutant, A. Francis, "An Epidemic of Influenza at
     Manila, P. I.," *Journal of the American Medical Association*, vol. 71(9
     November 1918), p. 1566.

29 *Annual Report of the Secretary of Navy, 1918*, p. 1507; National
     Archives (NA), Records of the USPHS, Record Group (RG) 90, File

1622, W. W. King to Surgeon General, San Juan, Puerto Rico, 28 November 1918; Jordan, *Epidemic Influenza*, p. 94; *Report of the President of the Board of Health of the Territory of Hawaii for the Twelve Months Ended June 30, 1919* (Honolulu: Advertiser Publishing Co., 1920), pp. 70, 85.

30 *Annual Reports of the Navy Department, 1919*, p. 2425; Heagerty, John J., *Four Centuries of Medical History in Canada* (Toronto: Macmillan Co., 1928), vol. 1, p. 215; MacNeal, *Archives of Internal Medicine*, vol. 23 (June 1919), p. 685; Cornwell, Edward E., "Spanish Influenza," *New York Medical Journal*, vol. 108 (24 August 1918), p. 330; *New York Times*, 14 August 1918, 15 August 1918.

31 Soper, George A., "The Pandemic in the Army Camps," *Journal of the American Medical Association*, vol. 71 (7 December 1918), p. 1907; *New Orleans Times-Picayune*, 14 September 1918.

32 Rose, Harry M., "Influenza: the Agent," *Hospital Practice*, vol. 6 (August 1971), pp. 49-56.

33 Great Britain, Ministry of Health, *Report on Pandemic, 1918-1919*, chart between pp. 40, 41; "Discussion of Influenza," *Proceedings of the Royal Society of Medicine*, vol. 12 (13 November 1918), p. 29; Trémolières, F., and Rafinesque, M., "Quelques Remarques l'Epidémie de Grippe," *La Presse Medicale*, vol.27 (24 February 1919), p. 98; *Journal of the American Medical Association*, vol. 71 (5 October 1918), p. 1142.

34 Hewlett, A. W., and Alberty, W. M., "Influenza at Navy Base Hospital in France," *Journal of the American Medical Association*, vol. 71 (28 September 1918), p. 1056.

35 *Official Record of United States' Part in the Great War*, p. 35-36; Office of the Surgeon General, *Medical Department U.S. Army*, vol. 12, p. 8.

36 *Public Health Reports*, vol. 33 (13 September 1918), pp. 1541-1544. *Annual Report of the Surgeon General of the Public Health Service of the United States for the Fiscal Year 1919* (Washington, D.C.: Government Printing Office, 1919), pp. 81, 175.

37 *New York Times*, 18 August 1918.

38　Jordan, *Epidemic Influenza*, pp. 202, 235.

39　*Boston Evening Transcript*, 19 September 1918.

40　*Philadelphia Inquirer*, 1 September 1918.

41　Burley, R. Carlyle, *The Equitable Life Assurance Society of the United States, 1859-1964* (New York: Appleton-Century-Crofts, 1967), vol. 2, pp. 847-848.

42　Office of the Surgeon General, *Medical Department U.S. Army*, vol. 9, p. 83.

第三章　三处暴发——非洲、欧洲、美洲

1　Dudley, Sheldon F., "The Biology of Epidemic Influenza, Illustrated by Naval Experience," *Proceedings of the Royal Society of Medicine*, vol. 14, *War Section* (9 May 1921), pp. 44-45; MacNeal, Ward J., "The Influenza Epidemic of 1918 in the AEF in France and England," *Archives of Internal Medicine*, vol. 23 (June 1919), p. 685; Great Britain, Ministry of Health, *Report on Pandemic, 1918-1919*, p. 374; Great Britain, House of Commons, *Accounts and Papers, Session February 10, 1920-December 23, 1920, vol. 32, Colonial Reports—Annual*, no. 1032, Sierra Leone.

2　"Camp Pontanezan, Brest, France," *Military Surgeon*, vol. 46 (March 1920), p. 301; Taft, William H. *et al.*, eds., *Service with Fighting Men* (New York: Association Press, 1922), vol. 2, pp. 140-141.

3　Vaughan, Victor C., "Influenza and Pneumonia at Brest, France," *Journal of Laboratory and Clinical Medicine*, vol. 4 (January 1919), p. 223; Martin, Louis, "Epidémie de Grippe de Brest," *La Presse Medicale, Annexe*, vol. 26 (24 October 1918), pp. 698-699.

4　Hoehling, A. A., *The Great Epidemic* (Boston: Little, Brown and Co., 1961), p. 23; Annual Report of the Secretary of Navy, 1918, p. 2328; *Annual Reports of the Navy Department, 1919*, p. 2493.

5　Keegan, J. J., "The Prevailing Pandemic of Influenza," *Journal of the American Medical Association*, vol. 71 (28 September 1918), p. 1051; *Annual Reports of the Navy Department, 1919*, pp. 2328-2329, 2427.

6　Keegan, "The Prevailing Pandemic of Influenza," p. 1051.

7   Ibid, pp. 1052-1055.

8   *Forty-seventh Annual Report of the Health Department of the City of Boston for the Year 1918*, p. 44; *Boston Globe*, 3 September 1918.

9   *Annual Reports of the Navy Department, 1919*, p. 2428; *Boston Evening Transcript*, 10 September 1918; *Boston Globe*, 4 September 1918, 6 September 1918, 7 September 1918; *Monthly Bulletin of the Health Department of the City of Boston*, vol. 7 (September 1918), p. 184.

第四章   美国开始注意

1   *Boston Evening Transcript*, 15 August 1918; *Fourth-seventh Annual Report of the Health Department of Boston, 1918*, p. 3.

2   *Boston Evening Transcript*, 21 August 1918, 30 August 1918, 31 August 1918, 5 September 1918; *Boston Globe*, 5 September 1918.

3   *Boston Evening Transcript*, 23 August 1918; *Boston Globe*, 4 September 1918.

4   *Boston Globe*, 1 September 1918; *Boston Evening Globe*, 10 September 1918; *World Almanac and Encyclopedia, 1919* (New York: The Press Publishing Co., 1918), p. 492; *Annual Reports of the Navy Department, 1919*, pp. 2428-2429; *Boston Evening Transcript*, 26 August 1918.

5   *Boston Evening Transcript*, 23 September 1918; Baker, *Woodrow Wilson, Life and Letters*, vol. 8, p. 362.

6   *Boston Evening Transcript*, 14 September 1918; *Baltimore Sun*, 12 September 1918; Sullivan, Mark, *Our Times*, vol. 5, *Over There, 1914-1918* (New York: Charles Scribner's Sons, 1933), p. 313.

7   *Baltimore Sun*, 14 September 1918; Delano, Jane A., "Meeting a National Emergency," *Red Cross Bulletin*, vol. 2 (21 October 1918), p. 5.

8   *Philadelphia Inquirer*, 19 September 1918, p. 1.

9   *Washington Post*, 21 September 1918, 24 September 1918; Office of the Surgeon General, *Medical Department U.S. Army*, vol. 6, p. 350.

10 *New York Times*, 27 September 1918.

11 *Annual Reports of the Navy Department, 1919*, pp. 2429, 2445, 2448; Soper, George A., "The Pandemic in the Army Camps," *Journal of*

the *American Medical Association*, vol. 71 (7 December 1918), p. 1901; Howard, Dean C., and Love, Albert C., "Influenza—U.S. Army," *Military Surgeon*, vol. 46 (May 1920), pp. 525-531.

12 *Public Health Reports*, vol. 33 (27 September 1918), pp. 1625-1626; Bureau of Census, *Mortality Statistics, 1918* (Washington, D.C.: Government Printing Office, 1920), p. 80.

13 *Baltimore Sun*, 27 September 1918; *Second Report of the Provost Marshal General to the Secretary of War on the Operations of the Selective Service System to December 20, 1918*, p. 237.

14 *Annual Report of the Surgeon General of the Public Health Service of the United States for the Fiscal Year 1979* (Washington, D. C.: Government Printing Office, 1919), pp. 82-83; " 'Spanish Influenza,' 'Three-Day-Fever,' 'The Flu,' " *Supplement No. 34 to Public Health Reports*, 28 September 1918, p. 4.

15 *Annual Report of Surgeon General of Public Health Service, 1919*, p. 83; United States, National Archives, Record Group 90, File 1622, Blue, Rupert, "Epidemic Influenza and the United States Public Health Service" (unpublished manuscript); *Fourth Annual Report to the State Department of Health of Massachusetts*, p. 4.

16 Martin, Franklin H., *The Joy of Living* (Garden City: Doubleday, Doran and Co., 1937), vol. 2, pp. 377-383.

17 *Annual Report of Surgeon General of Public Health Service, 1919*, pp. 82-83; National Archives, R.G. 90, File 1622, Blue, "Epidemic Influenza and the USPHS" ; Great Britain, Ministry of Health, *Reports on Public Health and Medical Subjects No. 4. Report on the Pandemic of Influenza, 1918-1919*, p. 328.

18 Porter, Katherine Anne, *Pale Horse, Pale Rider* (New York: New American Library of World Literature, 1962), p. 161.

19 *Washington Post*, 3 October 1918.

20 *Annual Report of Surgeon General of Public Health Service, 1919*, p. 83; Delano, *Red Cross Bulletin*, vol. 2 (21 October 1918); The American Red Cross, *The Mobilisation of the American Red Cross during the Influenza Pandemic, 1918-1919* (Printing Office of the Tribune de Genève, 1920), pp. 1-4.

21 National Archives, RG 90, File 1622, Draper to Kempf, Boston, Mass.,
    5 October 1918.

22 American Red Cross, *Mobilisation of American Red Cross*, p. 4.

23 *Annual Report of Surgeon General of Public Health Service, 1919*,
    p. 303; U.S. Congress, Senate, *Hearings on H. J. Resolution 333,
    A Joint Resolution to Aid in Combating the Disease Known as
    Spanish Influenza*, 65th Congress, 2nd Session, 1918, pp. 3, 11, 12, 14;
    Washington Post, 26 September 1918.

24 *New York Times*, 28 September 1918, 29 September 1918.

25 *Chicago Daily Tribune*, 13 October 1918; McAdoo, William G.,
    Crowded Years (Boston and New York: Houghton Mifflin Co., 1931), p.
    409.

26 *New York Times*, 28 September 1918; Baker, *Woodrow Wilson, Life
    and Letters*, vol. 8, p. 431.

27 Russell, Francis, "A Journal of the Plague: the 1918 Influenza," *Yale
    Review*, n. s., vol. 47 (December 1957), pp. 223-224; *New York
    Times*, 30 September 1918; *Monthly Bulletin of Health Department of
    City of Boston*, vol. 8 (January 1919), p. 11.

第五章　西班牙流感席卷全美

1   Office of the Surgeon General, *Medical Department U.S. Army*, vol. 6, p.
    361.

2   *Annual Reports of the Navy Department 1919*, p. 2428.

3   *Annual Reports of the Navy Department 1919*, pp. 2264, 2436;
    Chicago Daily Tribune, 20 September 1918; Illinois, *Second Annual
    Report of the Department of Public Health*, July 1, 1918, to June 30,
    1919, p. 25; Jordan, Edwin O., *Epidemic Influenza, A Survey*, p. 25.

4   *Illinois Second Annual Report of the Department of Public Health
    1919*, (n.p., n.d.), pp. 18-25; Red Cross Archives, Final Report on the
    Influenza Epidemic in Lake Division, Division Director of Department of
    Civilian Relief of Lake Division to Dr. Willoughby Walling, Cleveland,
    20 August 1919.

5   Crowell, Benedict, and Wilson, Robert F., *How America Went to War*.

The Road to France (New Haven: Yale University Press, 1921), vol. I, p. 89; Office of the Surgeon General, Medical Department U.S. Army, vol. 4, pp. 389-390.

6   National Archives, Modern Military Branch, Military Archives Division, Index Cards of Records of Army Chief of Staff, 1918-1919, File 720, Influenza, File Card I, Records of the Army Chief of Staff, 1918-20, Chief of Staff to All Camp and Department Commanders, Washington, D.C., 11 October 1918; Washington Post, 12 October 1918; Coffman, Edward M., The War to End All Wars, pp. 82-83.

7   Annual Report of Surgeon General of Public Health Service 1919, p. 123; Public Health Reports, vol. 33 (27 September 1918), p. 1625.

8   Seattle Daily Times, 18 November 1918.

9   Davis, William H., "The Influenza Epidemic as Shown in the Weekly Health Index," American Journal of Public Health, vol. 9 (January 1919), pp. 52, 53; Mortality Statistics, 1919, p. 31; Winslow, C.E.A., and Rogers, J. F., "Statistics of the 1918 Epidemic of Influenza in Connecticut," Journal of Infectious Disease, vol. 26 (March 1920), p. 205.

10 Jordan, Epidemic Influenza, p. 150; Great Britain, Ministry of Health, Reports on Public Health and Medical Subjects No. 4. Report on the Pandemic of Influenza, 1918-1919, pp. 319-320.

11 Great Britain, Ministry of Health, Report on Pandemic, pp. 319-320, 349-353; New York Times, 5 September 1918.

12 Jordan, Epidemic Influenza, p. 155; Bureau of Census, Mortality Statistics, 1919, p. 30.

13 Bryce, James, The American Commonwealth (New York: Macmillan Co., 1911), vol. 1, p. 642.

14 Boston Evening Transcript, 21 September 1918; Forty-Seventh Annual Report of the Health Department of the City of Boston for the Year 1918, p. 46; New York Times, 16 February 1919.

15 Boston Evening Transcript, 17 August 1918.

16 Hayward, Frances, "A Brotherhood of Misericordia," Survey, vol. 41 (9 November 1918), pp. 148-149.

17 Farmer, Gertrude, and Schoenfeld, Janet, "Epidemic Work at the

Boston City Hospital," *Boston Medical and Surgical Journal*, vol. 180 (29 May 1919), pp. 608-609.

第六章　费城的流感

1　*World Almanac and Encyclopedia, 1917*, p. 761; *World Almanac and Encyclopedia, 1919*, p. 533; *World Almanac and Encyclopedia, 1922*, p. 730; *Monthly Bulletin of the Department of Public Health and Charities of the City of Philadelphia*, vol. 3 (December 1918), p. 184; *Survey*, vol. 41 (19 October 1918), p. 76; *Annual Report of the Bureau of Health of the City of Philadelphia for the Year Ending December 31, 1918*, pp. 98-99.

2　Johnston, James I., "History and Epidemiology of Epidemic Influenza," *Studies on Epidemic Influenza. Publications from the University of Pittsburgh School of Medicine (1919)* (n.p., n.d.), p. 20.

3　*New York Times*, 4 October 1918; *Philadelphia Inquirer*, 6 September 1918.

4　*Philadelphia Inquirer*, 6 September 1918.

5　*Annual Reports of the Navy Department, 1919*, p. 2428; Synott, Martin, and Clark, Elbert, "The Influenza Epidemic at Camp Dix, New Jersey," *Journal of the American Medical Association*, vol. 71 (30 November 1918), p. 1816; Office of the Surgeon General, *Medical Department U.S. Army*, vol. 4, p. 120; *Philadelphia Inquirer*, 17 September 1918.

6　Johnston, "History and Epidemiology of Epidemic Influenza," p. 20; *Philadelphia Inquirer*, 19 September 1918.

7　*Philadelphia Inquirer*, 19 September 1918, 20 September 1918.

8　Ibid., 21 September 1918.

9　Ibid., 29 September 1918.

10　*New York Times*, 13 September 1918; *Baltimore Sun*, 20 September 1918; *Chicago Daily Tribune*, 23 September 1918; *New Orleans Times-Picayune*, 29 September 1918; *Detroit Free Press*, 23 September 1918.

11　*New York Times*, 1 October 1918.

12　Ibid., 1 October 1918.

13 *Journal of the American Medical Association*, vol. 71 (28 September 1918), p. 1063.

14 *Philadelphia Inquirer*, 2 October 1918, 4 October 1918; *New York Times*, 4 October 1918.

15 *Philadelphia Inquirer*, 4 October 1918.

16 *Pittsburgh Gazette Times*, 5 October 1918; National Archives, R.G. 90, File 1622, Blue, Rupert, "Epidemic Influenza and the United States Public Health Service" (unpublished manuscript).

17 *Philadelphia Inquirer*, 5 October 1918.

18 Ibid., 6 October 1918, 7 October 1918, 8 October 1918; Great Britain, Ministry of Health, *Reports on Public Health and Medical Subjects No. 4. Report on the Pandemic of Influenza, 1918-1919*, pp. 319-320; Croskey, John Welsh, *History of Blockley, A History of the Philadelphia General Hospital* (Philadelphia: F. A. Davis Co., 1929), pp. 115-116; *Survey*, vol. 41 (19 October 1918), p. 74.

19 *Philadelphia Inquirer*, 7 October 1918, 8 October 1918, 10 October 1918.

20 Ibid., 13 October 1918.

21 *Survey*, vol. 41 (19 October 1918), p. 74.

22 Ibid., p. 75.

23 Westphal, Mary E., "Influenza Vignettes," Public Health Nurse, vol. 11 (February 1919), pp. 129-130.

24 *Boston Evening Transcript*, 26 October 1918.

25 *Philadelphia Inquirer*, 12 October 1918, 18 October 1918; *Survey*, vol. 41 (19 October 1918), p. 75; Great Britain, Ministry of Health, *Report on Pandemic*, pp. 319-320.

26 "Emergency Service of the Pennsylvania Council of National Defense in the Influenza Crisis," p. 35.

27 Baker, Ray S., *Woodrow Wilson, Life and Letters*, vol. 8, pp. 455-458.

28 *Philadelphia Inquirer*, 13 October 1918, 17 October 1918.

29 Great Britain, Ministry of Health, *Report on Pandemic*, pp. 319-320.

30 *Philadelphia Inquirer*, 11 October 1918, 12 October 1918.

31 McAdoo, William G., *Crowded Years* (Boston: Houghton Mifflin Co., 1931), p. 410.

32 *Survey*, vol. 41 (19 October 1918), p. 76.

33 Clarkson, Grosvenor B., "A Tribute and a Look into the Future" (Washington, D.C.: Government Printing Office, 1919), passim; *Philadelphia Inquirer*, 10 October 1918.

34 "Emergency Service of the Pennsylvania Council of National Defense in the Influenza Crisis," p. 33; *Survey*, Vol. 41 (19 October 1918), p. 76.

35 Ibid.; *Philadelphia Inquirer*, 13 October 1918; "Emergency Service of the Pennsylvania Council of National Defense in the Influenza Crisis," p. 33.

36 *Philadelphia Inquirer*, 8 October 1918, 13 October 1918.

37 *Survey*, vol. 41 (19 October 1918), p. 76.

38 "Emergency Service of the Pennsylvania Council of National Defense in the Influenza Crisis," p. 35.

39 *Journal of the American Medical Association*, vol. 71 (9 November 1918), p. 1592.

40 *Journal of the American Medical Association*, vol. 71 (26 October 1918), p. 1424; *Philadelphia Inquirer*, 10 October 1918, 12 October 1918.

41 *Philadelphia Inquirer*, 7 October 1918, 10 October 1918.

42 *Philadelphia Inquirer*, 11 October 1918, 12 October 1918.

43 Ibid., 12 October 1918, 13 October 1918, 14 October 1918, 25 October 1918.

44 Ibid., 14 October 1918, 25 October 1918; "Emergency Service of the Pennsylvania Council of National Defense in the Influenza Crisis," p. 36.

45 "Emergency Service of the Pennsylvania Council of National Defense in the Influenza Crisis," p. 36.; Hoehling, A. A., *The Great Epidemic* (Boston: Little, Brown and Co., 1961), pp. 77, 88.

46 *Philadelphia Inquirer*, 25 October 1918; "Emergency Service of the Pennsylvania Council of National Defense in the Influenza Crisis," p. 36.

47 "Emergency Service of the Pennsylvania Council of National Defense in the Influenza Crisis," p. 37; *Philadelphia Inquirer*, 12 October 1918.

48 "Emergency Service of the Pennsylvania Council of National Defense in the Influenza Crisis," p. 36.

49 *Philadelphia Inquirer*, 18 October 1918.

50 Ibid., 19 October 1918, 20 October 1918, 23 October 1918.

51 Ibid., 8 October 1918.

52 Ibid., 9 October 1918, 16 October 1918, 25 October 1918; Bureau of Census, *Special Tables of Mortality from Influenza and Pneumonia in Indiana, Kansas and Philadelphia, Pennsylvania, September I to December 31, 1918* (Washington, D.C.: Government Printing Office, 1920), p. 27.

53 *Philadelphia Inquirer*, 27 October 1918, 1 November 1918.

54 Ibid., 29 October 1918.

55 Ibid., 8 November 1918.

56 *Monthly Bulletin of the Department of Public Health and Charities of the City of Philadelphia*, vol. 3 (October-November, 1918), p. 22.

57 Bureau of Census, *Special Tables of Mortality from Influenza and Pneumonia in Indiana, Kansas and Philadelphia*, p. 27.

58 Ibid., pp. 7-8, 23, 24.

59 Ibid., pp. 9, 162-166.

60 *Philadelphia Inquirer*, 31 October 1918, 11 November 1918.

第七章　旧金山的流感

1 *World Almanac, 1917*, p. 761; *World Almanac, 1919*, p. 534; *World Almanac, 1922*, p. 730.

2 *American Journal of Public Health*, vol. 8 (October 1918), p. 787.

3 *San Francisco Chronicle*, 23 September 1918; Noyes, William R., "Influenza Epidemic of 1918-19, A Misplaced Chapter in United States Social and Institutional History" (Ph.D. dissertation, University of California at Los Angeles, 1968), p. 84.

4 *Seattle Daily Times*, 21 September 1918, 23 September 1918, 24 September 1918; *Annual Reports of the Navy Department, 1919*, p. 2428.

5 *American Journal of Public Health*, vol. 8 (October 1918), p. 787.

6   *San Francisco Chronicle*, 24 September 1918, 9 October 1918; *Annual Reports of the Navy Department, 1919*, p. 2428; Office of the Surgeon General, *Medical Department U.S. Army*, vol. 4, p. 177.

7   *San Francisco Chronicle*, 11 October 1918.

8   Ibid., 28 September 1918, 5 October 1918, 7 October 1918, 11 October 1918, 12 October 1918, 14 October 1918.

9   Ibid, 11 October 1918, 15 October 1918.

10 Ibid., 11 October 1918.

11 Ibid., 15 October 1918.

12 Hrenoff, Arseny, "The Influenza Epidemic of 1918-1919 in San Francisco," *Military Surgeon*, vol. 89 (November 1941), pp. 806, 810.

13 *San Francisco Chronicle*, 15 October 1918.

14 Ibid., 18 October 1918, 19 October 1918, 20 October 1918; Hrenoff, "The Influenza Epidemic of 1918-1919 in San Francisco," p. 807.

15 *San Francisco Chronicle*, 19 October 1918.

16 Ibid., 16 October 1918, 18 October 1918, 19 October 1918, 21 October 1918.

17 Hrenoff, "The Influenza Epidemic of 1918-1919 in San Francisco," p. 810.

18 *San Francisco Chronicle*, 27 October 1918.

19 Ibid., 15 October 1918, 21 October 1918, 26 October 1918, 31 October 1918, 6 November 1918.

20 Ibid., 23 October 1918.

21 Ibid., 23 October 1918, 29 October 1918, 6 November 1918.

22 Ibid., 25 October 1918, 26 October 1918.

23 Ibid., 15 October 1918, 19 October 1918, 29 October 1918; Hruby, Daniel D., *Mines to Medicine, The Exciting Years of Judge Myles O'Connor* (San Jose: O'Connor Hospital, 1965), p. 104.

24 *San Francisco Chronicle*, 24 October 1918, 27 October 1918, 30 October 1918.

25 Ibid., 16 October 1918, 30 October 1918.

26 Ibid., 19 October 1918, 20 October 1918, 25 October 1918, 27 October 1918, 2 November 1918.

27 *Journal of Proceedings, Board of Supervisors of the City and County*

of San Francisco, 1918, n.s., vol. 13, pp. 914d-914e.

28 *San Francisco Chronicle*, 26 October 1918, 31 October 1918, 22 November 1918.

29 Ibid., 1 November 1918.

30 Ibid., 1 November 1918, 22 November 1918; Great Britain, Ministry of Health, *Reports on Public Health and Medical Subjects No. 4. Report on the Pandemic of Influenza, 1918-1919*, pp. 319-320.

31 *San Francisco Chronicle*, 15 November 1918, 25 November 1918.

32 Hruby, *Mines to Medicine*, p. 110.

33 *American Journal of Public Health*, vol. 21 (September 1931), p. 1031.

34 *Seattle Daily Times*, 7 October 1918.

35 *Journal of Proceedings, Board of Supervisors of San Francisco, 1918*, n.s., vol. 13, pp. 899, 914c; *Boston Evening Globe*, 24 October 1918; *San Francisco Chronicle*, 23 October 1918, 29 October 1918.

36 *San Francisco Chronicle*, 29 October 1918, 30 October 1918, 31 October 1918, 1 November 1918, 2 November 1918, 11 December 1918.

37 " 'Spanish Influenza,' 'Three-Day Fever,' 'The Flu,' " Supplement No. 34 to Public Health Reports, 28 September 1918, p. 4.

38 Jordan, Edwin O., *Epidemic Influenza: A Survey* (Chicago: American Medical Association, 1927), p. 463.

39 *San Francisco Chronicle*, 15 October 1918, 18 October 1918, 19 October 1918, 20 October 1918; 24 October 1918; *Journal of Proceedings, Board of Supervisors of the City and County of San Francisco, 1918*, n.s., vol. 13, pp. 900-901.

40 *San Francisco Chronicle*, 22 October 1918.

41 Ibid., 22 October 1918, 1 November 1918; *Denver Post*, 20 November 1918; *Salt Lake City Desert Evening News*, 16 October 1918.

42 *San Francisco Chronicle*, 21 October 1918.

43 Ibid., 23 October 1918, 24 October 1918, 26 October 1918,

44 Ibid., 25 October 1918.

45 Ibid., 26 October 1918.

46 Ibid., 26 October 1918, 30 October 1918.

47 Ibid., 2 November 1918, 4 November 1918, 5 November 1918, 10

November 1918; Hrenoff, "The Influenza Epidemic of 1918-1919 in San Francisco," p. 807.

48 *San Francisco Chronicle*, 5 November 1918, 6 November 1918.

49 Ibid., 1 November 1918, 19 November 1918; *Journal of Proceedings, Board of Supervisors of the City and County of San Francisco, 1918*, n.s., vol. 13, p. 985.

50 *San Francisco Chronicle*, 11 November 1918.

51 Ibid., 28 October 1918, 5 November 1918, November 1918, 18 November 1918.

52 Ibid., 21 November 1918.

53 Ibid., 18 November 1918.

54 Ibid., 21 November 1918, 22 November 1918, 25 November 1918.

55 Ibid., 22 November 1918.

56 Hrenoff, "The Influenza Epidemic of 1918-1919 in San Francisco," p. 807.

57 *World Almanac, 1919*, pp. 788-789.

58 *San Francisco Chronicle*, 5 December 1918, 9 December 1918.

59 Ibid., 5 December 1918, 9 December 1918.

60 Ibid., 4 December 1918, 6 December 1918, 9 December 1918.

61 Ibid., 8 December 1918.

62 Ibid., 8 December 1918.

63 Hrenoff, "The Influenza Epidemic of 1918-1919 in San Francisco," p. 807; Pearl, Raymond, "Influenza Studies. I. On Certain General Statistical Aspects of the 1918 Epidemic in American Cities," *Public Health Reports*, vol. 34 (August 1919), p. 1748.

64 *Annual Reports of Navy Department, 1919*, p. 2486; *San Francisco Chronicle*, 16 December 1918, 22 December 1918, 3 January 1919, 4 January 1919.

65 *San Francisco Chronicle*, 20 December 1918.

66 Great Britain, Ministry of Public Health, *Report on Pandemic*, p. 321; *San Francisco Chronicle*, 11 December 1918, 13 December 1918.

67 *San Francisco Chronicle*, 9 December 1918, 16 December 1918.

68 Ibid., 12 December 1918, 20 December 1918.

69 Ibid., 12 December 1918, 16 December 1918, 19 December 1918.

70 Ibid., 13 December 1918.

71 Ibid., 18 December 1918.

72 Ibid., 13 December 1918, 17 December 1918; *Journal of Proceedings, Board of Supervisors of the City and County of San Francisco, 1918*, n.s., vol. 13, p. 1022.

73 *San Francisco Chronicle*, 17 December 1918, 19 December 1918.

74 Ibid., 31 December 1918, 1 January 1919.

75 Ibid., 3 January 1919, 5 January 1919, 9 January 1919.

76 Ibid., 9 January 1919.

77 Ibid., 12 January 1919.

78 Ibid., 10 January 1919, 15 January 1919, 17 January 1919, 26 January 1919.

79 Ibid., 18 January 1919, 22 January 1919, 23 January 1919.

80 Ibid., 18 January 1919, 1 February 1919.

81 Ibid., 29 January 1919; Denver Post, 26 November 1918.

82 *San Francisco Chronicle*, 27 January 1919; Kellogg, Wilfred H., "Influenza, A Study of Measures Adopted for the Control of the Epidemic," *California State Board of Health Special Bulletin No. 31* (Sacramento: California State Printing Office, 1919), pp. 12-13.

83 *San Francisco Chronicle*, 26 January 1919.

84 Ibid., 2 February 1919.

85 Ibid., 22 November 1918; Hrenoff, "The Influenza Epidemic of 1918-1919 in San Francisco," p. 807.

86 Ibid., pp. 806-807.

87 Roosevelt, Eleanor, *This Is My Story* (New York: Harper Bros., 1937), pp. 269, 271.

88 *Boston Evening Transcript*, 26 October 1918.

第八章　前往法国途中的海上流感

1 Great Britain, Ministry of Health, *Reports on Public Health and Medical Subjects No. 4, Report on the Pandemic of Influenza, 1918-1919*, p. 230; *Annual Reports of the Navy Department, 1919*, p. 2245; *Boston Globe*, 21 September 1918.

2   *Annual Reports of the Navy Department, 1919*, p. 2467.

3   Ibid., pp. 2193, 2441.

4   Ibid., pp. 2438-2439.

5   National Archives, R.G. 52, Bureau of Medicine and Surgery, General Correspondence, 1885-1925, Report of Influenza Epidemic aboard U.S.S. *Yacona*, 11 December 1918; *Annual Reports of the Navy Department, 1919*, pp. 2227-2230, 2439.

6   Ibid., pp. 2410, 2455.

7   Ibid., p. 2440.

8   Coffman, Edward M., *The War to End All Wars* (New York: Oxford University Press, 1968), pp. 178, 180, 183, 342.

9   *The Official Record of the United States' Part in the Great War*, prepared under instruction of the Secretary of War, p. 36; *Denver Post*, 16 October 1918.

10 Office of the Surgeon General, *Medical Department U.S. Army*, vol.6, pp, 351-352; vol. 8, pp. 945, 947.

11 Crowell, Benedict, and Wilson, Robert, *How America Went to War. The Road to France*, vol. 2 (New Haven: Yale University Press, 1921), p. 441; *Annual Reports of the Navy Department, 1919*, p. 2094; Office of the Surgeon General, *Medical Department U.S. Army*, vol. 6, pp. 359-360.

12 *Washington Post*, 5 October 1918.

13 *Medical Department of the U.S. Army*, vol. 6, p. 363; Office of the Surgeon General, *Annual Reports of the Navy Department, 1919*, p. 2094.

14 National Archives, R.G. 112, Records of the Army Surgeon General, Miscellaneous Records 1917-25, Entry 280, S-273, Par. 2, 12 October 1918.

15 March, Peyton, *The Nation at War* (New York: Doubleday, Doranand Co., 1932), pp. 359-360.

16 Crowell and Wilson, *How America Went to War. The Road to France*, vol. 2, pp. 443, 559-560; National Archives, R.G. 45, Historical Sketch of the U.S.S. *President Grant*, 13 August 1923.

17 *The Official Record of the United States' Part in the Great War*,

p. 43; Pressley, Harry T., *Saving the World for Democracy*, p. 152; Crowell and Wilson, *How America Went to War. The Road to France*, vol. 2, pp. 332, 335, 418.

18   Crowell and Wilson, *How America Went to War. The Road to France*, vol. 2, pp. 331-334, 340, 342; National Archives, R.G. 45, Subject File 1911-27, Historical Sketch of the U.S.S. *Leviathan*, 13 August 1923, p. 1.

19   Roosevelt, Eleanor, *This Is My Story*, p. 267; Lash, Joseph, *Eleanor and Franklin* (New York: W. W. Norton, 1971), p. 217.

20   *History of the U.S.S. Leviathan, Cruiser and Transport Forces United States Atlantic Fleet, Compiled From the Ship's Log and Data Gathered by the History Committee on Board the Ship* (n.p., n.d.), p. 91.

21   Ibid., p. 92; Ivy, Robert H., *A Link with the Past* (Baltimore: Williams and Wilkins Co., 1962), p. 40; Cushing, John T., and Stone, Arthur F., eds., *Vermont and the World War, 1917-1919* (Burlington: Published by the Act of the Legislature, 1928), pp. 7-8; Crowell and Wilson, *How America Went to War. The Road to France*, vol. 1, pp. 169-172, 206; National Archives Division, R.G. 45, Modern Military Branch, War Diary of U.S.S. *Leviathan*, 29 September 1918.

22   *History of U.S.S. Leviathan*, pp. 120, 219; Office of the Surgeon General, *Medical Department U.S. Army*, vol. 6, p. 416; Taft, William Howard, *et al.*, eds., *Service with Fighting Men*, vol. 1, p. 137.

23   *History of U.S.S. Leviathan*, p. 92; National Archives, R.G. 24, Modern Military Branch, Military Archives Division, Deck Log of the U.S.S Leviathan, 30 September 1918; *Annual Reports of the Navy Department, 1919*, p. 2094.

24   Albee, Fred H., *A Surgeon's Fight to Rebuild Men, An Autobiography* (New York: E. P. Dutton, 1943), p. 163; Crowell and Wilson, *How America Went to War. The Road to France*, vol. 1, p. 274; Gleaves, Albert, *A History of the Transport Service* (New York: George H. Doran, 1921), p. 190.

25   *History of U.S.S. Leviathan*, pp. 157-158.

26   Ibid., pp. 161-162; Ivy, *A Link with the Past*, p. 41.

27   Crowell and Wilson, *How America Went to War. The Road to France*,

vol. 2, p. 444; *History of U.S.S. Leviathan*, pp. 159-161.

28 History of U.S.S. Leviathan, pp. 158, 160.

29 Ibid., 162; National Archives, R.G. 112, Records of Office of Army Surgeon General, Miscellaneous Records, 1917-25, Entry 280, S-287, Par. 1, 14 October 1918.

30 Robert James Wallace, D.D.S. to the author, Seattle, Washington, 10 February 1970.

31 Cushing and Stone, *Vermont and the World War, 1917-1919*, p. 6.

32 *Annual Reports of Navy Department, 1919*, p. 2469; *History of U.S.S. Leviathan*, pp. 160-161; Crowell and Wilson, *How America Went to War. The Road to France*, vol. 2, pp. 444-445.

33 National Archives, R.G. 24, Modern Military Branch, Military Archives Div., Deck Log of the U.S.S. *Leviathan*, 2 October 1918; National Archives, R.G. 45, War Diary of U.S.S. *Leviathan*, 2 October 1918.

34 Ibid., 5 October 1918, 6 October 1918; *History of U.S.S. Leviathan*, p. 163.

35 *History of U.S.S. Leviathan*, p. 93.

36 Ibid., pp. 92, 93, 163; National Archives, R.G. 45, War Diary of U.S.S. *Leviathan*, 7 October 1918; R.G. 24, Desk Log of U.S.S. *Levithan*, 29 September 1918-7 October 1918.

37 *History of U.S.S. Leviathan*, p. 162.

38 Great Britain, Ministry of Health, *Report on Pandemic*, p. 231; Vaughan, Victor C., "Influenza and Pneumonia at Brest, France," *Journal of Laboratory and Clinical Medicine*, vol. 4 (January 1919), p. 221.

39 *Annual Reports of the Navy Department, 1919*, p. 2122; Cushing and Stone, *Vermont and the World War*, pp. 8-9.

40 Cushing and Stone, *Vermont and the World War*, p. 9.

41 Meader, Fred M., "Discussion on Influenza," *Proceedings of the Royal Society of Medicine* 12 (13 November 1918): 74.

42 MacPherson, W. G.; Herringham, T. R.; Elliott, A. Balfour, eds., *History of the Great War Based on Official Documents. Medical Services, Hygiene of the War* (London: His Majesty's Stationery Office, n.d.) vol. 1, p. 335.

43 Dos Passos, John, *The Best of Times* (New York: The New American Library, 1966), p. 74; Letter, Robert James Wallace, D.D.S.

44 *History of U.S.S. Leviathan*, p. 94.

45 Cromwell and Wilson, *How America Went to War. The Road to France*, vol. 2, p. 443.

46 Moorhead, Robert L., *The Story of the 139th Field Artillery*, American Expeditionary Forces (Indianapolis: Bobbs-Merrill Co., 1920), p. 80.

47 Cromwell and Wilson, *How America Went to War. The Road to France*, vol. 2, pp. 442-43.

48 *War Department, Annual Reports, 1919*, vol. 1, part 3, *Report of Surgeon General*, p. 2975; Cromwell and Wilson, *How America Went to War*, vol. 1, pp. 13, 256.

49 *Annual Reports of the Navy Department, 1919*, pp. 2116-18, 2489-90; *Medical Department of the U.S. Army*, vol. 6, p. 364.

50 Office of the Surgeon General, *Medical Department of the U.S. Army*, vol. 6, p. 350.

51 National Archives, R.G. 112, File 710, Capt. H. J. Meister to Chief Surgeon, A.E.F., Hoboken, New Jersey, 23 November 1918.

52 *Annual Reports of the Navy Department, 1919*, pp. 2119-21; *San Francisco Chronicle*, 18 November 1918.

53 Cromwell and Wilson, *How America Went to War. The Road to France*, vol. 2, p. 441; National Archives, R.G. 52, Bureau of Medicine and Surgery, General Correspondence, 1885-1925, Box 590, Commander Cruiser and Transport Force to Chief of Naval Operations, Hoboken, New Jersey, 11 December 1918.

54 Cromwell and Wilson, *How America Went to War. The Road to France*, vol. 2, pp. 558-63, 616-20; *Official Record of the United States' Part in the Great War*, p. 36.

55 *Stars and Stripes*, 20 December 1918.

第九章　流感与美国远征军

1 Cheseldine, R. M., *Ohio in the Rainbow* (Columbus: State of Ohio, 1924), p. 227.

2 Halliday, E. M., *Ignorant Armies* (New York: Harper and Bros., 1958), pp. 30-31.

3 *Boston Evening Transcript*, 12 September 1918.

4 York, Dorothea, *The Romance of Company "A"* (Detroit: McIntyre Printing Co., 1923), p. 20; Moore, Joel R.; Mead, Harry H.; Jahns, Lewis E., eds., *The History of the American Expedition Fighting the Bolsheviki* (Detroit: The Polar Bear Publishing Co., 1920), pp. 12 and 15.

5 Office of the Surgeon General, *Medical Department U.S. Army*, vol. 8, p. 947.

6 York, *Romance of Company "A"*, p. 21; Moore, Mead, and Jahns, *History of the American Expedition Fighting the Bolsheviki*, p. 15.

7 Moore, Mead, and Jahns, *History of the American Expedition Fighting the Bolsheviki*, p. 15.

8 Ibid., p. 89.

9 Office of the Surgeon General, *Medical Department U.S. Army*, vol. 8, p. 947.

10 *The American National Bed Cross, Annual Report, June 30, 1919*, p. 152; Marshall, S.L.A., Foreword to Halliday, *Ignorant Armies*, pp. xi-xii.

11 Moore, Mead, and Jahns, *History of the American Expedition Fighting the Bolsheviki*, p. 178.

12 Ibid., p. 15.

13 Ibid., p. 31; [Cudahy, John], *Archangel, the American War with Russia by a Chronicler* (Chicago: A. C. McClurg and Co., 1924), p. 132; Halliday, *Ignorant Armies*, pp. 33-34, 56.

14 Office of the Surgeon General, *Medical Department U.S. Army*, vol.6, p. 351; York, *Romance of Company "A"*, p. 21.

15 Ashburn, P. M., *The History of the Medical Department of the U.S. Army* (Boston: Houghton Mifflin Co., 1929), p. 351; Halliday, *Ignorant Armies*, p. 76; MacPherson, W. G., *et al.*, *History of Great War Based on Official Documents. Medical Services, General History* (London: His Majesty's Stationery Office, n.d.), vol. 4, p. 556.

16 Aïtoff, Marguerite, "Quelques Observations sur L'Etiologie de la

'Maladie Espangnole,' " *Comptes Rendus Hebdomadaires des Séances et Mémoires de la Société de Biologie*, vol. 81 (November 1918), p. 974.

17 Moore, Mead, Jahns, *History of the American Expedition Fighting the Bolsheviki*, p. 244.

18 Ibid., pp. 98-99.

19 Tarassévitch, L., *Epidemics in Bussia Since 1914*, League of Nations, Health Section, Annual Epidemiological Reports, Epidemiological Intelligence No. 2 (Geneva: League of Nations, 1922), p. 8.

20 Schofield, Frank W., and Cynn, H.C., "Pandemic Influenza in Korea," *Journal of the American Medical Association*, vol. 72 (5 April 1919), pp. 981-83.

21 Halliday, *Ignorant Armies*, pp. 162-75.

22 Office of the Surgeon General, *Medical Department U.S. Army*, vol. 8, pp. 952-53; Ashburn, *History of Medical Department of U.S. Army*, p. 351.

23 Office of the Surgeon General, *Medical Department U.S. Army*, vol.6, p. 1106; vol. 15, part II, pp. 1026-27.

24 Ibid., vol. 15, part II, p. 17; Howard, Deane C , and Love, Albert G., "Influenza—U.S. Army," *Military Surgeon*, vol. 46 (May 1920), p. 525. 25.

25 Ludendorff, Erich von, *Ludendorff's Own Story* (New York: Harper and Bros., 1919) vol. 2, pp. 269, 322, 404; Teilhard de Chardin, Pierre, *The Making of a Mind, Letters from a Soldier-Priest*, trans. René Hague (London: Collins, 1965), p. 218; *Boston Evening Transcript*, 24 September 1918.

26 *Boston Globe*, 15 September 1918; Owen, Frank, *Tempestuous Journey: Lloyd George, His Life and Time* (London: Hutchinson, 1954), pp. 491-92.

27 *Medical Department of the U.S. Army*, vol. 6, p. 1106; MacNeal, *Archives of Internal Medicine*, vol. 23 (June 1919), p. 683.

28 Pressley, Harry T., *Saving the World for Democracy* (Clarinda, Iowa: The Artcraft, 1933), pp. 113, 116-19; Great Britain, Ministry of Health, *Reports on Public Health and Medical Subjects Number 4, Report on*

the Pandemic of Influenza, 1918-19 (London: His Majesty's Stationery Office, 1920), p. 230.

29 Delater, "La Grippe dans la Nation Armee," Revue d'Hygiene, Vol. 45 (May 1923), p. 411; Great Britain, Ministry of Health, Report on Pandemic, 206, 216, 226, 229, 272; Seligmann, R. and Wolff, G., "Die Influenzapandemie in Berlin," Zeitschrift für Hygiene und Infektionskrankheiten, vol. 101 (1923-24), pp. 164-65; Jordon, Edwin O., Epidemic Influenza, A Survey (Chicago: American Medical Association), p. 103; Office of the Surgeon General, Medical Department of the U.S. Army, vol. 6, p. 1106.

30 Office of the Surgeon General, Medical Department of the U.S. Army, vol. 6, p. 1107.

31 Journal of the American Medical Association, vol. 71 (2 November 1918), p. 1491.

32 Taft, William H. et al., eds., Service with Fighting Men (New York: Association Press, 1922), vol. 2, p. 112.

33 Office of the Surgeon General, Medical Department of the U.S. Army, vol. 6, pp. 895-98; Brown, O. G., "Problems in the Control of Infectious Diseases at Replacement Depots," Military Surgeon, vol. 45 (July 1919), pp. 59-64.

34 War Department Annual Reports, 1919, vol. 1, part III, Report of Surgeon General, p. 3378; Eighty-eighth Division in the World War, 1914-1918 (New York: Wynkoop Hallenbeck Crawford Co., 1919), p. 15, 16, 108; Larson, E. J. D., Memoirs of France and the Eighty-eighth Division (Minneapolis: n.p., 1920), p. 12.

35 Office of the Surgeon General, Medical Department of the U.S. Army, vol. 8, p. 523; The Official Record of the United States' Part in the Great War, prepared under the Instruction of the Secretary of War, pp. 123-24.

36 Office of the Surgeon General, Medical Department of the U.S. Army, vol. 8, pp. 553, 575, 591.

37 Pershing, John J., My Experience in the World War (New York: Frederick A. Stokes Co., 1931), vol. 2, p. 327.

38 Office of the Surgeon General, Medical Department of the U.S. Army,

vol. 6, pp. 362-63.

39   Ibid., vol. 8, p. 793; Duffy, Francis P., *Father Duffy's Story, A Tale of Humor and Heroism, of Life and Death with the Fighting Sixty-ninth* (New York: George H. Doran Co., 1919), p. 290.

40   Office of the Surgeon General, *Medical Department of the U.S. Army*, vol. 9, p. 118.

41   Stuart-Harris, C. H., *Influenza and Other Virus Infections of the Respiratory Tract* (Baltimore: The Williams and Wilkins Co., 1965), p. 9; Pressley, *Saving the World for Democracy*, p. 117; *Journal of the American Medical Association*, vol. 71 (9 November 1918), p. 1595; Brooks, Harlow, and Gillette, Curtenius, "The Argonne Influenza Epidemic," *New York Medical Journal*, vol. 100 (6 December 1919), p. 928.

42   Carnegie Endowment for International Peace, Preliminary History of the Armistice (New York: Oxford University Press, 1924), p. 98.

43   Blücher, Evylyn, *An English Wife in Berlin* (New York: E. P. Dutton and Co., 1920), p. 258; Rudin, Harry R., *Armistice 1918* (New Haven: Yale University Press, 1944), p. 199; Hindenburg, Marshal von, *Out of My Life*, trans. F. A. Holt (London: Cassell and Co., 1920), p. 191; *The Memoirs of Prince Max of Baden*, trans. W. M. Calder and C. W. H. Sutton (London: Constable and Co., 1928), vol. 2, p. 92; Görlitz, Walter, ed., *The Kaiser and His Court, the Diaries, Notebooks and Letters of Admiral Georg Alexander von Müller, Chief of the Naval Cabinet, 1914-1918* (New York: Harcourt, Brace and World, 1964), pp. 395, 398-400; Carnegie Endowment, *Preliminary History of the Armistice*, p. 98.

44   Sibley, Frank P., *With the Yankee Division in France* (Boston: Little, Brown and Co., 1919), pp. 301-02, 306; Taylor, Emerson G., *New England in France* (Boston: Houghton Mifflin Co., 1920), p. 249.

45   *War Department Annual Reports*, vol. 1, part III, *Report of Surgeon General*, p. 3386.

46   Office of the Surgeon General, *Medical Department of the U.S. Army*, vol. 8, p. 809.

47   Toubert, Joseph Henri, *Le Service de Santé Militaire au Grand*

Quartier Général Francais (1918-1919) (Paris: Charles-Lavauzelle et Cie., 1934), p. 104.

48 Great Britain, Ministry of Health, *Report on Pandemic*, p. 229; *Journal of the American Medical Association*, vol. 71 (9 November 1918), p. 1585.

49 *AEF Weekly Bulletin*, 11 November 1918.

50 Office of the Surgeon General, *Medical Department of the U.S. Army*, vol. 8, p. 655.

51 Office of the Surgeon General, *Medical Department of the U.S. Army*, vol. 2, p. 381; vol. 8, pp. 634, 760.

52 Ibid., vol. 8, p. 532; Harbord, James G., *The American Army in France, 1917-1919* (Boston: Little, Brown and Co., 1936), p. 493; Cushing, Harvey, *From a Surgeon's Journal, 1915-1918* (Boston: Little, Brown and Co., 1936), p. 473; *The History of United States Army Base Hospital Number 6* (Boston: Massachusetts General Hospital, 1924), p. 227.

53 *War Department Annual Reports, 1919*, vol. 1, part III, *Report of Surgeon General*, p. 3656; Schlindler, Meyer, *The Thirtieth in Two World Wars, the Story of the University of California Medical Unit* (San Francisco: Alumni Association, University of California School of Medicine, 1966), p. 24.

54 Office of the Surgeon General, *Medical Department of the U.S. Army*, vol. 8, pp. 541, 634, 718; Coffman, Edward M., *War to End All Wars* (New York: Oxford University Press, 1968), p. 342.

55 Office of the Surgeon General, *Medical Department of the U.S. Army*, vol. 6, p. 1106.

56 Palmer, *Our Greatest Battle*, p. 573.

57 West, Samuel, "Some Remarks on Epidemic Influenza," *The Practitioner*, no volume number (January 1919), p. 47-48.

58 Holden, Frank A., *War Memories* (Athens, Ga.: Athens Book Co., 1922), pp. 165-72.

59 Crile, Grace, ed., *George Crile, An Autobiography* (Philadelphia: J. B. Lippincott Co., 1947), vol. 2, pp. 350-51.

第十章　流感与巴黎和会

1 Holden, Frank A., *War Memories* (Athens, Ga.: Athens Book Co., 1922), pp. 171-72.

2 Walworth, Arthur, *Woodrow Wilson* (Boston: Houghton Mifflin Co., 1965), vol. 2, p. 220.

3 Tumulty, Joseph P., *Woodrow Wilson As I Knew Him* (n.p.: The Literary Digest, 1921), p. 335.

4 Crowell, Benedict, and Wilson, Robert F., *How America Went to War. The Road to France* (New Haven: Yale University Press, 1921), vol. 2, p. 335; Seymour, Charles, *Letters from the Paris Peace Conference* (New Haven: Yale University Press, 1965), pp. 17-18.

5 Seymour, *Letters*, p. 38; Pressley, Harry T., *Saving the World for Democracy* (Clarinda, Iowa: The Artcraft, 1933), pp. 156-57.

6 Wilson, Edith B., *My Memoir* (Indianapolis: Bobbs-Merrill Co., 1938), p. 177; Hillman, William, *Mr. President* (New York: Farrar, Straus and Young, 1952), p. 230.

7 Keynes, John Maynard, *The Economic Consequences of the Peace* (London: Macmillan and Co., 1920), p. 335.

8 Shotwell, James T., *At the Paris Peace Conference* (New York: Macmillan and Co., 1937), pp. 75-76; Thompson, Charles T., *The Peace Conference Day by Day* (New York: Brentano's, 1920), p. 46.

9 Seymour, Charles, *The Intimate Papers of Colonel House, The Ending of the War* (Boston and New York: Houghton Mifflin Co., 1928), vol. 4, pp. 254-55.

10 *San Francisco Chronicle*, 20 October 1918.

11 Livermore, Seward W., *Politics Adjourned: Woodrow Wilson and the War Congress, 1916-1918* (Middletown, Conn: Wesleyan University Press, 1966), pp. 170-73, 237.

12 Baker, Ray S., *Woodrow Wilson, Life and Letters* (New York: Doubleday, Doran and Co., 1939), vol. 8, p. 563.

13 *Los Angeles Times*, 13 October 1918.

14 *Washington Post*, 23 October 1918. See also Adler, Selig, "The Congressional Election of 1918," *The South Atlantic Quarterly*, vol.

36 (October 1937), p. 454.

15 Livermore, *Politics Adjourned*, p. 237; Stratton, David H., "President Wilson's Smelling Committee," *The Colorado Quarterly*, vol. 5 (Autumn 1956), p. 167.

16 Lloyd George, David, *Memoirs of the Peace Conference* (New Haven: Yale University Press 1939), vol. 1, pp. 96-97.

17 Nicolson, Harold, *Peacemaking, 1919* (Boston and New York: Houghton Mifflin Co., 1933), p. 138.

18 *Public Health Reports*, vol. 33 (20 December 1918), p. 2258; *New York Times*, 14 December 1918; Great Britain, Ministry of Health, *Reports on Public Health and Medical Subjects No. 4, Report on the Pandemic of Influenza, 1918-19* (London: His Majesty's Stationery Office, 1920), pp. 319-20.

19 Seine (Dept.) Commission de Statistique Muncipale, *Bulletin Hebdomadaire de Statistique Muncipale de la Ville de Paris*, No. 9 (23 Février au 1 Mars 1919), passim.

20 Floto, Inga, *Colonel House in Paris, A Study of American Policy at the Paris Peace Conference, 1919* (Aarlus, Denmark: Universitetsfurlaget I Aarlus, 1973), p. 64; National Archives, R.G. 52, Commander Cruiser and Transport Force to Chief of Operations, Hoboken, New Jersey, 11 December 1918; Crowell and Wilson, *How America Went to War. The Road to France*, vol. 2, p. 561.

21 "Straight, Willard," *Dictionary of American Biography* (New York: Charles Scribner's Sons, 1935), vol. 9, part II, pp. 121-22; Croly, Herbert, *Willard Straight* (New York: Macmillan Co., 1924), pp. 537, 559; Grew, Joseph C , *Turbulent Era, A Diplomatic Record of Forty Years, 1904-1945* (Boston: Houghton Mifflin Co., 1952), vol. 1, pp. 356-57; *New York Times*, 2 December 1918.

22 Gelfand, Lawrence E., *The Inquiry, American Preparations for Peace, 1917-1919* (New Haven: Yale University Press, 1963), pp. 176-78; Baker, Ray S., *What Wilson Did at Paris* (Garden City: Doubleday Page and Co., 1919), pp. 27-28; Lansing, Robert, *The Big Four and Others at the Peace Conference* (Boston and New York: Houghton Mifflin Co., 1921), p. 57.

23   Grew, *Turbulent Era*, vol. 1, pp. 339, 341, 352; George, Alexander L. and George, Juliette L., *Woodrow Wilson and Colonel House* (New York: John Day Co., 1956), pp. 78, 81, 84, 92, 94,110; "House, Edward Mandell," *Dictionary of American Biography* (New York: Charles Scribner's Sons, 1958), vol. 11, part II, pp. 319-21.

24   Miller, David H., *My Diary at the Conference of Paris* (n.p., n.d.), vol. 1, pp. 7, 8, 52; Grayson, Cary T., *Woodrow Wilson, An Intimate Memoir* (New York: Holt, Rinehart and Winston, 1960), p. 59; *New York Times*, 22 November 1918; Yale University Library, Edward M. House Papers, House Diary, 30 November 1918.

25   Seymour, *Papers of House*, vol. 4, p. 241; Miller, *Diary*, vol. 1, pp. 10, 27; Floto, *House*, p. 77.

26   Floto, *House*, p. 74.

27   Ibid., pp. 74-75, 83, 85-86; Seymour, *Papers of House*, vol. 4, p. 254.

28   Seymour, *Letters*, pp. 123-24; Steed, Henry W., *Through Thirty Years* (Garden City: Doubleday, Page and Co., 1924), vol. 2, p. 292; Lansing, Robert, *The Peace Negotiations* (Boston: Houghton Mifflin Co., 1921), pp. 201, 204-05.

29   *New York Times*, 21 January 1919; Yale University Library, House Papers, House Diary, 21 January 1919, 22 January 1919.

30   Steed, *Through Thirty Years*, vol. 2, pp. 266.

31   Walworth, *Wilson*, vol. 2, p. 279.

32   Great Britain, Ministry of Health, *Report on Pandemic*, pp. 226-28; Shotwell, *At Paris*, p. 136.

33   Great Britain, Ministry of Health, *Report on Pandemic*, pp. 319-20.

34   Ibid., pp. 227-28.

35   Seymour, *Letters*, p. 160.

36   Shotwell, *At Paris*, pp. 186-87; Miller, *Diary*, vol. 1, p. 93; Princeton University Library, Notes from the Diary of Albert Richard Lamb, M.D., pp. 14, 15.

37   Nicolson, *Peacemaking*, pp. 262, 272, 277, 280.

38   Walworth, *Wilson*, vol. 2, pp. 259-60, 271.

39   Wilson, Edith, *My Memoir*, p. 241.

40   *United States Naval Medical Bulletin*, vol. 13 (No. 3), pp. 602-03;

Journal of the American Medical Association, vol. 72 (1 March 1919), p. 663.

41 Seymour, *Papers of House*, vol. 4, pp. 361-63.

42 Williams, Wythe, *The Tiger of France, Conversations with Clemenceau* (New York: Duell, Sloan and Pearce, 1949), p. 190; *London Times*, 20 February 1919; 22 February 1919; Bonsai, Stephen, *Unfinished Business* (New York: Doubleday, Doran and Co., 1944), p. 65.

43 Nevins, Allan, *Henry White* (New York: Harper and Bros., 1930), p. 420; Malcolm, Ian, *Lord Balfour, A Memory* (London: Macmillan and Co., 1930), p. 72; Baker, Ray S., *American Chronicle: The Autobiography of Ray Stannard Baker* (New York: Charles Scribner's Sons, 1945), p. 395.

44 Seymour, *Papers of House*, vol. 4, p. 384; Wilson, Edith, *My Memoir*, pp. 245-46.

45 Seymour, *Papers of House*, vol. 4, pp. 386-87.

46 Tardieu, André, *The Truth about the Treaty* (Indianapolis: Bobbs-Merrill Co., 1921), p. 101; Hankey, Lord, *The Supreme Control at the Paris Peace Conference, 1919* (London: George Allan and Unwin, 1963), p. 110.

47 Tardieu, *Truth about the Treaty*, p. 376.

48 Baruch, Bernard M., *Baruch, the Public Years* (New York: Holt, Rinehart and Winston, 1960), p. 119.

49 Nicolson, *Peacemaking*, pp. 191-92.

50 Lansing, *Big Four*, p. 61.

51 Baker, *American Chronicle*, p. 386; Baker, *Wilson, Life and Letters*, vol. 8, p. 96; Grayson, *Wilson*, pp. 3, 21, 81; Weinstein, Edwin A., "Woodrow Wilson's Neurologic Illness," *Journal of American History*, vol. 37 (September 1970), pp. 325, 333-35.

52 Fleming, D. F., *The United States and the League of Nations, 1918-1920* (New York: Russell and Russell, 1968), p. 111.

53 Grayson, *Wilson*, p. 85.

54 Tardieu, *Truth about the Treaty*, p. 101; Baker, *Wilson and World Settlement*, vol. 2, p. 4.

402   被遗忘的大流行

55 Thompson, *Peace Conference*, p. 287; Mayer, Arno J., *Politics and Diplomacy of Peace Making* (New York: Alfred A. Knopf, 1967), p. 570.

56 Seymour, *Papers of House*, vol. 4, p. 389; Baker, *Wilson and World Settlement*, vol. 2, p. 38.

57 Ibid., p. 44; Seymour, *Papers of House*, vol. 4, pp. 395-96.

58 Nevins, *White*, p. 435.

59 Walworth, *Wilson*, vol.2, p. 297; Seymour, *Papers of House*, vol. 4, pp. 439-41.

60 *New York Times*, 5 April 1919; Tumulty, *Wilson As I Knew Him*, p. 350; Baker, *American Chronicle*, p. 400.

61 Baker, *American Chronicle*, p. 400; Yale University Library, Gordon Auchincloss Papers, Auchincloss Diary, 2 April 1919.

62 Seine (Dept.) Commission de Statistiques Muncipale, *Bulletin Hebdomadaire de Statistique Muncipale de la Ville de Paris*, No. 14 (30 Mars au 5 Avril 1919); Seymour, *Letters*, p. 200; Shotwell, *At Paris*, pp. 250-51.

63 Floto, *House in Paris*, p. 188.

64 Ibid., p. 192.

65 Seymour, *Papers of House*, vol. 4, p. 401; Wilson, Edith, *My Memoir*, p. 249.

66 *New York Times*, 8 April 1919; Yale University Library, Auchincloss Papers, Auchincloss Diary, 9 April 1919.

67 Mayer, *Politics and Diplomacy*, p. 574.

68 Tardieu, *Truth about the Treaty*, p. 119; Baker, *Wilson and World Settlement*, vol. 2, p. 59ff; Seymour, *Papers of House*, vol. 4, p. 398; Floto, *House*, p. 213.

69 Seymour, *Papers of House*, vol. 4, p. 408.

70 Lloyd George, *Memoirs of Peace Conference*, vol. 1, pp. 151, 185, 280; Hoover, Herbert, *America's First Crusade* (New York: Charles Scribner's Sons, 1942), pp. 1, 40-41, 64.

71 Walworth, *Wilson*, vol. 2, n. 297; Baker, *American Chronicle*, p. 409, 432; Sugrue and Starling, *Starling*, pp. 138-40.

72 Hoover, Irwin H., *Forty-two Years in the White House* (Boston and

New York: Houghton Mifflin Co., 1934), pp. 98-99.

73 Wilson, Edith, *My Memoir, passim*; Grayson, *Wilson*, pp. 82, 85.

74 Hoover, Herbert, *The Ordeal of Woodrow Wilson* (New York: McGraw-Hill Book Co., 1958), p. 64; *Nicolson, Harold, Diaries and Letters, 1930-1939*, p. 123. 轻度中风理论的支持者中，最博学的是埃德温·A. 温斯坦博士，他是神经病学学家和周密的历史学家，他在以下文章中提出了自己的观点。"Woodrow Wilson's Neurologic Illness," *Journal of American History*, vol. 57 (September 1970), pp. 324-51. 温斯坦医生的判断唯一显著的弱点是，它与格雷森医生的诊断相矛盾。格雷森医生在 1919 年 4 月之前的几年里一直非常熟悉总统的病情，并在威尔逊的余生中一直担任他的医生。今天我们这些活着的人都是通过二手资料了解威尔逊在 1919 年 4 月 3 日晚上的状况的，而且这种了解非常表层。医生当然可以，而且确实会做出错误的诊断，但即使是最有资格的历史学家，也没有立场纠正这些错误。

75 Cammer, Leonard, *Up from Depression* (New York: Pocket Books, 1971), pp. 42, 69-73, 111. See also Aaron T. Beck, *Depression: Clinical, Experimental, and Theoretical Aspects* (New York: Evanston and London: Harper and Row, 1967), p. 74.

76 Clinic of Dr. Charles W. Burr, Philadelphia General Hospital, "The Mental Complications and Sequelae of Influenza," *The Medical Clinics of North America*, vol. 2 (November, 1918), p. 712.

77 Baker, *American Crusade*, p. 419.

78 Grayson, Cary T., "The Colonel's Folly and the President's Distress," *American Heritage*, vol. 15 (October 1964), p. 101; Seymour, *Papers of House*, vol. 4, p. 485; Shotwell, *At Paris*, p. 383.

79 Bonsal, *Unfinished Business*, p. 259; George and George, *Wilson and House*, 305-06; *New York Times*, 13 October 1919; 14 October 1919; Seymour, *Papers of House*, vol. 4, pp. 503-04; Seymour, Charles, "End of a Friendship," *American Heritage*, vol. 14 (August 1963), p. 78.

第十一章　统计数据、定界与推测

1 Department of Commerce, Bureau of Foreign and Domestic Commerce, *Statistical Abstract of the United States, 1920* (Washington, D.C.:

Government Printing Office, 1921), p. 81; *Statistical Abstract of the United States, 1922* (Washington, D.C.: Government Printing Office, 1923), p. 76.

2　Vaughan, Warren T., *Influenza, An Epidemiologic Study*, American Journal of Hygiene Monograph Series No. 1 (Baltimore, 1921), pp. 90-91.

3　*Bulletin of the Arizona State Board of Health*, vol. 6 (October, 1918), p. 2.

4　*New Orleans Times-Picayune*, 11 October 1918.

5　Bureau of the Census, *Mortality Statistics, 1918* (Washington, D.C.: Government Printing Office, 1920), pp. 5, 8, 11.

6　Frost, W. H., "Statistics on Influenza Mortality," *Public Health Reports*, vol. 35 (12 March 1920), p. 588.

7　Office of the Surgeon General, *Annual Reports of Navy Department, 1919*, p. 2455; *War Department, Annual Reports, 1919*, vol. 1, part 2, *Report of Surgeon General*, pp. 1451-52, 1459, 2029, 2035.

8　*War Department, Annual Reports, 1919*, vol. 1, part 2, p. 2040.

9　Office of the Surgeon General, *Annual Reports of Navy Department, 1919*, p. 2505.

10　*War Department, Annual Reports, 1919*, vol. 1, part 2, pp. 1437, 2012.

11　Medical Department, U.S. Army, *Preventive Medicine in World War II*, vol. 4 (Washington, D.C.: Government Printing Office, 1958), p. 11.

12　Bureau of the Census, *Mortality Statistics, 1919* (Washington, D.C.: Government Printing Office, 1921), pp. 28-30; Bureau of the Census, *Historical Statistics of the United States, Colonial Times to 1957* (Washington, D.C.: Government Printing Office, 1960), p. 28; *World Almanac and Book of Facts, 1974* (New York: Newspaper Enterprise Association, 1973), p. 48, 508.

13　Collins, Selwyn D., Lehmann, Josephine, *Excess Deaths from Influenza and Pneumonia and from Important Chronic Diseases During Epidemic Periods, 1918-51*, Public Health Monograph No. 10 (Washington, D.C., 1953), pp. 2-3, 13, 16.

14　Jordon, Edwin O., *Epidemic Influenza: A Survey* (Chicago: American Medical Association, 1927), p. 229; Great Britain, Ministry of Health, *Reports on Public Health and Medical Subjects No. 4, Report on the*

Pandemic of Influenza, 1918-19 (London: His Majesty's Stationery Office, 1920), pp. 383, 386; Davis, Kingsley, *The Population of India and Pakistan* (Princeton: Princeton University Press, 1951), p. 41.

15 Francis, Thomas, Jr., "Influenza: the Newe Acquayantance," *Annals of Internal Medicine*, vol. 39 (August 1953), p. 209.

16 Dublin, Louis I., and Lotka, Alfred J., *Twenty-five Years of Health Progress* (New York: Metropolitan Life Insurance Co., 1937), p. 134; Vaughan, *Influenza: An Epidemiologic Study*, p. 169; Clough, Shepard B., *A Century of American Life Insurance, A History of the Mutual Life Insurance Company of New York, 1843-1943* (New York: Columbia University Press, 1946), pp. 297-98.

17 Vaughan, *Influenza: An Epidemiologic Study*, p. 20.

18 Hoehling, A. A., *The Great Epidemic* (Boston: Little, Brown and Co., 1961), p. 40; *Annual Reports of Navy Department, 1919*, p. 2462; Armstrong, D. B., "Influenza: Is It a Hazard to Be Healthy? Certain Tentative Considerations," *Boston Medical and Surgical Journal*, vol. 180 (16 January 1919), p. 65; *Autobiography of William Carlos Williams* (New York: New Directions, 1951), pp. 159-60.

19 Dos Passos, John, *Three Soldiers* (New York: Modern Library, 1932), p. 236.

20 *New York Times*, 20 October 1918.

21 National Archives, R.G. 90, File 1622, B. R. Hart to Chief of Bureau of Chemistry, New York City, 28 October 1918; H. E. Hamilton to Surgeon General, Washington, D.C., 13 November 1918.

22 See, for instance, *Pittsburgh Gazette-Times*, 27 October 1918.

23 Burnet, MacFarlane, and White, David O., *Natural History of Infectious Disease* (Cambridge: Cambridge University Press, 1972), p. 207.

24 Langmuir, Alexander D., "Influenza: Its Epidemiology," *Hospital Practice*, vol. 6 (September 1971), p. 107; Jordan, *Epidemic Influenza*, p. 74.

25 *CIBA Foundation Study Group No. 4* (Boston: Little, Brown and Co., 1960), p. 71; *Annual Reports of Navy Department, 1919*, pp. 2475-76.

26 Thomson S., and Thomson R., *Influenza*, Monograph No. 16, *Annals*

of *Pickett-Thomson Research Laboratory* (London: Bailliere, Tindall and Cox, 1933 and 1934), vol. 9, p. 568.

27 Shope, Richard E., "Swine Influenza," in *Diseases of Swine*, Dunne, Howard W., ed. (Ames: Iowa State University Press, 1946), p. Ill; "Influenza, History, Epidemiology and Speculation," *Public Health Reports*, vol. 73 (February 1958), p. 176; Steele, James H., "Occupational Health in Agriculture," *Archives of Environmental Health*, vol. 17 (August 1968), p. 280.

28 Goodpasture, Ernest W., "Broncho-pneumonia Due to Hemolytic Streptococci Following Influenza," *Journal of the American Medical Association*, vol. 72 (8 March 1919), pp. 724-25; Burnet, F. M., and Clark, Ellen, *Influenza* (Melbourne: Macmillan and Co., 1942), p. 92; for corroborative opinions, see Rackemann, Francis M., and Brock, Samuel, "The Epidemic of Influenza at Camp Merritt, New Jersey," *Archives of Internal Medicine*, vol. 23 (May 1919), pp. 582, 601; *Annual Reports of Navy Department, 1919*, pp. 2456-57.

29 Stuart-Harris, C. H., *Influenza and Other Virus Infections of the Respiratory Tract* (Baltimore: Williams and Wilkins Co., 1956), p. 30; *CIBA Foundation Study Group No. 4*, p. 46.

30 Burnet and Clark, *Influenza*, pp. 90-99; Burnet, F. M., *Natural History of Infectious Disease* (Cambridge: Cambridge University Press, 1962), pp. 99-104, 239-45; Burnet and White, *Natural History of Infectious Disease* (Cambridge: Cambridge University Press, 1972), pp. 79, 202-12.

31 Russell, Josiah C , *British Medieval Population* (Albuquerque: University of New Mexico Press, 1948), p. 216; Shrewsbury, J. F. D., *A History of Bubonic Plague in the British Isles* (Cambridge: Cambridge University Press, 1970), p. 44.

32 Hoyle, L., *The Influenza Viruses* (New York: Springer-Verlag, 1968), pp. 259-60. 下述期刊文章很好地总结了 20 世纪 70 年代初流感研究技术的情况。*Hospital Practice*, vol. 6, 1971; Rose, Harry M., "Influenza: the Agent" (August), pp. 49-56; Langmuir, Alexander E., "Influenza: Its Epidemiology" (September), pp. 103-08; Kilbourne, Edwin D., "Influenza: the Vaccines" (October), pp. 103-14.

第十二章 萨摩亚与阿拉斯加

1 Jordan, Edwin O., *Epidemic Influenza: A Survey* (Chicago: American Medical Association, 1927), p. 475.

2 Ibid., pp. 251, 272-76.

3 *Report and Handbook of the Department of Health for the City of Chicago for the Years 1911 to 1918 Inclusive*, pp. 134-35; Vaughan, Warren T., *Influenza, An Epidemiologic Study*, American Journal of Hygiene Monograph Series No. 1 (Baltimore, 1921), p. 174.

4 National Archives, R.G. 112, File 710, newspaper clipping, "Some Experiences with 'Flu' Epidemic," Bloomington, Indiana, *Daily Pantagraph*, 17 December 1918.

5 "Influenza among American Indians," *Public Health Reports*, vol. 34 (9 May 1919), pp. 1008-1009.

6 National Archives, Seattle, Washington, William Ramsey to Governor Riggs, Council, Alaska, 20 January 1919.

7 Britten, Rollo H., "The Incidence of Epidemic Influenza, 1918-19," *Public Health Reports*, vol. 47 (5 February 1932), p. 318; Dublin, Louis I., and Lotka, Alfred J., *Twenty-five Years of Health Progress* (New York: Metropolitan Life Insurance Co., 1937), pp. 124, 131, 133, 135; Vaughan, Warren T., *Influenza, An Epidemiologic Study*, American Journal of Hygiene Monograph Series No. 1 (Baltimore, 1921), pp. 174-75.

8 Great Britain, Ministry of Health, *Reports on Public Health and Medical Subjects No. 4, Report on the Pandemic of Influenza, 1918-19* (London: His Majesty's Stationery Office, 1920), pp. 362-63; Office of the Surgeon General, *Medical Department of the U.S. Army*, vol. 9, pp. 94-96.

9 War Department Annual Reports, 1919, vol. 3, *Report of the Governor of Puerto Rico*, pp. 3, 7, 133.

10 *Annual Report of the Governor of the Panama Canal Zone for the Fiscal Year Ended June 30, 1919* (Washington, D.C.: Government Printing Office, 1919), pp. 300-01.

11 *War Department Annual Reports, 1919*, vol. 3, *Report of the Governor General of the Philippine Islands*, p. 111; Great Britain,

Ministry of Health, *Report on Pandemic*, p. 386; Office of the Surgeon General, *Annual Reports of Navy Department, 1919*, p. 2332; Jordan, *Epidemic Influenza*, p. 226.

12 *Report of the President of the Board of Health of the Territory of Hawaii for the Twelve Months Ended June 30, 1919*, pp. 3, 70.

13 Office of the Surgeon General, *Medical Department U.S. Army*, vol. 9, p. 94.

14 Office of the Surgeon General, *Annual Reports of Navy Department, 1919*, pp. 2337, 2494-95; Jordan, *Epidemic Influenza*, pp. 224-25; *Public Health Reports*, vol. 34 (17 January 1919), p. 98; MacArthur, Norma, *Island Populations of the Pacific* (Canberra: Australian National University Press; Honolulu: University of Hawaii Press, 1968), p. 319.

15 MacArthur, *Island Populations*, pp. 26, 33, 83.

16 Davidson, J. W., *Samoa Mo Samoa, The Emergence of the Independent State of Western Samoa* (Melbourne: Oxford University Press, 1967), p. 91.

17 Jordan, *Epidemic Influenza*, pp. 225-26; Great Britain, Ministry of Health, *Report on Pandemic*, p. 361; MacArthur, *Island Populations*, pp. 319, 352.

18 Great Britain, Ministry of Health, *Report on Pandemic*, p. 361; see also Pool, D. I., "The Effects of the 1918 Pandemic of Influenza on the Maori Population of New Zealand," *Bulletin of History of Medicine*, vol. 47 (May-June, 1973), p. 273-81.

19 *American Samoa, A General Report by the Governor* (Washington, D.C.: Government Printing Office, 1922), p. 25; Gray, J.A.C., *Amerika Samoa* (Annapolis: U.S. Navy Institute, 1960), pp. 33, 41, 233.

20 Stevenson, Fanny, and Stevenson, Robert Louis, *Our Samoan Adventure* (New York: Harper and Bros., 1955), pp. 119-20, 187.

21 National Archives, Wellington, New Zealand, Island Territories Department File 8/10, Samoan Epidemic Commission, *passim*; *Report of Samoan Epidemic Commission, Appendix to Journal of House of Representatives of New Zealand, 1919*, H31C; MacArthur, *Island Populations*, p. 125.

22 Davidson, *Samoa*, p. 95; National Archives, Wellington, New Zealand, Island Territories Department File 8/10, Samoan Epidemic Commission, O.F. Nelson to E. Mitchelson.

23 Ibid., Samoan Epidemic Commission Report, Pago Pago, 21-23 June 1919; *American Samoa, A General Report by Governor*, p. 25.

24 National Archives, San Francisco, R.G. 284, Subject Files 1900-42, Medical Reports, Samoan Epidemic Commission (New Zealand), 21-23 June 1919; Cumpston, J. H. L., *Influenza and Maritime Quarantine in Australia. Commonwealth of Australia Quarantine Service Publication No. 18* (Melbourne: Albert J. Mullett, Government Printer, 1919), pp. 125-26.

25 National Archives, San Francisco, R.G. 284, Subject Files 1900-42, Medical Reports, Order issued by Governor Poyer, Tutuila, 23 November 1918; *Pago Pago O Le Fa'atonu*, vol. 16 (October 1918).

26 National Archives, San Francisco, R. G. 284, Subject Files 1900-42, Medical Reports, Gov. Poyer to Read-Adm. R. M. Doyle, no address for sender, 25 January 1919; Mason Mitchell to Gov. Poyer, Apia, 7 December 1918; NA, Wellington, New Zealand, Island Territories Department, File 8/10, Samoan Epidemic Commission, Lieutenant John Allen to Administrator of Samoa, Apia, 27 November 1918.

27 National Archives, San Francisco, R.G. 284, Subject Files 1900-42, Medical Reports, Order by Gov. Poyer, Tutuila, 23 November 1918; Gov. Poyer to President via Secretary of Navy, Tutuila, 12 June 1919.

28 Ibid., Epidemic Commission (New Zealand), 21-23 June 1919.

29 Ibid., Gov. Poyer to Lt. Com. H. L. Dollard, Pago Pago, 23 April 1919; [Blank] to Surgeon General S. Skerman, New Zealand Medical Corps, No address, 10 May 1919; *Pago Pago O Le Fa'atonu*, vol. 17 (October 1919).

30 *Annual Reports of the Navy Department for the Fiscal Year 1920* (Washington, D.C.: Government Printing Office, 1921), p. 914.

31 National Archives, San Francisco, R.G. 284, Subject Files 1900-42, Medical Reports, Alex Hough to Commander Poyer, Apia, 14 February 1919.

32 *Pago Pago O Le Fa'atonu*, vol. 17 (July 1919).

33 *Annual Reports of Navy Department, 1919*, p. 141; *American Samoa, A General Report by the Governor*, pp. 14, 19.

34 National Archives, San Francisco, R.G. 284, Subject Files 1900-42, Medical Reports, Jane Bakeley (?) to Gov. Poyer, 27 January 1919.

35 *Juneau Alaskan Daily Empire, passim.*

36 *Appropriations Committee, Senate, 65th Congress, 3d Session, Influenza in Alaska, Hearings on S.J. Resolution for Relief in Alaska* (Washington, D.C.: Government Printing Office, 1919), pp. 6, 14; *Reports of the Department of the Interior for the Fiscal Year Ending June 30, 1919*, vol. 2, *Report of the Governor of Alaska* (Washington, D.C.: Government Printing Office, 1920), p. 412; Hulley, Clarence C , *Alaska, Past and Present* (Portland, Oregon: Binfords and Mort, 1958), p. 315.

37 *Seattle Daily Times*, 22 October 1918.

38 Great Britain, Ministry of Health, *Report on Pandemic*, pp. 319-20; *Juneau Alaska Daily Empire*, 12 October 1918.

39 Great Britain, Ministry of Health, *Report of Pandemic*, pp. 319-20; *Seattle Daily Times*, 25 October 1918; 28 October 1918; 31 October 1918; 1 November 1918.

40 Burnet, F. M., and Clark, Ellen, *Influenza* (Melbourne: Macmillan and Co., 1942), p. 39.

41 *Juneau Alaska Daily Empire*, 14 October 1918; 29 October 1918; 31 October 1918; National Archives, Washington, D.C., R.G. 75, Records of Bureau of Indian Affairs, Records of Alaskan Division, General Correspondence Concerning Native Schools, 1918-19, Report for Kokrines, 21 March 1919.

42 Philip, R. N., and Lackman, D. B., "Observations on the Present Distribution of Influenza A/Swine Antibodies among Alaskan Natives Relative to the Occurrence of Influenza in 1918-19," *American Journal of Hygiene*, vol. 75 (May 1962), p. 325; *The Commonwealth, Bimonthly Bulletin Massachusetts State Department of Health*, vol. 6 (January-February 1919), p. 17; McLaughlin, Alan J., "The Organization of Federal, State and Local Health Forces," *American Journal of Public Health*, vol. 9 (January 1919), p. 38; *Seattle Daily*

Times, 6 November 1918; 24 November 1918; *Reports of Department of Interior, 1919*, vol. 2, pp. 407-08; see *Fairbanks Daily News-Miner*, 6 November 1918. 最后一条中关于"维多利亚"号返回西雅图的航程记录稍有不同。

43 National Archives, Seattle, R.G. 348, Thomas Riggs to Surgeon General, Juneau, 27 November 1919; *Appropriations Committee, House, 65th Congress, 3d Session, Influenza in Alaska and Puerto Rico, Hearings before Subcommittee in Charge of Belief to Alaska and Puerto Rico*, p. 3.

44 *Journal of the American Medical Association*, vol. 71 (30 November 1918), p. 1840; National Archives, Seattle, R.G. 348, Commissioner of Lighthouses to Surgeon General, Ketchikan, 20 December 1918; *Juneau Alaska Daily Empire*, 22 November 1918.

45 Philip and Lachman, *American Journal of Hygiene*, vol. 75 (May 1962), p. 326; National Archives, Washington, D.C., R.G. 75, Annual Report of the U.S. Public School at Suitna, 30 June 1919.

46 National Archives, Seattle, R.G. 348, Enclosure to Willoughby G. Walling to John Hallowell, Washington, D.C., 13 October 1919; *Reports of Department of Interior, 1919*, vol. 1, p. 169; vol. 2, p. 409; *Appropriations Committee, Senate, 65th Congress, 3d Session, Influenza in Alaska, Hearings on S.J. Besolution for Belief in Alaska*, p. 6.

47 *Juneau Alaska Daily Empire*, 7 November 1918.

48 National Archives, Washington, D.C., R.G. 75, Annual Report for Hamilton for the Year Ending 30 June 1919, part II.

49 Ibid., Annual Report of School Work at Mt. Village, 1918-19.

50 Ibid., Gadsden E. Howe to Commissioner of Education, Ellamar, 5 July 1919; National Archives, Seattle, R.G. 348, Neuman to Davidson, Nome, 20 January 1919; Philip and Lackman, *American Journal of Hygiene*, vol. 75 (May 1962), p. 326.

51 National Archives, Washington, D.C., R.G. 75, School Report, Teller, 30 June 1919; Philip and Lackman, *American Journal of Hygiene*, vol. 75 (December 1962), p. 326; *Juneau Alaskan Daily Empire*, 7 December 1918.

52　*Juneau Alaska Daily Empire*, 30 November 1918; *Report of Department of Interior for 1918*, vol. 2, pp. 408-09.

53　*Juneau Alaska Daily Empire*, 7 November 1918; 8 November 1918; 30 November 1918; *Seattle Daily Times*, 8 November 1918; 24 November 1918; *San Francisco Chronicle*, 8 November 1918; National Archives, Washington, D.C., R.G. 75, Annual Report for Nome for the Year 1918-19; *Fairbanks Daily News-Miner*, 8 November 1918.

54　*Seattle Daily Times*, 24 November 1918; *Appropriations Committee, Senate, 65th Congress, 3d Session, Influenza in Alaska, Hearings of S.J. Resolution for Relief in Alaska*, p. 5.

55　National Archives, Washington, D.C., R.G. 75, Annual Report, 1918-1919, U.S. Public School, Wales, Alaska.

56　National Archives, Seattle, R.G. 348, Neuman to Davidson, Nome, 20 January 1919; *Fairbanks Daily News-Miner*, 8 November 1918.

57　National Archives, Seattle, R.G. 348, Governor Riggs to Commissioner MacKenzie, Juneau, 7 February 1919; Riggs to MacKenzie, Juneau, 2 October 1919; Gabie to Riggs, Skagway, 13 May 1919; Riggs to MacKenzie, Juneau, 15 April 1919.

58　Ibid., Davidson to Dr. J.A. Sutherland, Juneau, 18 January 1919.

59　Ibid., Governor Riggs to P. P. Claxton, Juneau, 8 May 1919; Hazlett to Riggs, Cordova, 7 January 1919.

60　Ibid., J. A. Sutherland to Thomas Riggs, Jr., Fairbanks, 2 December 1918; *Fairbanks Daily News-Miner*, 17 January 1919; 18 January 1919.

61　National Archives, Washington, D.C., R.G. 75, Annual Report for Shaktoolik for Year Ending 30 June 1919.

62　National Archives, Seattle, R.G. 348, Riggs to MacKenzie, Juneau (?), 18 February 1919; Koen to Davidson, St. Michael, 7 January 1919.

63　Ibid., Governor to P. P. Claxton, Juneau, 8 May 1919; *65th Congress, 3d Session, House of Representatives, Document 1813, Estimate of Appropriations for Relief of Influenza Sufferers of Alaska*, p. 3.

64　National Archives, Seattle, R.G. 348, Thomas Riggs, Jr. to Senator Jones, No address, 23 December 1918; Gov. Riggs to Lane, Juneau, 1 February 1919; Thomas Riggs, Jr. to H. P. Davison, Washington, D.C.,

2 January 1919.

65 National Archives, Seattle, R.G. 348, Governor to John W. Hallowell, Juneau (?), 27 October 1919.

66 Ibid., Governor to P. P. Claxton, Juneau, 8 May 1919; *Reports of Department of Interior, 1919*, vol. 2, p. 408.

67 National Archives, Seattle, R.G. 348, Governor to Senate and House of Representatives, Juneau (?), 23 March 1919; Riggs to Dr. Sutherland, Juneau, 28 April 1919; Governor Riggs to Pacific Steamship Co., Juneau, 8 May 1919; Governor to Claxton, 8 May 1919; Harriet S. Pullen to Thomas Riggs, Jr., Skagway, 4 April 1919.

68 *Reports of the Department of the Interior for the Fiscal Year Ended June 30, 1920*, vol. 2, *Report of the Governor of Alaska*, p. 72.

69 National Archives, Seattle, R.G. 348, Governor to P. P. Claxton, Juneau, 8 May 1919.

70 Ibid., Dodge to Governor of Alaska, U. S. S. *Unalga*, 27 May 1919; *66th Congress, 2nd Session, 1919-20, Senate Documents*, vol. 14, Senate Document 221, p. 3.

71 *Reports of Department of Interior, 1919*, vol. 2, p. 409.

72 National Archives, Seattle, R.G. 348, Buckley to Governor Riggs, Dutch Harbor, 21 June 1919; enclosure to Franklin R. Lane to Senator Wesley L. Jones, Washington, D.C., 19 June 1919; Influenza Epidemic, Unalaska and Bristol Bay; Philip and Lackman, *American Journal of Hygiene*, vol. 75 (May 1962), p. 326.

73 *66th Congress, 2d Session, 1919-20, Senate Documents*, vol. 14, *Senate Document 221*, p. 4.

74 National Archives, Seattle, R.G. 348, Governor to P. P. Claxton, Juneau, 12 June 1919; Enclosure to letter from P. P. Claxton to Representative James W. Good, Washington, D.C. (?), 28 June 1919; John W. Hollowell to Governor Riggs, Washington, D . C , 15 October 1919; *Appropriations Committee, Senate, 65th Congress, 3d Session, Influenza in Alaska, Hearing on S.J. Resolution for Relief in Alaska*, p. 18.

75 *Reports of Department of Interior, 1919*, vol. 2, p. 409.

第十三章　病毒的研究、挫折与分离

1　Thomson, D. and Thomson, R., *Influenza*, Monograph No. 16 *Annals of Pickett-Thomson Research Laboratory* (London: Bailliere, Tindall and Cox, 1933 and 1934), vol. 9, pp. 1376-1477.

2　Brock, Thomas D., ed. and trans., *Milestones in Microbiology* (Englewood Cliffs, N.J.: Prentice-Hall, 1961), pp. 116-17; Wyss, Orville; Williams, O. B.; Gardner, Earl W., Jr., *Elementary Microbiology* (New York and London: John Wiley and Sons, 1963), pp. 199-200.

3　*Virus and Rickettsial Diseases, A Symposium Held at the Harvard School of Public Health, June 12-June 17, 1939* (Cambridge: Harvard University Press, 1941), p. 461; Scott, W. M., "The Influenza Group of Bacteria," in Browning, C. H. *et al.*, eds., *A System of Bacteriology in Relation to Medicine* (London: His Majesty's Stationery Office, 1929), vol. 2, p. 345.

4　Rosenau, Milton J., "Experiments to Determine Mode of Spread of Influenza," *Journal of the American Medical Association*, vol. 73 (2 August 1919), pp. 312-13.

5　Ibid., pp. 311-13; United States Public Health Service, *Hygienic Laboratory—Bulletin No. 123* (February 1921), pp. 5-53; Parsons, Robert P., *Trail to Light, A Biography of Joseph Goldberger* (Indianapolis: Bobbs-Merrill Co., 1943), pp. 12-13.

6　Bloomfield, Arthur L., "A Bibliography of Internal Medicine: Influenza," *Stanford Medical Bulletin*, vol. 10 (November 1952), p. 294; *Webster's Biographical Dictionary* (Springfield, Massachusetts: G. & C. Merriam Co., 1961), p. 1174.

7　Pfieffer, R., "Die Aetiologie der Influenza," *Zeitschrift für Hygiene and Infectionskrankheiten*, vol. 13, pp. 380-83 (translated for the author by Dr. Ruth Friedlander).

8　Hiss, Philip H.; Zinsser, Hans, *A Textbook of Bacteriology* (New York and London: D. Appleton and Co., 1919), p. 540.

9　"The Influenza Outbreak," *Journal of the American Medical Association*, vol. 71 (5 October 1918), p. 1138.

10　Keegan, *Journal of the American Medical Association*, vol. 71 (28

September 1918), p. 1053; Jordon, Edwin O., *Epidemic Influenza: A Survey* (Chicago: American Medical Association, 1927), p. 391; "Influenza Discussions," *American Journal of Public Health*, vol. 9 (February 1919), p. 134; Great Britain, Ministry of Health, *Reports on Public Health and Medical Subjects No. 4, Report on the Pandemic of Influenza, 1918-19* (London: His Majesty's Stationery Office, 1920), p. 116.

11 Hill, Justina, *Germs and Man* (G. P. Putnam's Sons, 1940), p. 86.

12 Opie, Eugene L.; Blake, Francis G.; Small, James C ; Rivers, Thomas M., *Epidemic Respiratory Disease* (St. Louis: C. V. MosbyCo., 1921), pp. 25-26, 30, 43, 49; Benison, Saul, ed., *Tom Rivers, Reflections on a Life in Medicine and Science* (Cambridge: The MIT Press, 1967), p. 59.

13 Parker, Julia T., "A Filterable Poison Produced by B. Influenzae (Pfeiffer)," *Journal of the American Medical Association*, vol. 72 (15 February 1919), pp. 476-77.

14 "The Factor of Technique in the Detection of the Influenza Bacillus," *Public Health Reports*, vol. 34 (29 August 1919), p. 1973; Jordan, *Epidemic Influenza*, pp. 358-59; Office of the Surgeon General, *Medical Department U.S. Army*, vol. 12, p. 2.

15 Ludovici, L. J., *Fleming, Discoverer of Penicillin* (Bloomington: Indiana University Press, 1955), pp. 66-81, 94; Fleming, Alexander, "On Some Simply Prepared Culture Media for B. Influenzae," *Lancet*, vol. 196 (25 January 1919), pp. 138-39; Fleming, "On the Antibacterial Action of Cultures of a Penicillium, with Special Reference to their Use in the Isolation of B. Influenzae," *British Journal of Experimental Pathology*, vol. 10 (June 1929), pp. 226-39.

16 Maitland, H. B.; Cowan, Mary L.; Detweiler, H. K., "The Aetiology of Epidemic Influenza: Experiments in Search of a Filter-Passing Virus," *British Journal of Experimental Pathology*, vol. 1 (No. 6,1920), p. 262.

17 "Discussion of Influenza," *Proceedings of the Royal Society of Medicine*, vol. 12 (13 November 1918), pp. 50-53; See also Muir, Robert; Wilson, G. Haswell, "Influenza and Its Complications," *British Medical Journal*, vol. 1 of 1919 (4 January 1919), pp. 3-5.

18   Park, W. H.; Williams, A. W., "Studies on the Eitology of the Pandemic
     of 1918," *American Journal of Public Health*, vol. 9 (January 1919),
     p. 49; Park, "Bacteriology of the Recent Pandemic of Influenza
     and Complicating Infection," *Journal of the American Medical
     Association*, vol. 73 (2 August 1919), p. 321; Fleming, Alexander,
     and Clemenger, Francis J., "Specificity of the Agglutins Produced by
     Pfeiffer's Bacillus," *Lancet*, vol. 197 (15 November 1919), p. 871.

19   Zinsser, Hans, "The Etiology and Epidemiology of Influenza,"
     Medicine, vol. 1 (August 1922), p. 250.

20   Cecil, Russell L., and Blake, Francis G., "Pathology of Experimental
     Influenza and a Bacillus Influenzae Pneumonia in Monkeys," *Journal of
     Experimental Medicine*, vol. 32 (1920), pp. 719-44; MacPherson *et al.*,
     eds., *History of Great War. Based on Official Documents. Medical
     Services. Diseases of War* (London: His Majesty's Stationery Office,
     n.d.), vol. 1, p. 194.

21   Scott, W. M., "The Influenza Group of Bacteria," in Browning, C. H. *et
     al.*, eds., *A System of Bacteriology in Relation to Medicine* (London:
     His Majesty's Stationery Office, 1929), vol. 2, pp. 355, 368-71.

22   Jordan, *Epidemic Influenza*, p. 419.

23   Cattell, J. McKeen, and Cattell, Jacques, *American Men of Science*
     (New York: The Science Press, 1938), p. 1208; Thomson and Thomson,
     Annals of Pickett-Thomson Research Laboratory, vol. 9, p. 531;
     Rosenow, E. C; Sturdivant, B. F., "Studies in Influenza and Pneumonia,
     IV," *Journal of the American Medical Association*, vol. 73 (9 August
     1919), pp. 396-401; Rosenow, "Studies in Influenza and Pneumonia,
     VP," *Journal of Infectious Disease*, vol. 26 (June 1920), pp. 478, 485-
     86.

24   Jordan, *Epidemic Influenza*, p. 423.

25   Thomson and Thomson, *Annals of Pickett-Thomson Laboratory*, vol.
     9, p. 575. Olitsky, Peter K.; Gates, Frederick L., "Experimental Studies
     of the Nasopharyngeal Secretions from Influenza Patients," *Journal of
     Experimental Medicine*, vol. 33 (1 June 1921), pp. 713-28.

26   Thomson and Thomson, *Annals of Picket-Thomson Research
     Laboratory*, vol. 9, pp. 583-84; Maitland, H. B.; Cowan, Mary L.;

Detweiler, H. K., "The Etiology of Epidemic Influenza. Experiments in Search of Filter-Passing Virus," *British Journal of Experimental Pathology*, vol. 1 (no. 6, 1920), pp. 263-68; "Spontaneous and Artificial Pulmonary Lesions in Guinea Pigs, Rabbits and Mice," *British Journal of Experimental Pathology*, vol. 2 (February 1921), pp. 8-15.

27   Jordan, *Epidemic Influenza*, pp. 436-37.

28   "This Year's 'Flu' ," *Literary Digest*, vol. 76 (3 March 1923), p. 26; Benison, ed., *Tom Rivers*, p. 113.

29   "Influenza and Pneumonia, A Symposium Presented before the Massachusetts Association of Boards of Health, Boston, Massachusetts, January 27, 1916," *American Journal of Public Health*, vol. 6 (April 1916), p. 307; Foster, George B., "The Etiology of Common Colds," *Journal of the American Medical Association*, vol. 66 (15 April 1916), pp. 1180-83.

30   Keegan, *Journal of the American Medical Association*, vol. 71 (28 September 1918), p. 1055; Mote, John R., "Human and Swine Influenza," *Virus and Rickettsial Diseases, A Symposium Held at the Harvard School of Public Health, June 12-June 17, 1939*, p. 462.

31   Thomson and Thomson, *Annals of Picket-Thomson Research Laboratory*, vol. 9, pp. 603-05; *Journal of the American Medical Association*, vol. 71 (9 November 1918), p. 1577.

32   Yamanouchi, T.; Skakami, K.; Iwashima, S., "The Infecting Agent in Influenza," *Lancet*, vol. 196 (7 June 1919), p. 971; Zinsser, Hans, *A Textbook of Bacteriology* (New York and London: D. Appleton and Co., 1924), p. 487.

33   Gibson, H. Grame; Bowman, F. B.; Connor, J. I., "The Etiology of Influenza: A Filterable Virus as the Cause," *Medical Research Committee Special Report No. 36. Studies of Influenza in Hospitals of the British Armies in France, 1918*, p. 36.

34   Ibid., pp. 19-33, 35-36; Gibson, Bowman, Connor, "A Filterable Virus as the Cause of the Early Stage of the Present Epidemic of Influenza," *British Medical Journal*, vol. 2 for 1918 (14 December 1918), pp. 645-46.

35   Bradford, John R.; Bashford, E. F.; Wilson, J. A., "The Filter-Passing

Virus of Influenza," *Quarterly Journal of Medicine*, vol. 12(April 1919), pp. 259-60, 267, 273, 277, 298; Arkwright, J. A., "A Criticism of Certain Recent Claims to Have Discovered and Cultivated the Filter-Passing Virus of Trench Fever and of Influenza," *British Medical Journal*, vol. 2 of 1919 (23 August 1919), pp. 233-37.

36   在以下文献的第 462、464 页可以找到图表，总结了从 1918 年到 1933 年最重要的调查研究。*Virus and Rickettsial Diseases, A Symposium Held at Harvard School of Public Health, June 12-June 17, 1939.*

37   Personal statement of Dr. Karl F. Meyer, Professor Emeritus of University of California at San Francisco, to author, 20 June 1972.

38   Committee of the Privy Council for Medical Research, *Report of the Medical Research Council for the Year 1921-1922*, pp. 12-13.

39   Ibid., 17-19; Burnet, Sir Macfarlane, *Changing Patterns, An Atypical Autobiography* (Melbourne: William Heinemann, 1968), p. 122.

40   Dunkin, G. W.; Laidlaw, P. P., "Studies in Dog Distemper," *Journal of Comparative Pathology and Therapeutics*, vol. 39 (30 September 1926), pp. 202, 213-14.

41   Committee of the Privy Council for Medical Research, *Report of the Medical Research Council for the Year 1925-26*, p. 36; Ibid., *1927-28*, pp. 106-07; Ibid., *1931-32*, p. 20.

42   Dochez, A. R.; Mills, Katherine C ; Kneeland, Yale, Jr., "Study of the Virus of the Common Cold and its Cultivation in Tissue Medium," *Proceedings of the Society for Experimental Biology and Medicine*, vol. 28 (February 1931), pp. 513-16; Shope, Richard E.; Lewis, Paul A., "Swine Influenza," *Journal of Experimental Medicine*, vol. 54 (September 1931), pp. 349-60, 361-72, 373-86.

43   Dunkin; Laidlaw, *Journal of Comparative Pathology and Therapeutics*, vol. 39 (30 September 1926), p. 202.

44   Laidlaw, P. P., "Epidemic Influenza: A Virus Disease," *Lancet*, vol. 228 (11 May 1935), pp. 1119-20; Burnet, *Changing Patterns*, p. 124.

45   Smith, Wilson; Andrewes, C. H.; Laidlaw, P. P., "A Virus Obtained from Influenza Patients," *Lancet*, vol. 225 (8 July 1933), pp. 66-68.

46   Zinsser, Hans, *A Textbook of Bacteriology* (New York and London:

Appleton and Co., 1934), p. 399.

47 Laidlaw, *Lancet*, vol. 228 (11 May 1935), p. 119.

48 Francis, Thomas, "Transmission of Influenza by a Filterable Virus,"
    Science, vol. 80 (16 November 1934), pp. 457-59; Smith, Wilson;
    Stuart-Harris, C. H., "Influenza Infection of Man from a Ferret,"
    Lancet, vol. 131 (18 July 1936), pp. 121-23.

第十四章 1918 年的流感向何处去？

1 Williams, Green, *Virus Hunters* (New York: Alfred A. Knopf, 1959), p.
   210.

2 Thompson, Theophilus, ed., *Annals of Influenza*, vol. 38, Sydenham
   Society. (London: Sydenham Society, 1852), pp. 63, 94, 108, 191, 213-
   15, 292, 336; Creighton, Charles, *A History of Epidemics in Britain*,
   vol. ?. pp. 313, 337, 345, 348, 355.

3 National Archives, R.G. 120, Records of the AEF, Office of Chief
   Surgeon, File 710, Capt. Alan M. Chesney to Lt. Col. Siler, Base
   Hospital No. 6, 15 May 1918; Orticoni, A.; Barbié, L., "La Pandémie
   Grippale de 1918," *Revue de Hygiène* (1919), pp. 408-28.

4 Soper, George A., "Influenza in Horses and in Man," *New York Medical
   Journal*, vol. 109 (26 April 1919), pp. 721, 724; see also Williams, A.
   J., "Analogies between Influenza of Horses and Influenza of Man,"
   Proceedings of the Royal Society of Medicine, vol. 17 (section on
   Epidemiology and State Medicine), (22 February 1924), pp. 47-58.

5 Great Britain, Ministry of Health, *Reports on Public Health and
   Medical Subjects No. 4, Report on the Pandemic of Influenza* (London:
   His Majesty's Stationery Office, 1920), pp. 276, 298; Thomson, D.,
   and Thomson, R., *Influenza*, Monograph No. 16, *Annals of Pickett-
   Thomson Research Laboratory*, vol. 9 (London: Bailliere, Tindall and
   Cox, 1933 and 1934), pp. 629-31; National Archives, R.G. 90, File 1622,
   Krau Albright to Surgeon General, Washington, D.C., 26 May 1919.

6 Jordon, Edwin O., *Epidemic Influenza: A Survey* (Chicago: American
   Medical Association, 1927), pp. 449-50.

7 Koen, J. S., "A Practical Method for Field Diagnoses of Swine

Diseases," *American Journal of Veterinary Medicine*, vol. 14 (September 1919), pp. 468-70; Shope, Richard E., "The Incidence of Neutralizing Antibodies for Swine Influenza Virus in the Sera of Human Beings of Different Ages," *Journal of Experimental Medicine*, vol. 63 (May 1936), p. 681; Shope, "Influenza: History, Epidemiology and Speculation," *Public Health Reports*, vol. 73 (February 1958), p. 172.

8 Mote, John R., "Human and Swine Influenza," *Virus and Rickettsial Diseases, A Symposium Held at Harvard School of Public Health*, pp. 466-67.

9 Shope, Richard E., "Swine Influenza, I, Experimental Transmission and Pathology,"; Lewis, Paul A. and Shope, "Swine Influenza, II, A Hemophilic Bacillus from Respiratory Tract of Infected Swine"; Shope, "Swine Influenza, III, Filtration Experiments and Etiology," *Journal of Experimental Medicine*, vol. 54 (September 1931), pp. 349-86; Williams, *Virus Hunters*, pp. 200-206; Williams, Green, *The Plague Killers*, (New York: Alfred A. Knopf, 1969), p. 254.

10 Andrewes, C. H., *Natural History of Viruses* (New York: W. W. Norton and Co., 1957), p. 163.

11 Shope, Richard E., "Swine Influenza (Flu, Hog Flu, Swine Flu)," in *Diseases of Swine*, Dunne, Howard W., ed., (Ames: Iowa State University Press, 1964), pp. 120-23.

12 Shope, *Public Health Reports*, vol. 73 (February 1958), pp. 165-78.

13 Smith, Andrewes, and Laidlaw, *Lancet*, vol. 225 (8 July 1933), p. 68.

14 Shope, *Public Health Reports*, vol. 73 (February 1958), pp. 165-78.

15 Rose, "Influenza the Agent," *Hospital Practice*, vol. 6 (August 1971), p. 54; Kilbourne, *Hospital Practice*, vol. 6 (October 1971), p. 104.

16 Langmuir, Alexander D.; Pizzi, Mario; Trotter, William Y.; Dunn, Frederick L., "Asian Influenza Surveillance," *Public Health Reports*, vol. 73 (February 1958), pp. 114-17.

17 Andrewes, C. H.; Laidlaw, P. P.; Smith, Wilson, "Influenza: Observations on the Recovery of Virus from Man and on the Antibody Content of Human Sera," *British Journal of Experimental Pathology*, vol. 17 (December 1935), pp. 579, 581.

18 Shope, *Journal of Experimental Medicine*, vol. 63 (May 1936), pp.

669-70, 680.

19 Burnet, F. M.; Lush, Dora, "Influenza Virus on the Developing Egg: VII, The Antibodies of Experimental and Human Sera," *British Journal of Experimental Pathology*, vol. 19 (February 1938), pp. 26, 29; Francis, Thomas; Davenport, F. M.; Hennessy, A. V., "A Serological Recapitulation of Human Infection with Different Strains of Influenza Virus," *Transactions of the Association of American Physicians*, vol. 66 (1953), pp. 231-32, 237; Philip and Lackman, *American Journal of Hygiene*, vol. 75 (May, 1962), p. 333.

20 Francis, Davenport, Hennessey, *Transcript of the Association of American Physicians*, vol. 66 (1953), p. 239; Hilleman, Maurice R.; Flatley, Frederick J.; Anderson, Sally A.; Luecking, Mary L.; Levinson, Doris J., "Distribution and Significance of Asian and Other Influenza Antibodies in the Human Population," *New England Journal of Medicine*, vol. 258 (15 May 1958), pp. 969, 972; Mulder, J.; Masurel, N., "Pre-pandemic Antibody against 1957 Strain of Asiatic Influenza in Serum of Older People Living in the Netherlands," *Lancet* (19 April 1958), pp. 810-11).

21 Stuart-Harris, C. H. *et al.*, "A Study of Epidemic Influenza: with Special Reference to the 1936-37 Epidemic," in *Medical Research Council Special Report*, No. 228 (London: His Majesty's Stationery Office, 1938), pp. 121-23; Hoyle, *Influenza Viruses*, p. 121; "Flu: A Vaccine that Lasts," *Newsweek* (18 February 1974), p. 80.

22 Philip and Lackman, *American Journal of Hygiene*, vol. 75 (May 1962), p. 326; "Scientists Seek 1918 Flu Virus," *Washington Post*, 2 September 1951, p. 5B; Letter from Hultin, Johan V., M.D. to author, Los Gatos, California, 6 June 1974.

第十五章　人类记忆特质探究

1 *Annual Reports of the War Department, 1919*, vol. 1, part 2, *Report of the Surgeon General*, p. 1454; American Public Health Association, *A Half Century of Public Health* (New York: American Public Health Association, 1921), pp. 103, 111, 113, 114.

2 Buley, R. Carlyle, *The Equitable Life Assurance Society of the United States, 1859-1964* (New York: Appleton-Century-Crofts, 1967), vol. 2, p. 848; *An Epoch in Life Insurance, A Third of a Century of Achievement. Thirty-three Years of the Metropolitan Life Insurance Company* (New York: n.p., 1924), p. 51; Marquis, James, *The Metropolitan Life, A Study in Business Growth* (New York: Viking Press, 1947,) pp. 196, 205.

3 *New York Times*, 6 December 1918.

4 "Proceedings of the American Health Society," *Journal of the American Medical Association*, vol. 71 (21 December 1918), p. 2100; Price, George M., "After-War Public Health Problems," *Survey*, vol. 41 (21 December 1918), p. 370; Pearl, Raymond, "Influenza Studies I, On Certain General Statistical Aspects of the 1918 Epidemic in American Cities," *Public Health Reports*, vol. 34 (8 August 1919), p. 1744; Vaughn, *Influenza: An Epidemiologic Study*, p. 242.

5 "Influenza and the Coming Annual Meeting," *American Journal of Public Health*, vol. 8 (November 1918), p. 861; *New York Times*, 14 June 1919; National Archives, R.G. 90, File 1622, newspaper clipping: "The Only Way to Conquer the Flu," *Des Moines News*, 30 January 1919; Congressional Record, 65th Congress, vol. 57, Part 4 (Washington, D.C.: U.S. Gov't. Printing Office, 1919), p. 3320.

6 Congressional Record, 65th Cong., vol. 57, Part 5, p. 5018; National Archives, RG 90, File 1622, Carter Glass to Thetus W. Sims, Washington, D.C., 1 March 1919; Surgeon General, USPHS, to Senator Frank B. Kellogg, Washington, D.C., 18 November 1919.

7 *Journal of the American Medical Association*, vol. 71 (2 November 1918), p. 1501; vol. 72 (31 May 1919), p. 1635; vol. 72 (21 June 1919), p. 1854; *Annual Report of the Surgeon General of the Public Health Service of the United States for the Fiscal Year 1919*, pp. 22, 58; *Public Health Reports*, vol. 33 (28 February 1919), p. 377; American Public Health Association, "Influenza Bulletin, A Preliminary Working Program"; Dublin, Louis I., and Lotka, Alfred J., *Twenty-five Years of Health Progress*, p. 149.

8 *Annual Report of the Surgeon General of the Public Health Service of*

the United States for the Fiscal Year 1916, p. 367; Ibid., *1917*, p. 333; Ibid., *1918*, p. 321; Ibid., *1919*, p. 303; Ibid., *1920*, p. 361; Ibid., *1921*, p. 407; Burnet, Macfarlane, *Changing Patterns*, p. 10.

9   Price, "After-war Public Health Problems," p. 370; *New York Times*, 5 November 1918.

10 Sherwood, Elizabeth J., and Painter, Estella A., eds., *The Reader's Guide to Periodical Literature*, vol. 5, *1919-1921* (New York: H. W. Wilson Co., 1922), *passim*.

11 Blum, John M. *et al.*, *The National Experience* (New York: Harcourt Brace Jovanovich, 1973); Degler, Carl *et al.*, *The Democratic Experience* (Glenview, Illinois: Scott, Foresman and Co., 1972); Morison, Samuel Eliot, and Commager, Henry Steele, *The Growth of the American Republic* (New York: Oxford University Press, 1969); Hofstadter, Richard, Miller, William, and Aaron, Daniel, *The United States* (Englewood Cliffs, New Jersey: Prentice Hall, 1967); Bailey, Thomas A., *The American Pageant* (Lexington, Massachusetts: D. C. Heath, 1971), vol. 2, p. 784.

12 Stein, Gertrude, *The Autobiography of Alice B. Toklas* (New York: Vintage Books, 1960), p. 185; Dos Passos, John, *The Best of Times* (New York: The New American Library, 1966), p. 74; Dos Passos, John, U.S.A., *Nineteen Nineteen* (Boston: Houghton-Mifflin, 1946), p. 10; Dos Passos, John, *Three Soldiers* (New York: Modern Library, 1932), pp. 47-49, 236; Ludington, Townsend, ed., *The Fourteenth Chronicle, Letters and Diaries of John Dos Passos* (Boston: Gambit, 1973), p. 232.

13 Turnbull, Andrew, *Scott Fitzgerald* (New York: Charles Scribner's Sons, 1962), pp. 39, 89-90.

14 Blotner, Joseph, *Faulkner, A Biography* (New York: Random House, 1974), vol. 1, p. 222; Baker, Carlos, *Ernest Hemingway, A Life Story* (New York: Charles Scribner's Sons, 1969), pp. 50-51, 54; Hemingway, Ernest, *The Short Stories* (New York: Charles Scribner's Sons, 1938), pp. 444-445.

15 Cather, Willa, *One of Ours* (New York: Alfred A. Knopf, 1965), pp. 292ff, 310-319; *The Autobiography of William Carlos Williams*, pp.

159-160.

16   Stegner, Wallace, *On a Darkling Plain* (New York: Harcourt, Brace and Co., 1939), pp. 155-231; Stegner, Wallace, *The Big Rock Candy Mountain* (New York: Duell, Sloan and Pearce, 1938), pp. 233-281; Maxwell, William, *They Came Like Swallows* (New York and London: Harper and Bros., 1937), *passim*; Kunitz, Stanley, ed., *Twentieth Century Authors, First Supplement* (New York: H. W. Wilson Co., 1955), p. 656; McCarthy, Mary, *Memories of a Catholic Girlhood* (New York: Harcourt, Brace and Co., 1957), pp. 5-80.

17   Wolfe, Thomas, *Look Homeward, Angel* (New York: Bantam Books, 1970), p. 500; Austin, Neal F., *A Biography of Thomas Wolfe* (n.p.: Roger Beacham, 1968), pp. 50-51.

18   Hendrick, George, *Katherine Anne Porter* (New York: Twayne Publishers, 1965), p. 76.

19   *The Collected Stories of Katherine Anne Porter* (New York: Harcourt, Brace and World, 1968), p. 269-317.

20   *New York Times*, 5 November 1918.

21   Chafee, Burns, *My First Eighty Years* (Los Angeles: Westernlore Press, 1960); Finney, J.M.T., *A Surgeon's Life* (New York: G. P. Putnam's Sons, 1940); Rowntree, Leonard G., *Amid Masters of Twentieth Century Medicine* (Springfield: Charles C. Thomas, 1958); Bond, Earl D., *Thomas W. Salmon, Psychiatrist* (New York: W. W. Norton, 1950), p. 93.

22   *New York Times*, 5 November 1918; *Baltimore Sun*, 30 October 1918.

23   *Journal of the American Medical Association*, vol. 71 (28 December 1918), p. 2174.

24   Benwell, Harry A., *History of the Yankee Division* (Boston: Cornhill Co., 1919), p. 183; *Denver Post*, 13 October 1918; *New York Times*, 15 October 1918.

25   Freidel, Frank, *Franklin D. Roosevelt, the Apprenticeship* (Boston: Little, Brown and Co., 1952), p. 369.

26   Hartley, Lodwick, and Core, George, eds., *Katherine Anne Porter, A Critical Symposium* (Athens: University of Georgia Press, 1969), p. 10.

27　Gompers, Samuel, *Seventy Years of Life and Labor* (New York: E. P. Dutton and Co., 1925), p. 477; Mandel, Bernard, *Samuel Gompers* (Yellow Springs, Ohio: Antioch Press, 1963), p. 416.

28　*San Francisco Chronicle*, 20 December 1918; *St. Louis Post-Dispatch*, 16 October 1918; *New York Times*, 17 October 1918.

29　*Boston Evening Transcript*, 8 October 1918; *New York Times*, 9 October 1918.

30　*Red Cross Bulletin*, vol. 3 (20 January 1919), p. 4.

31　McCarthy, *Memories of a Catholic Girlhood*, pp. 10-17, 54, 56, 57.

32　Russell, Francis, "A Journal of the Plague: the 1918 Influenza," *Yale Review*, n.s., vol. 47 (December 1957), pp. 227-229.

EPIDEM

INFLUEN

(SPANISH

This Disease is Highly Comn
It May Develop Into a Severe P

There is no medicine which will prevent it.

Keep away from public meetings, theatres and oth
are assembled.

Keep the mouth and nose cover:d whil: coughing or

When a member of the household becomes ill, place hi

The room should be warm, but well ventilated.

The attendant should put on a mask before entering
the disease.

TO MAKE A M